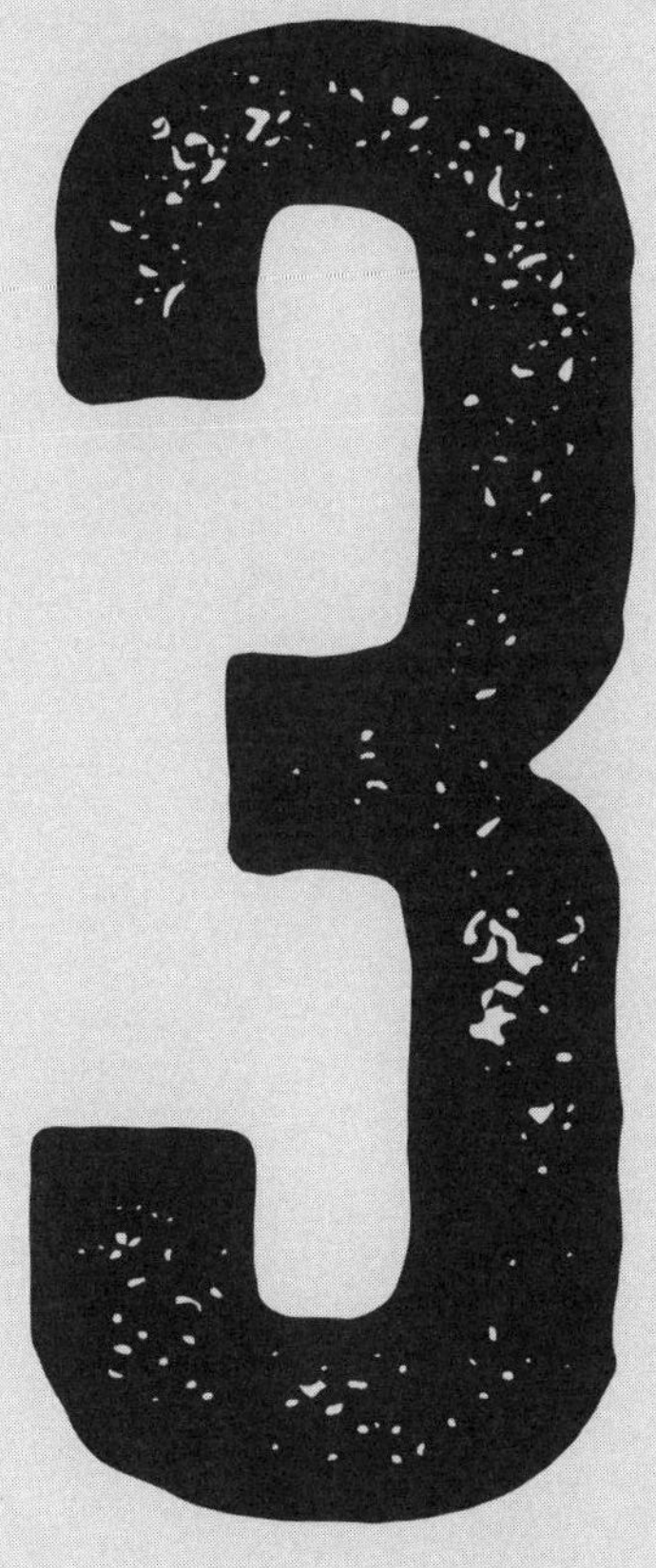

「元気」と「成果」を
同時に実現する組織の
つくりかた

組織が
変われない
3つの理由

著｜バランスト・グロース・コンサルティング株式会社
西田 徹 山崎 学
監修｜松村 憲

日本能率協会マネジメントセンター

はじめに

「この組織をもっと活気づけたい」
「その結果、めざましい成果を手にしたい」
「厳しすぎるリーダーには人の気持ちを理解してほしい」
「優しすぎるリーダーにはもっと力強くチームをけん引してほしい」

トップの立場、ミドルの立場、メンバーの立場、そして人事や経営企画の立場。組織にかかわる全ての人たちは上記のような願いを抱いてきたはずです。そのために組織開発（OD）という手法が米国で生まれ、日本に導入されました。

私は1988年にリクルートに入社し、組織活性化事業部に配属され、当時の日本の最先端の組織開発に出会いました。サービスの総合名称はROD（リクルートOD）。360度サーベイと感受性訓練（ST）の技法を組み合わせたリーダーシップトレーニングや、組織サーベイを活用したワークショップ。これらの営業と開発にかかわりました。ワークショップの中では、リーダーは力強く行動変容を決意し、組織も改善へ向けての一歩を踏み出したように見えました。

ところがです。半年後にその後の様子をヒアリングすると、「残念ながら〇〇課長は昔のままです」「あの時皆で盛り上がって決めた目標は何一つ達成されていません」といったことが多発しました。私は、「この手法には素晴らしい要素がたくさんある。でも何かが足りない」と感じ始めました。その「何か」とは組織の向かう方向を力強く指し示す「経営戦略」でした。

「経営戦略が正しければ、組織はよくなり、リーダー行動も変容する」。その夢を胸に抱いた私は、ボストン コンサルティング グループで働く機会を得ることができました。優秀な上司や先輩たちは様々な調査で得た情報を材料とし、社内での活発な議論をもとに秀逸な経営戦略を構築されていました。自分も半人前ながら、全力でその活動に打ち込みました。

でも約1年後にあることにうすうす気づき始めました。顧客企業は私たちの提言を実行していないようなのです。実行してもらえないのであれば、どんなに優れた経営戦略も単なる紙の束にすぎません。結局、リクルートに在籍していた時と同じ感覚が戻ってきたのです。「この手法には素晴らしい要素がたくさんある。でも何かが足りない」。

そして2017年の3月。バランスト・グロース・コンサルティング株式会社の設立と同時にこの会社に参画した私は「これが足りなかったんだ!」を見つけました。2つあります。1つ目はコングルーエンスモデル。ここでは組織づくりと経営戦略立案が密接に関連して描かれます。私のリクルートとボストン コンサルティング グループでの経験は間違っていなかった。ただし、それを有機的に融合せねばならなかったのだと気づきました。

もう1つはプロセスワークという心理学との出会いです。ここでは人や組織が本質的に変容するための枠組みが提示され、そのための様々なワークも揃っていました。「この2つを組み合わせれば、組織やリーダーが本質的に変わることができる!」、そう予感した私は同僚たちと様々なプロジェクトを実施し続け、そこで予感は確信に変わりました。

コングルーエンスモデルとプロセスワークという学術的コンセプトを活用して組織とリーダーの変容にかかわってきた私と同僚たちは、より具体的な「組織が変われない3つの理由」に気づき始めました。また、これらは自分たちの従来の常識を覆すようなコペルニクス的転回（物事の見方が180度変わってしまうことの比喩）でもありました。

私たちが気づいた組織論に関する新しい視点（※地球が太陽の周りをまわっている）は以下の3点です。

1 人や組織が変わるためには対立は必須である。避けてはいけない

2 人間は過去と未来、そして空間の広がりを認識できない。よって意図的にそれらを知る必要がある

3　人は本質的には、内発的にしか動機づけできない。組織の方向性は当事者たちがつくるものである

これらの3項目に関して「そんなはずはない！」と感じる方も多いでしょう。でもいったん騙された気になってこの本を読み進めていただければ、そのお気持ちが「なるほど。だから当社の積年の課題が解決しなかったのか」といった風に変わっていくはずです。

そしてもう1点。アーノルド・ミンデルによって創設され、ユング心理学や老荘思想などにルーツを持つプロセスワークは個人を対象としたセラピーに留まらず、世界規模の社会課題さえも扱う新しい考え方です。日本でも有識者のあいだで近年話題になりつつあります。この本は、プロセスワークのビジネスでの活用を本格的に扱った、日本で初めての書籍という側面も持っています。

私たちの著作が、人や組織の活性化を望むトップ、ミドル、メンバー、そして人事や経営企画の方たちの手元に届き、未来を切り開くヒントになることを祈っております。

2023年12月
西田徹

もくじ

第1部　理論編

第3章 「今、ここ」だけの認知の限界を乗り越え、正しい方向性を見出す

第4章 社内の「内発的動機」を育む

第2部　実践編

組織間の対立を扱う「組織間のロールスイッチ」

対立の炎にとどまる大技「ワールドワーク」

変化への「抵抗」を「力」に変える

第6章 「今、ここ」だけを抜け出し、正しい方向性を見出す施策……235

第7章　社内の「内発的動機」を育む施策

個人の深い内発的動機を育む「プロセスワーク・コーチング」〜実践編〜

「シグナル」から深い内発的動機を育む

第3部　事例編

序章

今 求められる「戦略的組織開発アプローチ」

組織の変革における2つのアプローチ

組織変革の理想的なモデル

現在、ビジネスを取り巻く外部環境は激しく変化しています。従来のやり方をそのまま踏襲しながら、売上・利益といった成果を出せる企業は極めて少数派です。

各企業は、図0-1の「理想とされる流れ」に示したステップで、環境変化に対応していくことが求められます（この図はコングルーエンスモデルと呼ばれるコンセプトを簡略化したものです）。

まず、**新しく書き換わった外部環境にうまく適合できるような、新しい戦略を立案**します①。次に、新しくできた戦略を具体的に実行するために適した**業務プロセスや組織構造を構築**し、今のものと入れ替えます②。そのうえで、新しくできた戦略の実行に関して、**メンバーに対する動機づけを行い**③、異なる役割を持つチームや部署が協力しあって新しい戦略を具体的に実行します。この流れがうまくいけば、**成果**という**アウトプット**

図0-1　２種類の変革アプローチ

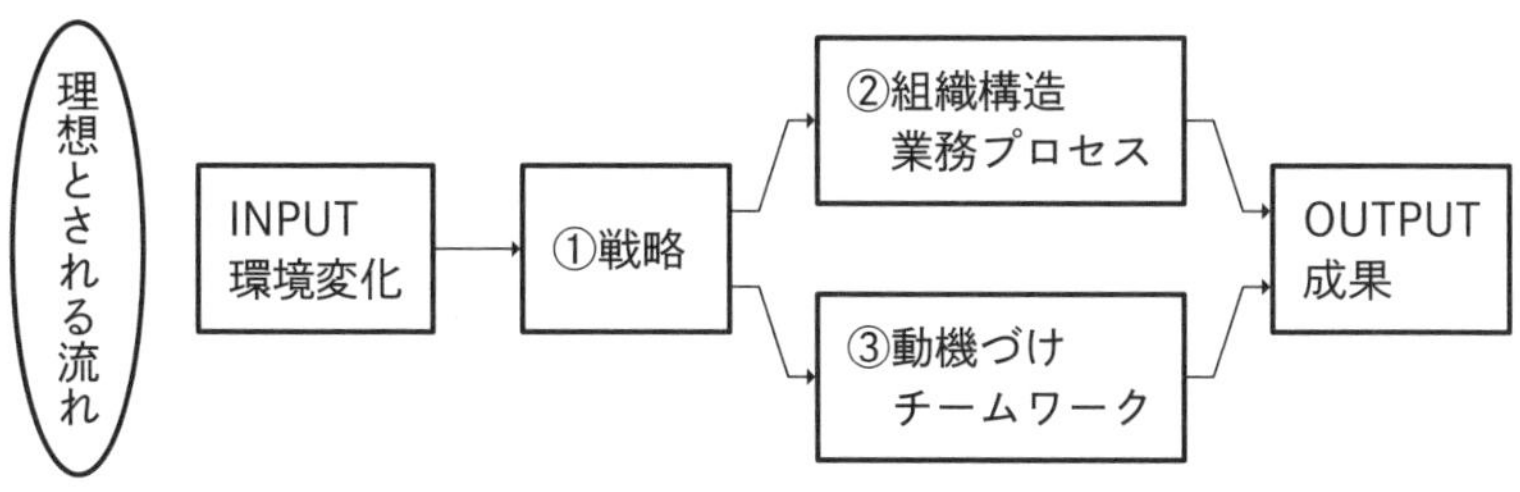

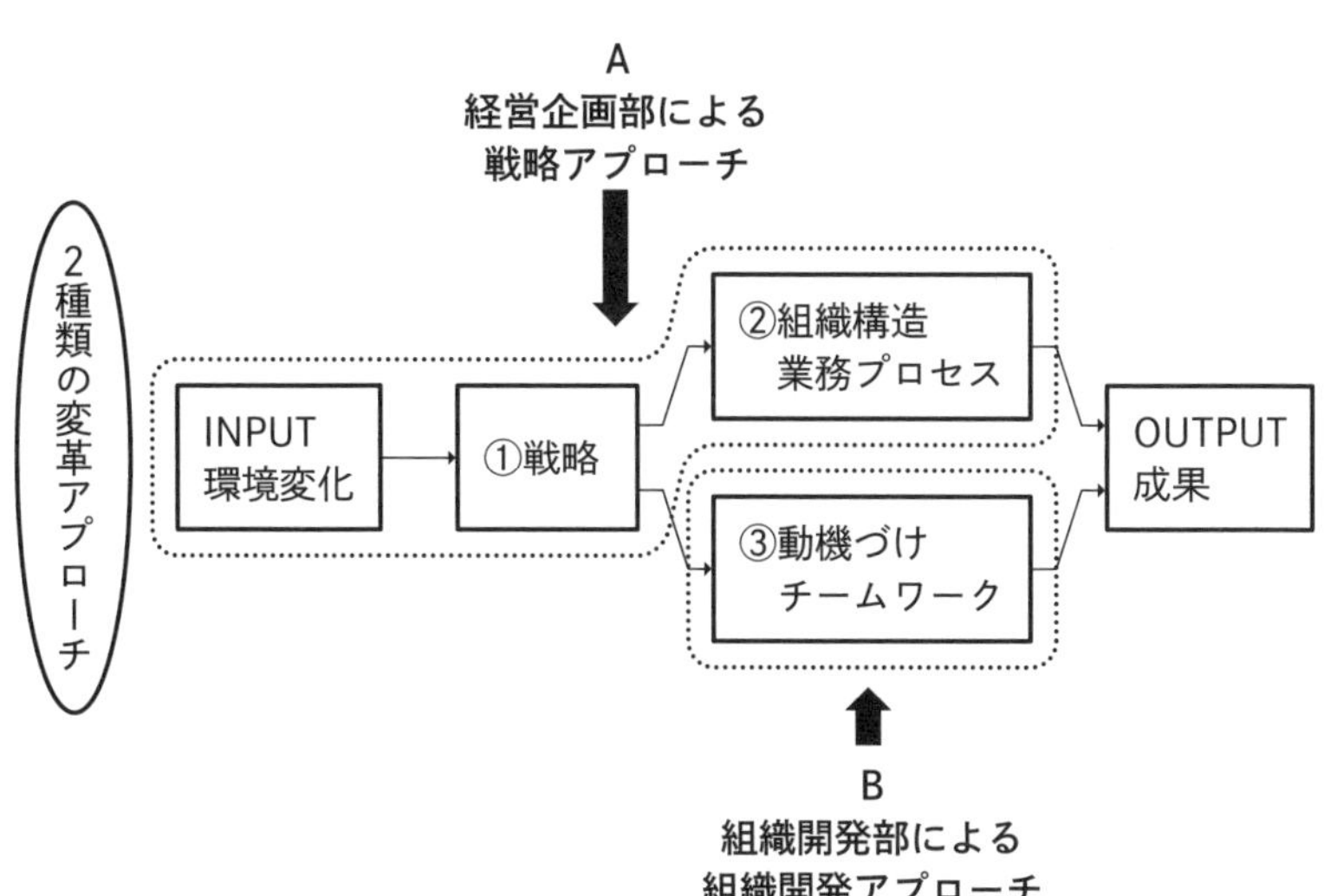

が得られるわけです。

しかし、図0-1のコンセプトはある種の「最終的な理想形」であり、現場においては、そのままの形で進むわけではありません。実際にはどこかに力点を置いて、ステップを踏んで変革を進めていくことになります。

「戦略アプローチ」の限界

典型的なアプローチは**「戦略アプローチ」**です（図0-1下A）。

このアプローチを担うのは、主に経営企画部などの優秀なスタッフたちです。彼らは外部環境の変化を分析し、最適な戦略を立案し、経営陣にその内容を理路整然と説明してくれます。

ただし、**戦略を提示しただけでは、それが実行されにくい**ことに経営企画部のメンバーも気づいています。彼らの言葉でいう「インプリメンテーション」にまで踏み込んで提言するのが、近ごろの戦略アプローチの傾向です。具体的には、新たな戦略を実行するのに適した組織構造や、業務プロセスなども彼らが考え、経営陣に提言していくことになるのです。

では、果たしてこの「戦略アプローチ」によって、成果は得られるでしょうか。

いくら素晴らしい戦略、組織構造、業務プロセスを経営企画部などが提言しても、それを実行して成果をあげるのは現場の組織です。そして、残念ながら、提言を実行する現場は少数です。なぜなら、たとえ給与やポジションといった「にんじん」を与えても、**現場のメンバーを動機づけ、モチベーションを高めていくのは非常に困難だから**です。

また、新しい戦略を実行する際は、必ずと言っていいほど、既存のチーム・組織と、新たな戦略を支持するチーム・組織のあいだでの利害関係の衝突が起こります。こうしたチーム・組織間の葛藤・対立に、経営企画部が援助を提供するのは、きわめて稀です。

このような困難さを乗り越えることができず、結果として、新たにできた素晴らしい戦略は実行されることがなく、机の引き出しの中に眠ることになるのです。

「組織開発アプローチ」の限界

では、図0-1で示したもう1つの施策**「組織開発アプローチ」**はいかがでしょうか(図0-1下B)。

これは、主に人事部や組織開発部が担っていくアプローチです。**新たな戦略を外から与えても実行されないのであれば、現場を盛り立てよう**という考えは正しいと言えます。たとえば、ゲーム的要素を取り入れたワークでコミュニケーションを活発化させ、不仲な部署の人たちの混成チームに、「物理的な高い壁」を皆で乗り越えるといった課題に取り組

図0-2　「戦略アプローチ」と「組織開発アプローチ」

	戦略アプローチ	組織開発アプローチ
主担当	経営企画部	組織開発部
特徴	環境変化に対応するための質の高い戦略が構築される	現場のメンバーの関係性が向上し、士気が高まる
限界	「外から与えられた戦略」に対して現場の実行部隊が動機づけされない。結果として戦略が実行されない	士気の向上は一時的。また、関係性悪化の根本原因である環境変化やそれに対する戦略の不適合は放置されたまま

んでもらうことで、今までになかった一体感が生まれることがあるでしょう。

しかし、このような一時的盛り上がりは、長続きするものではありません。時間と共に失せて、元通りになりがちです。**なぜなら「職場のコミュニケーションが活性化しない理由」や「特定の部署同士が不仲になる理由」といった根本的な部分に、手をつけていないから**です。

また、部署間の対立が激化しているのだとしたら、それは多くの場合、当事者たちには悪意がありません。大半の原因は、変化した外部環境に戦略や業務プロセスが適合できていないことが背景にあります。

多くの企業の組織開発部はこうした視点を持っていません。そのため、**従来の「組織開発アプローチ」をとっても、成果へとつなげることは困難**なのです。

戦略的組織開発——組織変革の第三のアプローチ

企業変革には「戦略的組織開発担当者」が欠かせない

「では、両方のアプローチを同時に依頼してみたらいいのでは？」

ここまで読んで、そのように感じた方もいるかもしれません。しかし残念ながら、これも成功させるのは困難です。

なぜなら「戦略アプローチ」と「組織開発アプローチ」のそれぞれの専門家たちは、お互いの領域への知見をほとんど持ち合わせていないからです。それでは、協働関係を築くのは難しくなります。

企業変革の必要性は高まっているが、既存のアプローチでは難しい——だからこそ本書では、**「戦略的組織開発アプローチ」**を紹介していきます。

余談になりますが、最近の米国ではUFCという総合格闘技が非常に盛り上がっています。柔道やレスリングなどに由来する投げ技や関節技だけではなく、空手やキックボクシングに由来する打撃技の両方に卓越した「コンプリート・ファイター」が活躍する時代となりました。

組織変革の現場においても、同じような状況が起きているのではないでしょうか。つまり、従来の**「戦略アプローチ」**と**「組織開発アプローチ」**の**2類型の両方に卓越**した、言うなれば**「コンプリート変革支援者」**が求められているのです。

こうした支援者たちを、本書では**「戦略的組織開発担当者」**と呼びます。

「変革プロジェクトチーム」が変革の主役になる

しかし実際のところ、企業変革は「戦略的組織開発担当者」だけでは実現し得ません。もう1つ欠かせないプレイヤーがいます。それは「この会社をなんとかしたい」と立ち上がった、現場メンバーから構成される**「変革プロジェクトチーム」**です。

ある種のコンプリート・変革支援者である戦略的組織開発担当者は、原則として組織変革のプロセスにおいて、当事者としての意見を述べません。彼らはファシリテーター役に徹します。

図0-3　「戦略的組織開発」アプローチとは

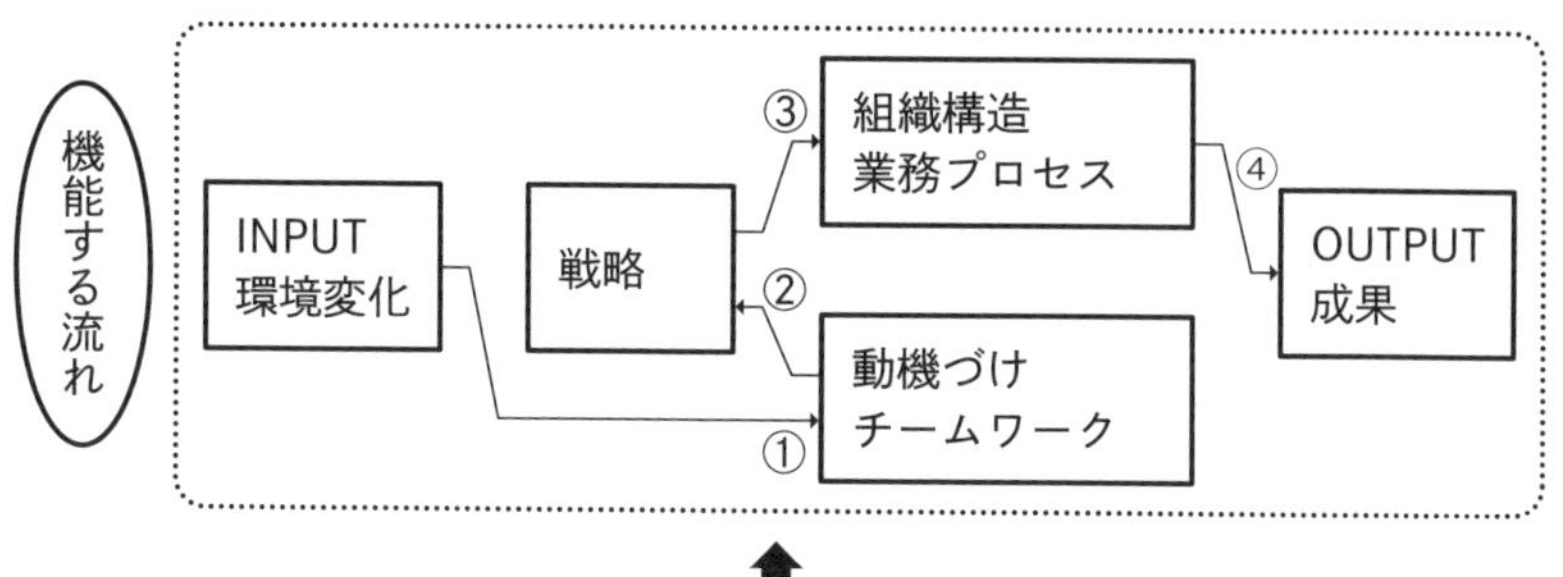

戦略的組織開発アプローチ

※主役は現場メンバーで構成される
プロジェクトチーム

	戦略アプローチ	組織開発アプローチ	戦略的組織開発アプローチ
外部環境変化に対する危機感	経営企画部	なし	現場
現場の動機づけ	外発的	内発的	内発的
構築された戦略の質	◎	なし	○
戦略の実行	×	×	◎
支援部門の役割	ティーチング	チームビルディング	ファシリテーション／コーチング

変革の主役は、現場から立ち上がった変革プロジェクトチームです。

「戦略的組織開発」の大まかな進め方は以下の通りです。

「戦略的組織開発」の流れ

①動機づけ、チームビルディング

戦略的組織開発担当者は、現場から立ち上がったプロジェクトメンバーたちに対する支援を行っていきます。まずは外部環境の変化をひしひしと感じてもらえるような議論へと誘い、メンバーへの動機づけを行います。

同時にこのチームが一体となれるようなチームビルディングに取り組みます。

②戦略立案

健全な危機感を持ったチームメンバーは、自ら戦略を考え始めます。

「うちのメンバーには、そんな難しいことができるはずがない」と感じる方もいることでしょう。しかし、本書を最後までお読みいただければ、それが可能であることを納得いただけるはずです。

あるいは消去法として、**これしか道は残されていません**。どんなに素晴らしい戦略であっても、外から与えたものは実行されることが期待できないのですから。だとしたら、社内からより良い形で新たな戦略が生み出される方法を模索してはいかがでしょうか。ただし、全てをプロジェクトメンバーに任せることは不可能です。チームから出てきた戦略に、組織内で高いランクを持った人物（社長や取締役など）が、「お墨付き」を与えることは必要不可欠です。

戦略的組織開発担当者は、プロジェクトチームと経営陣のつなぎ役を担います。

③具体策の立案

続いてプロジェクトメンバーは、自分たちがつくった戦略を実行するための「具体策」を考え始めます。新しい戦略には、新しい組織構造や新しい業務プロセスが必要となるためです。

戦略的組織開発担当者は、この場面で「組織論」などのノウハウ・知識を付与したり、チームでの議論が建設的に進むようにファシリテーターの役割を担います。

④「ガチ対話」を重ねて、戦略を実行に移す

プロジェクトメンバーが自分たちで考えた戦略、組織構造、業務プロセスですから、その実行への動機づけは十分に高まっています。

変革において、何らかの対立は必ず起こります。成果の実現のために本気で考え、モチベーションが十分に高まっているメンバーであっても同様です。むしろ、本気であるからこそ「対立」が起こりやすくなるかもしれません。

ここで求められるのは、**対立を乗り越えていくための「ガチ対話」**です。そんなガチ対話を適切にファシリテーションするのは、戦略的組織開発担当者の役割です。

ガチ対話によって対立を力に変えていった結果として、新しい外部環境への適合がなされ、成果が実現するというわけです。

ここに挙げたのは、大まかな流れで、実際は行ったり来たりしながら組織変革は進むことになります。

1章以降では、この「戦略的組織開発」を機能させるうえで欠かせない3つの要素について検討していきます（1章〜7章）。そして最終章（8章）では、この流れに沿った「戦略的組織開発」の具体事例を、著者らが実際に行った支援に基づき、紹介していきます。

「戦略的組織開発」はAIにはできない

なぜ今「戦略的組織開発」が必要なのか

ここまで述べてきたように、企業変革の従来のアプローチ（戦略アプローチ、組織開発アプローチ）が成果につながりづらくなっている今の時代において「戦略的組織開発」は、多くの現場で求められています。

また、企業内部だけではなく、別の分野においても、この新しいタイプの変革アプローチの台頭を後押しする大きな流れが起きつつあります。それがChatGPTなどの**人工知能（AI）の驚異的な進歩**です（図0-4）。

AIが登場するまでは、変化した環境が具体的にどのようなものなのかについての情報収集は、非常に手間のかかる作業でした。また、得られた情報にどんな意味があるのかを論理的に考察し、示唆を引き出す作業も容易ではありません。

そのため、この2つのステップを経営企画部や外部の戦略コンサルタントといった、優秀なスタッフたちに依頼するのが一般的でしたし、それはこれまでの状況を踏まえると合理的な選択だったと言えます。

ところが、時代は大きく変わりつつあります。

ChatGPTなどのＡＩに「リクルートのＳＷＯＴ分析をしてください」「パソコン製造業の5 Forces分析をしてください」などと質問してみてください。ほんの数秒で、筋の良い分析結果が返ってきます。

とある著名企業の役員がＡＩ勉強会に参加した際、「これで調査会社に払っていた年間5000万円が浮くなあ」と話していました。

こうしたＡＩ技術の普及は、戦略アプローチの担い手にとっては痛手かもしれませんが、各企業全体にとっては朗報と言えます。過去に必死に対応していた調査や分析への労力を軽減させることができるためです。それによって、**これまで注力できなかった「次のステップ」にエネルギーを注いでいけるようになる**のです。

変革の次のステップ――それは、**「生身の人間同士が本音で議論する」「生身の人間が当事者として腹を決めて実行する」**ことです。

このように、ＡＩの時代が新しい環境において成果を出すために必要な「本質」の部

図0-4　AIにできない領域に注力しよう

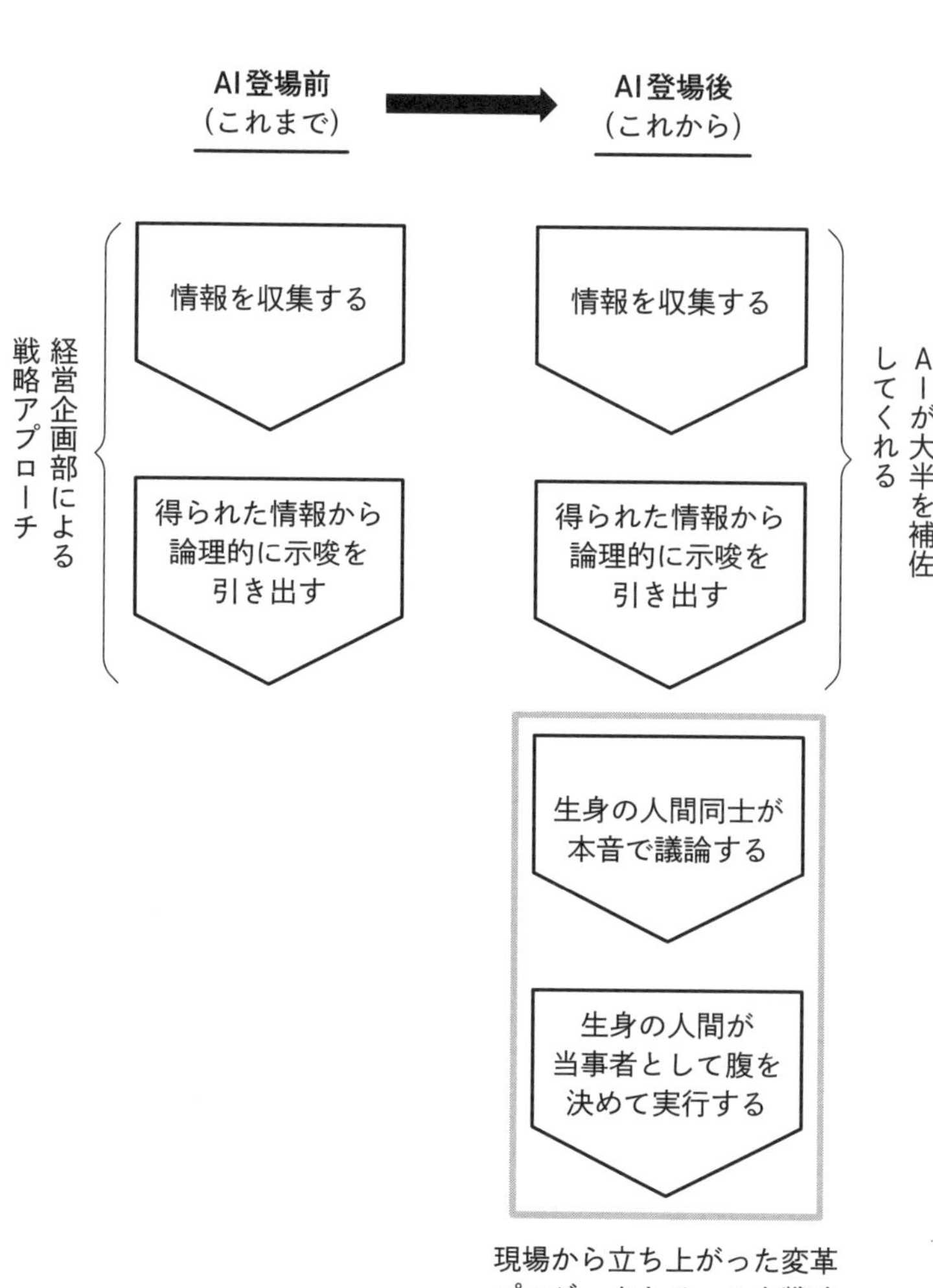

分に全力で向き合うための後押しをしてくれています。

以下では、この後押しを力に変え、組織変革を実現していくための具体的な理論、手法を、紹介していきます。

第1章

組織が変われない3つの理由

「組織開発」は本当に組織を変えるのか

組織開発とは「皆が仲良くなるための働きかけ」なのか？

この本は、広く捉えると**「組織開発」の理論と実践を扱うハンドブック**です。しかし、それは読者の多くが想像する組織開発とは異なるものです。

本書が扱う「組織開発」を検討するにあたって、組織開発のそもそもの意味に立ち戻ってみましょう。

日本語Wikipedia（2023年4月時点）

組織開発（そしきかいはつ、英：Organization Development 略称OD）とは、組織の効果性と健全性を高めることを目指した計画的で長期的な変革の実践であり、組織文化や、やる気・満足度・コミュニケーション・人間関係・協働性・リーダーシップ・規範などのヒューマンプロセスに働きかけるための理論や手法の一群である。

これをわかりやすくまとめると**「皆が仲良くなって、やる気を出し、仕事に満足してもらえるための働きかけ」**です。この定義は、多くの方にとって馴染み深いものでしょう。

一方で、事業を統括するリーダーの皆さんの本音は、次のものなのではないでしょうか。

「組織開発も皆が仲良くなることも大事かもしれないが、それより何より業績をあげることが大切だ」

本来の組織開発は「成果」のためにある

組織開発の重要性は、多くの経営者、事業責任者たちも理解しています。モチベーションやエンゲージメントが重要であることも同様でしょう。

しかし、**リーダーの最大の関心事は業績**です。業績に対して大きな責任を持ち、日々プレッシャーを感じ続けている――これが現実ではないかと思います。だからこそ、組織開発に二の足を踏む事業責任者、経営者は少なくありません。**「もう少し余裕ができたら組織開発に取り組むのもいいけれど、まずは業績をあげなければ……」**というのが本音なのではないでしょうか？

ここで、組織開発についての別の捉え方をご紹介します。人材開発の分析、実践を行う米国の組織ＡＩＨＲでは、次のように定義されています。

米国ＡＩＨＲによる定義（２０２３年４月時点）

Organizational development is a critical and science-based process that helps organizations build their capacity to change and achieve greater effectiveness by developing, improving, and reinforcing strategies, structures, and processes.

日本語にすると「組織開発とは、戦略、組織構造、業務プロセスを開発、改善、強化することによって、組織が変化する能力を構築し、より大きな成果を達成できるよう支援する、重要かつ科学に基づくプロセスである」となります。

日本語での定義と大きく異なっていることに気づかれましたか？ **「より大きな成果」「戦略の開発、改善、強化」を支援するのが、組織開発**だというわけです。

こちらの捉え方のほうが、経営者や事業責任者にとって、より自分事と捉えられるのではないでしょうか。

「戦略的組織開発」が組織を変える

私たちは次のように考えます（図1－1）。

これまでにご紹介した2つの定義は、両方とも正しいものです。これらを整理するならば、先に述べた**「皆が仲良くなって、やる気を出し、仕事に満足してもらえるための働きかけ」**は**「手段」**で、それによって得ようとしている**「目的」**こそが、後に述べた**「より大きな成果」「戦略の開発、改善、強化」**なのです。

私たちは、これら2つの考え方を持ち合わせた「組織開発」を**「戦略的組織開発」**と名づけました。

今までの組織開発（前者の定義）は、ともすると手段が目的化していたのではないでしょうか。

たとえば、組織開発でよくあるような「皆が手を取り合って2メートルの高い壁を物理的に乗り越える体験」や、「幼少期の出来事を共有しあって相互理解を深める体験」などは、どれも素晴らしいものです。心理的距離が近づき、一緒にいると笑顔になる瞬間が増えるでしょう。

しかし、それが実現した時点で「組織開発がうまくいった」、すなわち「組織開発の目的が達成された」と結論づけていいのでしょうか。それでは、事業責任者や経営者が、組織開発に二の足を踏むのも当然です。

企業活動における最大の目的は、戦略が実行され「より大きな成果が達成されること」。新製品が発売され、大ヒットとなる。顧客のリピート率が向上する。工場における生産性が高まり、製造コストが大幅に削減される。このような目的が達成されて、はじめて「組織開発がうまくいった」と言えるはずです。

私たちが**本書で提案する新しい「組織開発」は、これらの実現を目的とする「戦略的組織開発」**です。

「戦略的組織開発」を実施するために必要なもの

このように組織開発の「目的」が変わると、「手段」として従来のものとは異なる要素が必要になります。

もちろん、「戦略的組織開発」においても、フラフープをくぐる速さを競うゲームや伝言ゲームのような、多くの組織開発の現場で行われている「手段」を利用する場面はあります。

一方で、**「戦略的組織開発」では、これまでとは異なる「技」を駆使する**ことになりま

図1−1　戦略的組織開発とは何か？

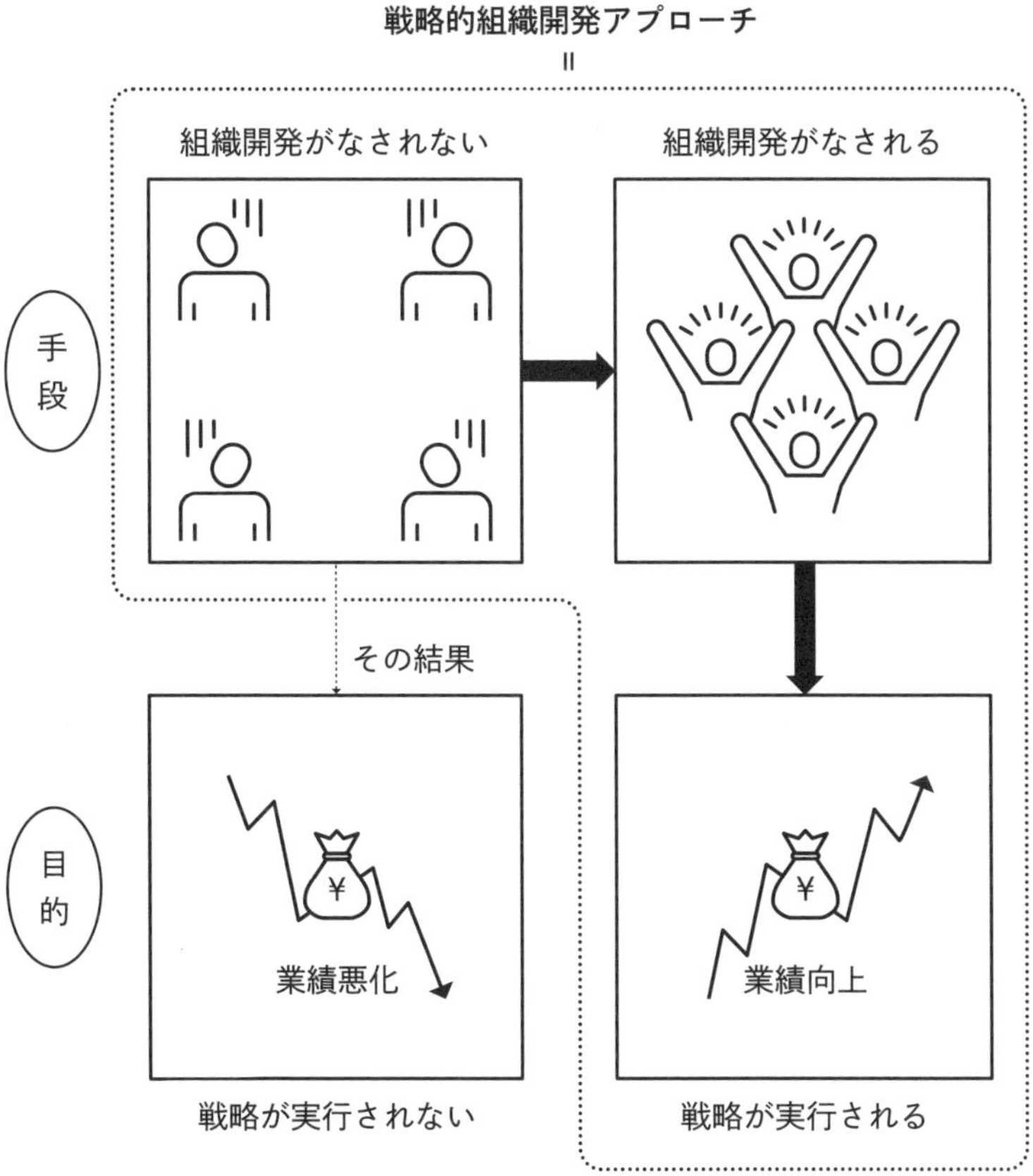

戦略的組織開発アプローチ

＝

組織開発がなされない

組織開発がなされる

手段

その結果

目的

業績悪化

業績向上

戦略が実行されない

戦略が実行される

す。では、そうした「技」を使っていくためには、何が必要なのか。その基本になるのが、**従来のやり方では組織が変われない理由を深く理解する**ことです。

本書では「組織が変われない理由」を3つに特定します。そして、それぞれについて、明確な理由・理論的背景を述べたうえで、様々な場面において、どの部分に介入すると組織が変わり始めるかについての「見立て」を紹介していきます。

こうした**「理論」と介入の「見立て」こそが、戦略的組織開発を可能にする**のです。

本章の前半では、まず「3つの理由」を概観することから始めていきましょう。

「戦略」が実行されない本当の理由

戦略が先か、組織が先か

「組織が変われない3つの理由」を見ていく前に、重要な回り道をさせてください。

それは、経営学における古典的なテーマ「戦略が先か、組織が先か」についてです。

1969年に、経営学の名著『組織は戦略に従う』（ダイヤモンド社）が出版されました。この本の影響によって、ビジネスの現場においては、「まず戦略を構築して、それに適合するように組織をつくればいい」という考え方が広まっていきました。

しかし、実はこの書籍のタイトル、チャンドラーが実際に言ったこととは、ニュアンスが異なるのです。厳密に言うと、チャンドラーは次のように言ったとされています。

「Structure follows Strategy」
（組織構造は戦略に従うべき）

先の『組織は戦略に従う』は、彼が「組織構造」について限定的に述べているだけであり、組織を構成する人員や組織文化などについてはこの本の議論の外なのです。このことは、一般にはあまり理解されていません。

組織を「構造」に限定せずに、「文化」も含めて考えるとどうなるでしょうか。

経営学の偉人、ドラッカーは次のように述べています。

「culture eats strategy for breakfast」
（組織文化は戦略を朝飯のように食べてしまう）

ドラッカーの言葉は、**「企業文化は戦略に勝るほど重要だ」**と理解できそうです。いかがでしょうか。安直に「戦略が先」と言えなくなってきました。

「戦略的組織開発」における「戦略」と「組織」

「戦略的組織開発」では、次のように考えます（図1-2）。

まず、外部環境が変化し、企業は何らかの変革に迫られます（①）。ここまでは誰もが合

図1-2　戦略的組織開発における「戦略」と「組織」

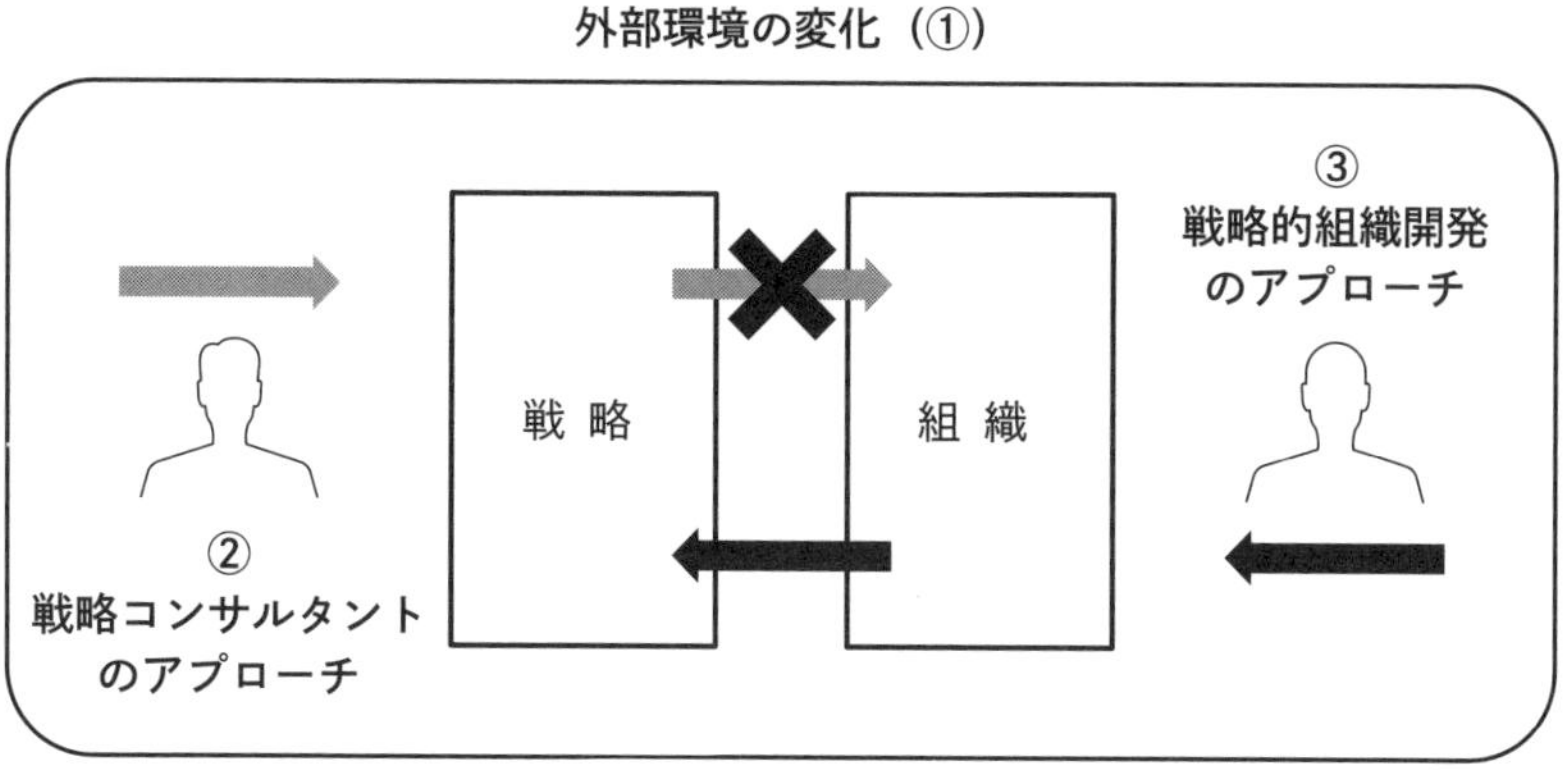

外部環境の変化（①）

戦略

組織

②
戦略コンサルタント
のアプローチ

③
戦略的組織開発
のアプローチ

意しますが、ここで2つの異なるアプローチがあり得ます。戦略コンサルタントのアプローチ（②）と戦略的組織開発のアプローチ（③）です。

　これらのうち、一般的なものは、戦略コンサルタントがとるアプローチです（②）。つまり、変化した外部環境に適合する新しい戦略を外部のコンサルタントや経営企画部が作成する方法です。そして、この戦略に合うように、組織を変え、戦略を実行していくことで、業績を回復・向上させていこうと考えるのです。

　とはいえ、この方法が奏功するのは難しいことは、序章でも述べた通りです。

　著者の一人である西田が、ボストン コンサルティング グループに勤務していた際、パートナー（日本企業の役員に相当）の一人にこんな質問をしたことがあります。

「私たちが提言した戦略は、実際にどの程度実行されているのでしょうか？」

返ってきたのは、次の言葉です。

「はっきりとは言えないが、だいたい3割程度だと思うよ」

驚愕した私は、実行率がそこまで低い理由を尋ねました。

「仕方がないのだよ。彼ら（顧客企業）には、我々が提言した一級品の戦略を実行するようなケイパビリティ（企業の能力）がないからね」

組織のケイパビリティ（能力）は、本当に問題なのか？

なぜ、ここまで戦略が実行されないのでしょうか。

「戦略が実行されない理由」について、私たちは、**ケイパビリティ（企業の能力）の欠如は必ずしも原因ではない**と考えます。それ以上に、**外部から与えられた戦略に対して、従業員の内発的動機がわかないことが原因ではないでしょうか**。その様子が、戦略コンサルタントの視点からは「やる気がない」「能力がない」と見えてしまっているだけなのでしょう。

しかし、ほとんどの組織において、従業員は、本来はやる気と能力に溢れています。そうした**本来持っているやる気や能力を引き出せていない「やり方」に問題がある**と考えるほうが、自然なのです。

図1-3　マッキンゼーの7S

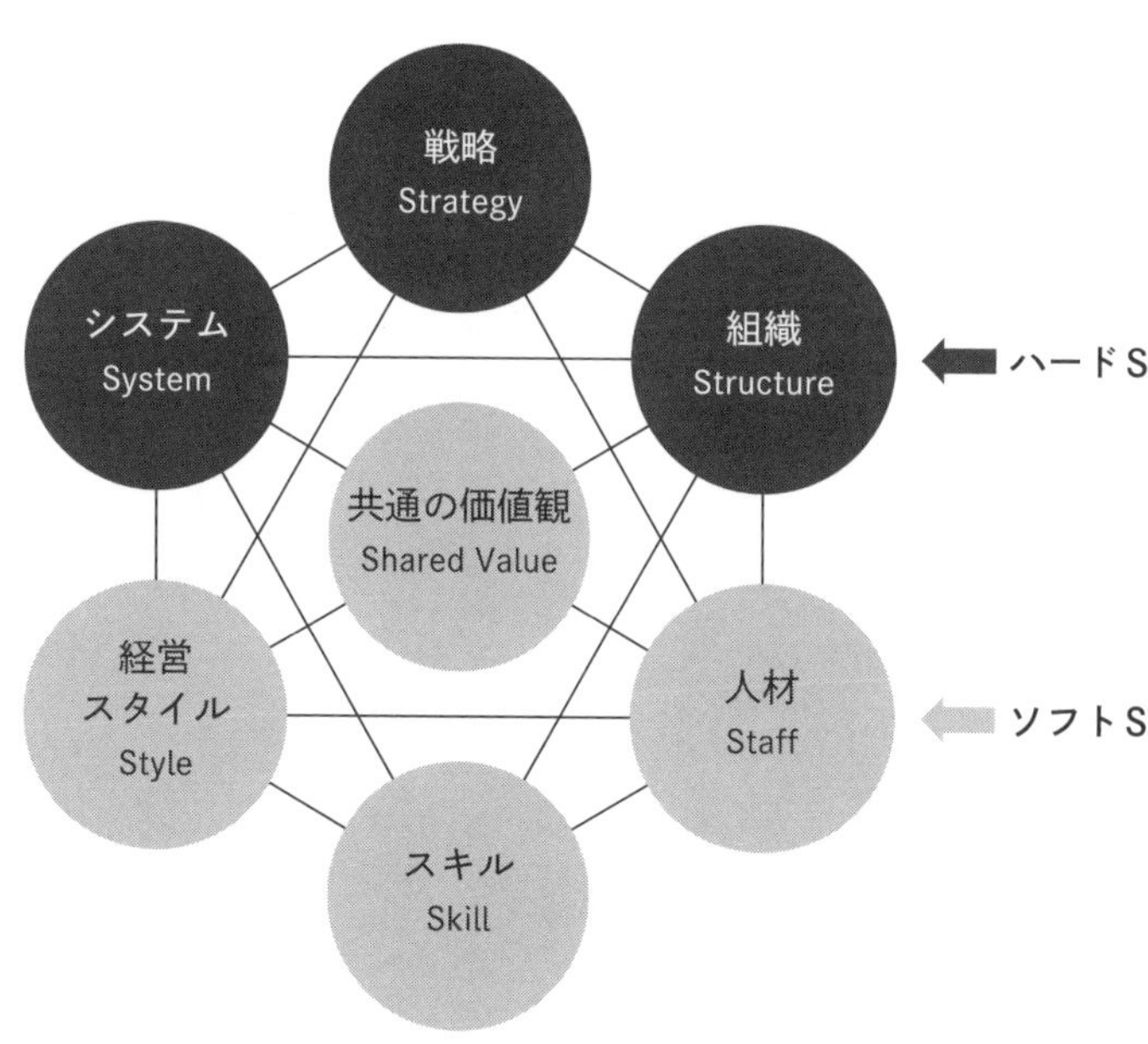

組織には変わりやすい部分と、変わりづらい部分がある

先に述べたチャンドラーの例によると、「組織構造」は、戦略に応じて変えやすいものだと言えます。それは、マッキンゼーの7S（図1-3）でいうと**「ハードS」**と呼ばれるものたち（**組織構造とシステム**）です。

一方、組織には**「ソフトS」**と呼ばれる、**共通の価値観**（**組織文化**）、**スキル、スタイル、スタッフ**などがあります。これらは、容易に変更できないものです。組織の「ソフトS」は、戦略に合わせて即座に変わることなどできませんし、今あるものが必ずしも新しい戦略とマッチするとは限らないのです。このように**「ソフトS」と「戦略」の整合性がとれていない状況では、戦略が実行されることはない**でしょう。

つまり、これまでは「正しい」とされて

きた「戦略コンサルタント」のとるアプローチ（図1-2②）がうまくいく確率は、低いのです。

戦略は60点でいい
～戦略的組織開発のアプローチ～

では、戦略的組織開発のアプローチ（図1-2③）はどのようなものでしょうか。

戦略的組織開発も、外部環境の変化を受けてスタートします。戦略的組織開発に従事する担当者（以下、戦略的組織開発担当者をこのように呼びます　*外部コンサルタントが担うこともあれば、社内の担当者が担うこともあります）は、一般的に、経営トップが抱く環境変化に対する危機感を、多くのメンバーにも感じてもらえるような働きかけをしていきます。また、外部環境の変化をどう捉えるかに関して、異なる考え方を持つ集団間（例：部署間や階層間など）の、健全な対立を促進します。このような働きかけを通じて「私たちが立ち上がらなければ！」と熱を帯びたメンバーたちが、自分たちでつくった戦略を実行し始めます。

社内のメンバーがつくりあげた戦略は100点満点中60点程度かもしれません。

しかし、戦略を実行に移せば、良い点と悪い点が明確になります。**ラーニング・バイ・ドゥーイングで体験を通じて知恵を深め、戦略の精度を高めていく**――こうした試行錯誤を通じて、**最終的には、変化した外部環境に適合した「戦略」と「組織」の両方が得られ**

るのです。

これが、戦略的組織開発担当者がとるアプローチです。

では、こうしたアプローチをとるために何が必要なのか。戦略的組織開発を検討するうえで欠かせない「組織を見る3つの視点」――「組織が変われない3つの理由」を見ていきましょう。

なぜ、組織は変われないのか

今、日本中の組織で起きている現象

「こんなに頑張っているのに、なぜ組織は変われないのだろうか？」と無力感を抱いている方は、多いことと思います。私たちも大いに共感します。

ただ、そのように思い悩むのは、あなただけではありません。以下のようなことが、日本中の多くの組織で起きているのです。

・**MVV（ミッション、ビジョン、バリュー）**を制定し、巨額の予算を割いて社内アピールしたものの、**従業員の行動は全く変わらない**……

・**DX推進**の柱として業務効率化のための情報システムを開発したのに、現場ではそれが使われず、相変わらず巨大なExcelファイルと皆が格闘している……

・**ダイバーシティ&インクルージョン（D&I）**推進室を設置して数多くの研修を実施した

のだが、相変わらず社内は男性優位の風潮。女性管理者比率がほんの少し上昇しただけ……

・**若手の意見**を吸い上げようとするものの、彼らは何も発言しない。ようやく発言してくれたと思ったら、ベテラン社員からの横槍が入ってしまった。若手社員たちは、それに懲りたのか、これまで以上に発言しなくなってしまった……

・多様化するビジネス環境に応じて**カンパニー制**を採ったが、カンパニーごとの活力が生まれない。むしろ縦割りの弊害が大きく「カンパニー制なんてやめたほうがいい！」といった本音が聞こえてくる

・**グローバル化**の掛け声と共に**海外企業を買収**するも、シナジーはない。単なる株主として連結決算しているだけ。本体はドメスティックのままで変わらない……

・**新製品開発が全くうまくいかない**ことに業を煮やした社長が、R＆Dの責任者に**外部プロ経営者を招聘**。しかし、彼のハラスメントによって組織は疲弊し、相変わらず画期的な新製品は生まれていない……

・「このままでは会社がつぶれてしまう」という危機感を持っているのは**トップ層**のみ。**ミドルから下**は「まぁ何とかなるさ」と他人事……

・コンサルティング会社から習った聞こえの良いキーワード**「オペレーショナル・エクセレンス」**が社内で叫ばれているが、誰もその意味を本当にはわかっていない。当然のことながら、実際の仕事のやり方は、何も変わっていない……

いかがでしょうか。あなたの職場でも、似たようなことが起きているのではないでしょうか。

これらの例は多岐にわたりますが、**根底の構造は実は皆同じ**なのです。

そして何より、それぞれの組織は決して怠けているわけではありません。「何とかしなければ」と必死に努力しているのです。それなのに組織は変わらない……それが今、多くの組織で起きていることです。

そうだとしたら、どうもこれは、**努力の「量」だけの問題ではない**のでしょう。**「取り組み方」に問題がある**のです。

組織を取り巻く時代背景

なぜ、これほどまでに「組織を変えること」が難しくなってしまっているのか。本書ではそれを3つに分類し、打ち手を検討していくのですが、その前に、マクロな話を考えてみます。それは、組織が置かれている時代背景です。

既に多くの方に知られるようになった「VUCA」。この4文字は以下の単語の略です。

V：Volatility（変動性・不安定さ）
U：Uncertainty（不確実性・不確定さ）
C：Complexity（複雑性）
A：Ambiguity（曖昧性・不明確さ）

現在、組織を取り巻く環境を端的に言うならば、この4つに集約できます。

VUCAの時代においては、組織を変えないと生き残っていくのが難しい反面で、実は組織を変えること自体が困難になるのです。

たとえば、曖昧で不明確な状況では、リーダーが「組織をどう変えるべきか」の結論に至ることが困難となります。変革の方針をリーダーが示すこと自体に、難しさがあるのです。

不確実な状況を、肌で感じるのは現場のメンバーたちです。様々な変化に直面することでしょう。「本当にこの方向に進んでよいのだろうか」と、組織やリーダーが示す方向性に不安になるのも当然です。

また、物事が大きく変動し続けるわけですから、組織が変化を成し遂げても、また次の環境変化がすぐに起こってきます。絶え間なく変化し続けなければ、複雑で曖昧な時代環境に適応することはできません。しかし、組織は放っておいたら硬直化するものなので、「絶え間ない変化」を続けるのは、非常に難しいのが現実です。

組織の変革がうまくいかない時代背景として、これらの点を理解しておく必要があります。

組織が変われない3つの理由

これらのマクロな背景を踏まえたうえで、組織変革の打ち手をとっていくことになりますが、既に皆さんは数多くの施策に取り組んできたのでしょう。だけど、変わらない……というのは、本節の冒頭でも見た通りです。

私たちは、この状態を、努力の「量」の問題ではなく「取り組み方」の問題として捉えます。つまり、**様々な事柄に取り組んではいるものの、より構造的・本質的なテーマにアプローチできていないのではないか**——と。

「コペルニクス的転回」という言葉をご存知ですか？　太陽が地球の周りをまわっていた

（天動説）のではなく、実は地球が太陽の周りをまわっていた（地道説）――このように「**普通に考えると当たり前のこと」が実は誤りだった**ということは、しばしばあります。そして、時には誤りに気づくと物事の見方が180度変わるほどに、深層的かつ根本的な気づきが生まれます。それを「コペルニクス的転回」と呼んでいます。

著者らは、それぞれの数十年間にわたって組織変革に取り組んできましたが、様々な試行錯誤の中で、**組織論における3つのコペルニクス的転回**に気づきました。本書では、それを「組織が変われない3つの理由」として、紹介していきます（図1-4）。

理由①「対立」を力に変えられていない

組織内の「対立」について、多くの方はこのように考えます。

「対立はできれば起こらないほうがいいもので、避けるべきだ。皆が仲良く協力しないと変革は難しい」

しかし私たちは、これに反対です。**変革を実現させるためには「対立」が必須である。それどころか、「対立」をなかったことにする限り、変革は起こらない**――このように考えます。

図1-4　組織が変われない3つの理由｜組織論のコペルニクス的転回

「太陽が地球の周りをまわっている」

「『普通に考えると当たり前のこと』が実は間違っている」
ことに気づくことがコペルニクス的転回

組織論のこれまでの常識		組織論の新たな常識
① 対立は避けるべきもの。皆が仲良く協力し合わないと変革は起きない	➡	① 変革を実現させるためには対立が必須。対立を力に変えられた時、変革は起こる
② 人は、過去と未来の時間軸や空間的広がりを認識できる	➡	② 人は、過去と未来の時間軸や空間的広がりを認識できず、今、ここだけを見ている
③ 知的レベルの高いメンバーが正しい打ち手を考えて、実行力の高い現場メンバーが、それを実現させていけばいい	➡	③ どれだけ正しい打ち手でも、外部から与えられたものは実行されない。変革の唯一の手段は、現場メンバーの内発的動機から生まれる打ち手を実現することである

私たち日本人には、歴史的に「和を以て貴しと為す」（人と人とがむつまじく親しくすることを貴いものとする）という根強い信念があり、異なる意見を戦わせて何かを生み出すことは苦手です。

この特徴は、おそらく農耕文明という安定した（ＶＵＣＡと正反対の）環境によって形成された国民性なのでしょう。安定した状況では、置かれた環境や見えている景色は、皆同じです。そこに対立が起きてしまったら、安定した状況が脅かされてしまいます。であれば、事が大きくなる前に「まぁまぁ、お互いに落ち着こうよ」となだめたり、利害調整をしたりして、対立を避けたほうがいい——安定の時代においては、これが賢明な判断だったのでしょう。

しかし、時代環境は変わりました。**ＶＵＣＡの時代の対立は、避けるべきものではありません。「潜在的な力」「可能性」です。**

変化が早く、複雑なＶＵＣＡの時代、一人ひとりが置かれた環境や見えている景色は異なります。そのため、お互いが本気で「この会社のために……」と思ってやっていることが、実は正反対になることもあるのです。たとえば、今後の市場の見通しについて、海外とのやりとりが多い人は「海外市場を開拓すべきだ」と考えるかもしれませんが、ユニークな取り組みを続ける地域に接する機会が多い人は「いや、国内市場にまだまだ成長の余地がある」と考えるかもしれません。**それぞれから見えている景色に立ち戻ると、両方が「正しい」のです。**

図1-5　理由①「対立」を力にできていないから

【安定の時代：対立＝悪】
置かれた環境や見えている景色が同じ

対立は、安定を乱すものだから、避けたほうがいい。
大きくなる前に落ち着かせるべき

【VUCAの時代：対立＝潜在的な力、可能性】
置かれた環境や見えている景色が双方で異なる

双方とも組織のことを思っていても、意見が正反対になることがある。この対立を活かせた時、変革が実現する

ここで、いわゆる「ガチ対話」を起こすことができれば、新たな発展へとつながる道が開けることでしょう。これこそが、ヘーゲルの言うアウフヘーベン、すなわち**「対立する考え方や物事からより高い次元の答えを導き出す」**ことです。

安定の時代に生まれた「対立は避けるべきもの」という常識を、現在のVUCAに持ち込んではいないでしょうか？

多くの組織において、今でも「対立」を「避けるべきもの」として扱っています。**お題目としては「対話」を掲げていても、実際は、対立を力に変えるどころか、当たり障りのないやり取りしかなされていない**のが現状です。**対立を避けることは、組織の潜在的な力を消してしまうこと。**それでは、変革も発展も生まれません。

理由②　「今、ここ」しか見えていない

「人は、過去と未来の時間軸や空間的広がりを認識できる」

人の認知能力について、多くの人はこのように考えます。でも私たちは、違った視点を持っています。**人、つまり組織メンバーは、過去と未来の時間軸と、空間的広がりを認識できず、「今、ここ」だけを見ている。**

そして、これが、組織が変われない2つ目の理由でもあります。私たちは「今、ここ」

しか見えていない。だから組織は変われない――このようにお伝えすると、「そんなことはない。私は過去を研究し、未来も見据えている。他部署のことや様々なステークホルダーについても理解している」などの反対意見が届くかもしれません。

しかし、そう思っていたとしても、実際にできている方は非常に少ないのが現実です。そして、偉そうに言っている私たちも、頻繁にこの罠にはまっています。これは、能力の有無や才能というよりも**人の認知能力の限界**だと捉えたほうがいいでしょう。**「今、ここ」から抜け出して、幅広い時間軸・空間的広がりから物事を考えるには、相当の工夫が必要なのです。**

なお、安定の時代には、「今、ここ」だけ見ていれば十分でした。Volatility（変動性）がないため、過去、今、未来にそう大きな違いはありません。また、Complexity（複雑性）がないので「ここ」は全体の縮図かもしれませんし、さっと全体を見渡せば、状況を簡単に理解できた時代だったのです。こうしたかつての成功体験が、人間本来の性質に輪をかけて、私たちを「今、ここ」しか見ないようにさせているのでしょう。

図1-6　理由②「今、ここ」しか見えていない

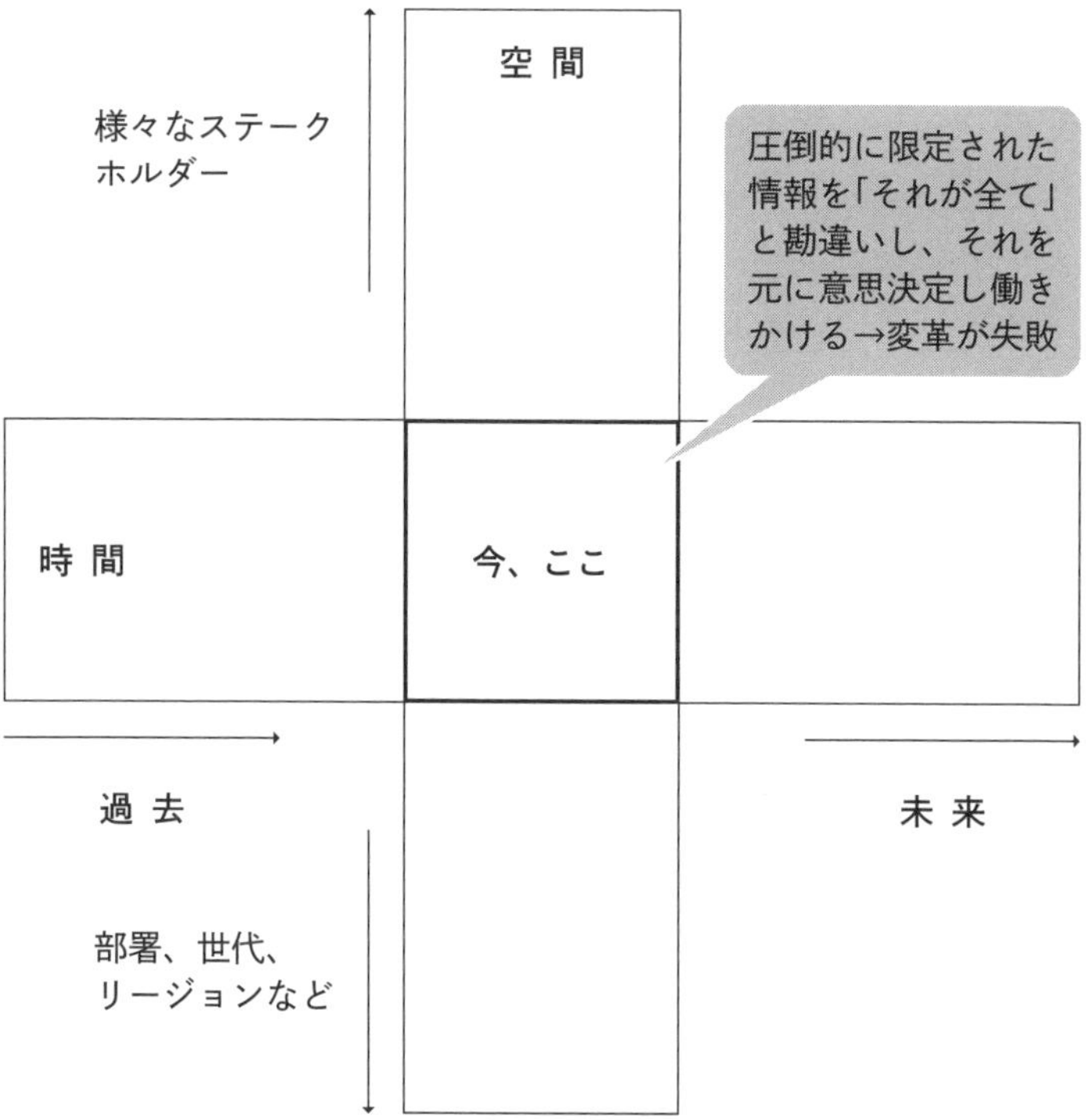

安定の時代は「今、ここ」を見ているだけでも良かったが
VUCAの時代には、これでは変革がうまくいかない

しかし、VUCAの時代、「今、ここ」だけでは本質的な打ち手は見えてきません。答えが見えづらい時代だからこそ、過去~現在~未来を見据え、**歴史の中で「自分たちは誰なのか」を知り、未来に向けて「どう歩むべきか」を決めていく必要がある**のでしょう。組織が歩んできた歴史、脈々と培ってきた文化を知り、自分たちがどんな未来を創り出したいのかを決めていく――私たちが今、迫られているのは、そのような決断なのです。

また、組織活動は複雑化しています。自部署・自組織だけで完結するような仕事はほとんどなく、他部署はもちろんのこと、仕入先、卸先、ユーザー、パートナー、株主などの**幅広いステークホルダーにまで視野を広げなければ、効果的な打ち手を生み出すことはできません。**

「人は、今、ここしか認識することができない」という前提に立ったうえで、時間軸・空間軸を広げるための取り組みを意図的に行っていく――その積み重ねによって、組織は変貌を遂げることができるのです。

理由③ 実行するメンバーの内発的動機づけができていない

「知的レベルの高いメンバーが正しい打ち手を考えて、実行力の高い現場メンバーが、それを実現させていけばいい」

これが難しいことを序章からくり返し述べていますが、日本の組織は、まだこの誤りから抜け出せていません。実務の視点で考えれば、外部から与えられた施策・打ち手は、それがどれだけ正しいものだとしても、実行されません。たとえそれが変革のために必須の打ち手だとしても、です。**組織が変わるほぼ唯一の手段は、現場のメンバーが自ら内発的に考えた施策を実施してもらうこと**です。つまり、**実行するメンバーの内発的動機づけが、組織変革には欠かせない**のです。

これは、多くのリーダーが「そんなの当然だ」と認識していることかと思います。「私は実行メンバーを鼓舞しているし、成果をあげたら報いている」と反論したくなる方もいることでしょう。

でも、ここで少し意地悪な質問をさせてください。

そうした取り組みで、メンバーは主体的に動き出したでしょうか？　組織は本当に変わりましたか？

おそらく「ＹＥＳ」と胸を張って答えられるリーダーは、少ないのではと思います。そして、**結局はメンバーのモチベーションの低さ、能力の低さ**（ケイパビリティ）**の問題に還元してはいないでしょうか。**

とはいえ、外部環境が変わり続ける中で、新たな方針・戦略を組み立てなければならない。社内を見渡しても、それはできそうにないから外部リソース（外部の戦略コンサルティングファームなど）を頼っていく……というのが、私たちがよく目にする風景です（図1－7上）。

戦略コンサルティングファームがつくった「上質な戦略を外から与える」と、どうなるでしょうか。

「さぁ、ここからは君たちの番だ。この戦略の実行に組織の命運がかかっている。もちろん成果をあげた者には、ボーナスや昇進昇格によって報いていく」と動機づけしたとしても、結果がどうなるか、皆さんはよくご存知のことと思います。どんなに金銭や地位といった外発的動機で誘ったとしても、**多くの場合、今までやったことがないような変革——しかも、それが自分たちが考えておらず、外から一方的に与えられたものであればあるほど——は、実行されることは稀**なのです。

本気で組織を変えようとするリーダーがとるべき道は図1-7の下半分です。当事者たちにバトンを渡し、自ら調査やインタビューを行ってもらいます。すると自ずと「このままでは大変なことになる」という危機感が生まれてくるでしょう。そして、当事者たちに今後の打ち手を考えてもらうのです。その完成度は、戦略コンサルが考えた打ち手を100点とすると60点程度かもしれません。しかし、それでもいいというのは、序章でも述べました。**「ラーニング・バイ・ドゥーイング」が起きることこそが、本当に大切**なのです。

図1-7　理由③ 実行するメンバーの動機づけが不十分

〈上質な戦略を外から与える〉

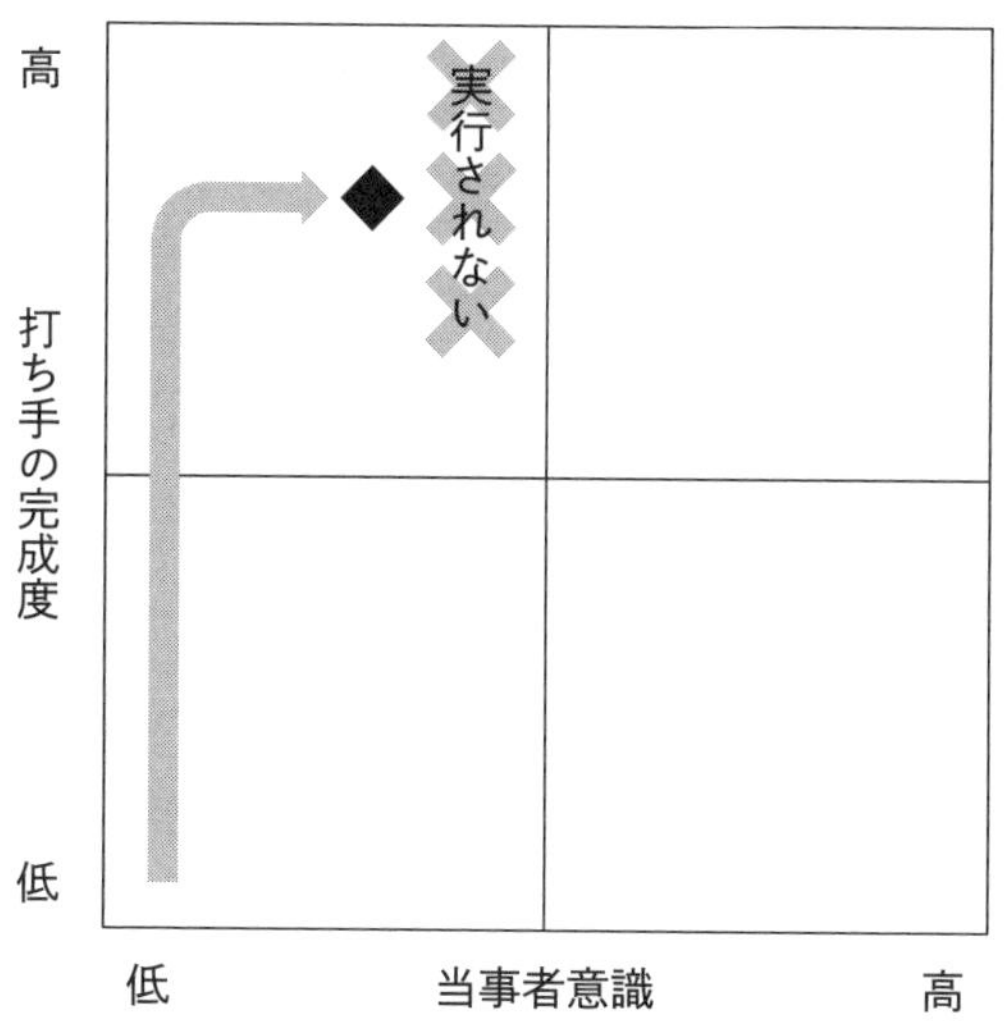

〈内発的動機を尊重する〉

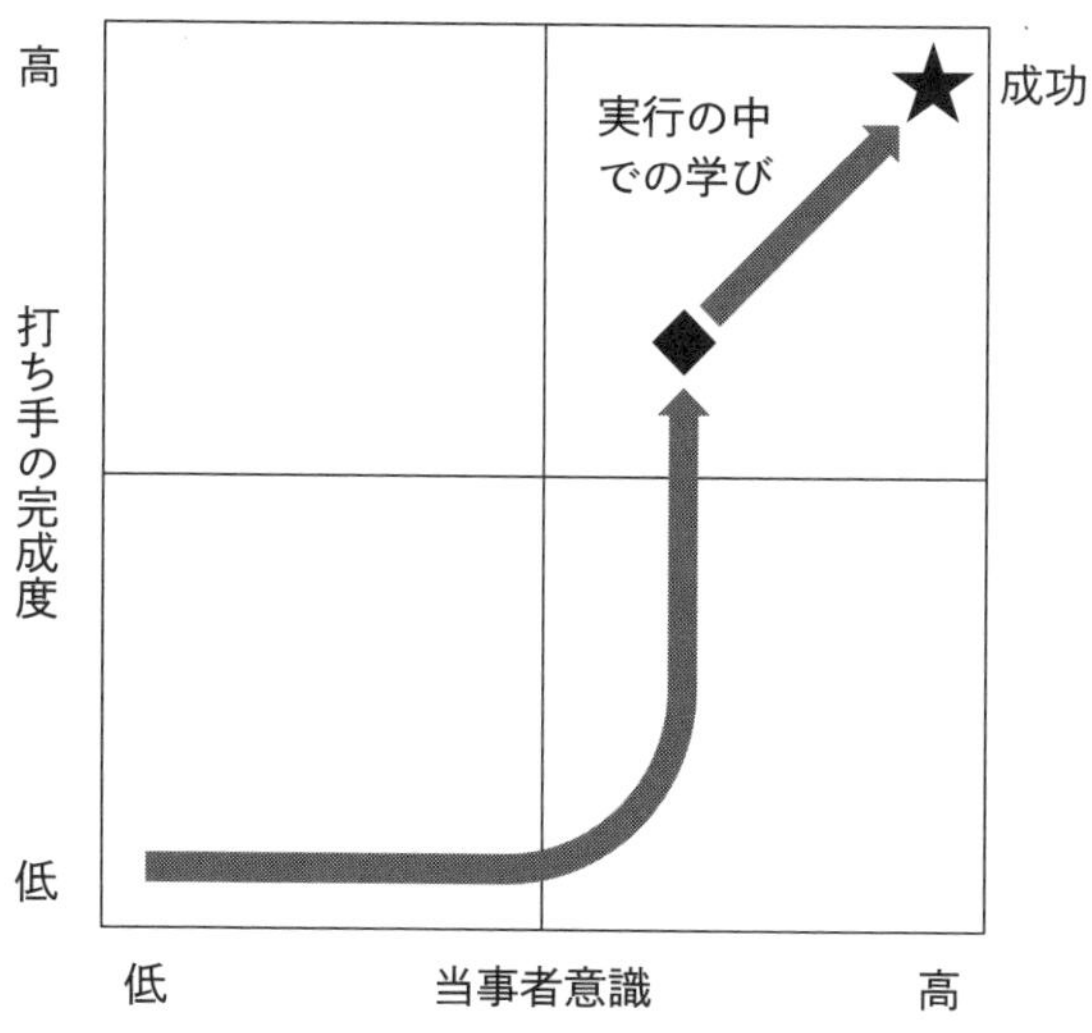

自分たちが本気で考えた戦略は、実行への動機づけが整っています。いざ実行してみると、ダメなところと良いところが見えてくるでしょう。ダメな部分があれば、修正すれば良いのです。そうして「ラーニング・バイ・ドゥーイング」がくり返されていくと、いつしか優秀な外部戦略コンサルタントが考えたものに勝るとも劣らない戦略が完成し、しかもそれが実行されている状態が実現されます。このように、「動機づけ」次第で、組織は変わるのです。

裏を返せば、組織が変わらないのは**「内発的動機づけ」（特に現場で実行するメンバーに対する内発的動機づけ）が不十分であるから**なのです。

3つの理由＝組織変革にクリティカルな影響を与える3つの要素

いかがでしたでしょうか。これら3つの理由は、納得のいくものでしたでしょうか。もしかしたら「そんなこと、もう知っているよ」と思われた方もいるかもしれません。

確かに、1つひとつはとてもシンプルで、そこまで目新しいものには感じられないことと思います。しかし**「わかっていること」と「実際にやること」のあいだには、とても大きな溝があります。**それは、私たち自身、長年の企業支援の現場で実感してきたことです。

事例をご紹介しましょう。

著者（山碕）は、以前、大手企業の事業戦略・戦術の変革を支援するコンサルティングファームでコンサルタント業務を提供していました。

当時は、トップダウン・アプローチで「社長や事業部門トップからのオーダー」で、「事業部門トップ・事業幹部と共に新しい事業戦略（仮説）」を策定しながら、「事業幹部・部長層と戦略実行のための戦術・しくみ（仮説）」をつくり、現場に落とし込んでいくというアプローチをとっていました。構築した戦略・戦術・しくみ（仮説）を実践しながら「新しい戦略・戦術・しくみが成果につながるのか？」を検証し、仮説をブラッシュアップするところまで、事業トップ・事業幹部〜現場までを駆け回りながら支援する――そんな仕事を行っていました。

こうした支援活動の中で、頻繁に起きたことがあります。それは**「検証」のやりようがない**という事態です。

「検証」するためには、新しい戦略・戦術・しくみが実行されないといけないのですが、**そもそも現場では実行されていない**のです。しかも、**戦略（仮説）を共に構築した事業幹部や部長でさえ、実行にコミットしておらず、現場で実践されていなかった**のです。

最初のうちは、事業部門のトップと相談しながら、トップダウンで実行しようと試みてきました。だけど、それでも現場は動かない……。

つくりあげた戦略には自信がありました。あとは実行してもらえればいいのです。

「どうして現場が動いてくれないのだろう……」。そんな悩みを抱えている最中、とあるプロジェクトで、同郷（大阪出身）の開発本部長の男性と出会いました。彼と大阪弁を交えて飲んでいる時、ふと、こんな話を漏らしたのです。

「プロジェクトで決まったことを実行しなければならないとは、理解しているんやけどね。今の仕事にONされたら、仕事がまわらない。今の目先の仕事を何とかしないと評価されないし。特に、今、うちの部門は社長から目をつけられていて、へたなことすると怒られるんでね。プロジェクトのメンバーには申し訳ないけれど、私には他のミッションもあるんですよ……」

それまで私は、「組織で合意が得られたものは必ず実行される」いや「実行すべきだ」と思い込んでいました。だからこそ、実行しない者は悪だと決めつけていたのです。

でも、彼の心からの声は、当時の私の信念を打ち崩すものでした。

同時に、次のことに気づきました。

「組織には、こんなにも見えない本音や感情が渦巻いているのか」。**本音・感情を明かさないままで物事を決めて進めることは、こんなにも危ういことなのか**と実感しました（組織が変われない理由③ 実行するメンバーの内発的動機づけができていない）。

この出来事をきっかけに、他のプロジェクトでも、閉塞感が漂ってきた時は飲み会や個別の面談などを設定し、本音・感情を聴く場を持つようになりました。すると、様々な声があがってくるようになりました。


「あの戦略・戦術が良いとは思えない」

「他の戦術のほうが効果的だと思っている」

「戦術の優先度が違うと思うので、私はこちらからやっている」

「上が決めて『やれ！』と言われたことって、やらされ感がある」

「上は現場の実態がわかっていない」

「現場は疲弊している。新しいことがやれる状態じゃない」


プロジェクトを成功させたいトップと、現場で実行するメンバーのあいだには、大きな分断・溝があったのです。

「そのように思っているなら会議の場で言えばいいのに！」と思うかもしれませんが、**本音を公の場で出すのが難しい空気感があった**のでしょう。そう、**「対立」があるにもかかわらず、それがなかったこととして扱われていました**（組織が変われない理由①「対立」を力に変えられていない）。

また、別の企業の話ですが、営業部長との面談で、こんな会話になったことがありました。

営業部長「仲の良いお客さんから競合の動き教えてもらいましたが、我々が新しくやると決めた戦略は、競合のA社が先行して試し始めているみたいです。すでに後手、これじゃ差別化できないですよね」

私「なぜ言ってくれなかったんですか?」

営業部長「私が参加した時には、もう新しい戦略は決まっていましたから……そんな段階では、言えませんよね」

営業部長は続けました。

「もっと早く知っていたとしても、うちの会社の雰囲気では、言いづらいですよね。うちの会社では、常務が『こっちだ!』と言えば、それが実質的な決定だし、自分と違う意見を聞いてくれませんから……」

このプロジェクトは、この話をしてくれた営業部長が叱責されないよう工夫しながら軌道修正を図りましたが、結局うまくいかず、プロジェクトはフェードアウトしてしまいました。

今になって思えば**「言いづらい」という関係性からは、常務と営業部長の分断**が見えてきます。また、新たな戦略を検討する段階で、声の大きい常務の考え・知見が優先され、**幅広い時間軸・空間軸から発想されていたか**どうかにも疑問が残ります（組織が変われない理由②「今、ここ」しか見えていない）。

「対立を力に変える」「今、ここだけではなく幅広い時間軸・空間軸で物事を捉える」「実行メンバーを内発的に動機づける」。いずれの打ち手も、とてもシンプルなものです。しかし、**現場で実行するのは非常に難しい**ことでもあります。

そして、難しいことでありながらも基本的なことであり、これらは**「変革が実現するか否か」にクリティカルな影響を及ぼすものでもある**のです。**実務としての変革を進めるうえで、よりクリティカルな課題に取り組んで欲しい**――そんな意図から、私たちはこれら3つを本書の軸に置いています。

以下の章では、これら3つの観点から、組織内部を活性化しながら（メンバーが元気で働きながら）、同時に結果・成果を確実に出していくための方法論をまとめていきます。

第1部 理論編

第2章 「対立」は変革の原動力である

対立を力に変えられる組織、対立を力に変えられない組織

ある組織で起きた対立の事例（営業部と製造部）

この章では、組織における対立とはどのようなものなのか、それはどのようなメカニズムで起きるのかを見ていきます。**戦略的組織開発において、対立は避けるべきものではなく、潜在的な力・可能性そのもので、変革の原動力となるものです**。では、一体なぜ、対立が変革の原動力となり得るのか、その背景を解説していきます。

まずは、典型的な対立のエピソードを見ていきます。これは、実際の企業で起きた事例をもとにしつつ、守秘義務の観点から多少の脚色を加えたものです。

田中産業（仮名）は、ＢtoＢの素材メーカー。製造部と営業部の仲が悪く、いつも対

立の火種がくすぶっています。

たとえば商品Aを市場に投入した際のことです。製造部は、納期を「2週間」と主張しましたが、営業部は「1週間でなければ販売は難しい」と主張。この時は、社長の仲裁が入りました。

「まぁまぁ、そう熱くならないで。お互いに何とか譲歩できるだろう」

その結果、あいだをとって納期は「10日」と決まりました。

これは一見バランスがとれた結論にも見えます。しかし、製造部、営業部の双方の不満は募るばかりです。

製造部は、こう言います。

「10日納期じゃダメなんだよ。2週間ないと、必要な化学反応が終わらず、製品が安定しないんだ」

一方、営業部にも不満があります。

「10日納期じゃダメなんだよ。競合は同じような製品を1週間納期で販売している。3日遅いことは致命的なんだ」

そんなある日、商品Aのプロジェクト会議で、営業担当者が興奮して話し始めます。

「すごいことが起きるかもしれません。大口顧客のZ電気さんが、商品Aに興味を持っていて、5日納期で対応できるならば、年間10億円分を発注しても良いって言っているんです。製造部の皆さん、何とか納期を5日に短縮できませんか？」

この意見に、製造部のメンバーが答えます。

「あんたは何もわかっていないな！　元々2週間と1週間のあいだをとって10日間で落ち着いたんじゃないか。それを今の半分の5日間なんてできるわけがない」

営業担当者も、売り言葉に買い言葉で答えます。

「あんたこそ何もわかっていないな！　年間10億円の売上が、今の田中産業にとってどれだけ重要かわかっているのか」

会議を重ねても、製造部と営業部の溝は埋まりません。こうした状況のもとで、私たちが組織開発のプロジェクトを引き受けることになりました。

じっくりと時間をかけて様々な角度からアプローチをしたのですが、直接的に功を奏したのは、「薪を燃やし尽くす」こと。お互いに感じている不満を出し合うことから始まる取り組みです（107ページ参照）。これによって、はじめて相手の立場が深く理解できるようになりました。

お互いの本音を理解し合った後、営業担当者は話し始めました。

「製造部の皆さんが、不良品を出さないようにするために、どれだけ張り詰めた気持ちで日々立ち向かっているか……頭ではわかっていたつもりですが、今、腹の底からわかったような気がします」

それに対して、製造担当者も言います。

「営業部の皆さんが、売上責任のプレッシャーの中で手ごわい競合と戦いながら営業活動を行うって……頭ではわかっていたつもりだけど、今、その辛さが息苦しさとして感じられます」

そんな時、ふと製造担当の一人が口にしました。

「商品Aのスペックって主に5つあるけど、その2つ目が3600じゃなくて1200でも良ければ、5日の納期で対応できるかもしれない」

「えっ！　そうなの？　Z電気さんにとっては2つ目のスペックは多分重要じゃないはず。早速電話をしてみます」

営業担当者は、そう言って会議室から飛び出して行きました。

最終的にこの会話の思惑通りに物事が進み、全ての関係者が大満足する結果が得られたのです。

5つの対立の解決策——コンフリクト・マネジメント・モデル

このエピソードを、トーマス・キルマンの**コンフリクト・マネジメント・モデル**にあてはめて分析してみましょう（図2-1）。

製造部は当初2週間の納期を提示しました。これは自部署の立場を強く配慮し、営業部の立場をほとんど無視した態度で、マトリクスの左上の「**競争的**」にあたります。

一方で営業部が提示した1週間という納期も同じく、自部署の都合だけに配慮した「**競争的**」な態度であり、両者が真っ向から対立するという構図となりました。

最初は、この段階で社長の仲裁が入ります。そして、10日間の納期で帰結したのでした。ここでの社長の仲裁は、マトリクスの真ん中の部分の「**妥協的**」な解決です。

表面的には、妥協によって問題は解決したように見えます。しかし、実際はこのケースのように、問題の本質は全く解決していないケースが多々あります。

このエピソードに限らず、対立した時の解決策として「妥協」は真っ先に思いつく手段です。しかし実際には、**妥協は望ましい解決策ではありません。**

また、このエピソードとは異なりますが、会社によっては製造部と営業部のいずれかが強い力を持っているケースもあります。たとえば、製造部の立場が強く、営業部の立場が

図2-1　トーマス・キルマンのコンフリクト・マネジメント・モデル

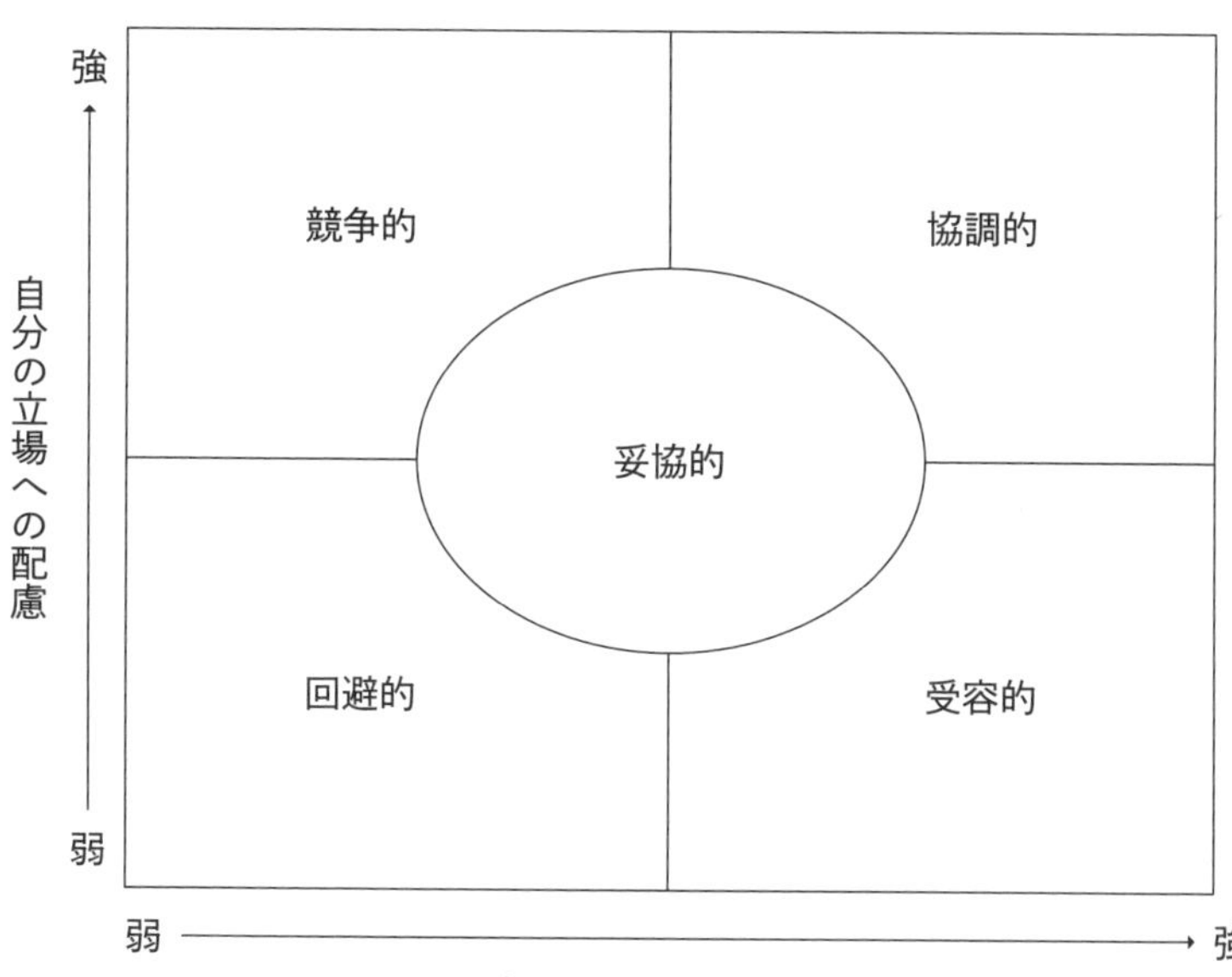

弱い場合、製造部が主張する「2週間の納期」が結論となり、営業部の主張は蔑ろにされたまま、製造の主張のみを受け入れた**「受容的」**な結論となります。

このように、**立場の強いほうが「競争的」、弱いほうが「受容的」となる帰結**はよくありますが、**健康的な解決ではありません**。多くの場合、**「受容的」な結論を強いられるのは、いつも立場の弱い側**です。立場の弱い側が、受容的な結論を強いられ続けることでうまくいっているように見えますが、その裏では、怨念のようなものが、地面に深く潜って潜伏していきます。そしていつの日か、たとえば職場放棄といったテロ行為的な事件へと発展することも、稀ではありません。

理想的なのは「協調的」な解決

エピソードでは、対立の「薪を燃やし尽くす」ことにより、はじめて相手の立場が深く理解できるようになりました。その結果、商品Aの2つ目のスペックを落として5日納期を実現するという結論に至りましたが、この帰結は、図2-1のモデルのどこに位置づけられるでしょうか。

製造部は「不良品を出したくない」というその真摯な思いを守ることができています。また、営業部も「売上のチャンスを逃したくない」という思いを大切にしてもらえました。製造部と営業部の部署間葛藤から始まったこの物語は、最終的には右上の「**協調的**」と名づけられた領域へとたどり着いたのです。

「協調的」な解決を実現した「ガチ対話」

なお、このエピソードには**2種類の異なる「ガチ対話」**がありました（図2-2）。

まず、大型受注の引き合いの直後に起きた激論は、営業部・製造部の双方が自部署の利害を守るため、それに理解のない相手を「何もわかっていないな！」と罵り合いました。これは頭に血が上っている状態での、**自己防衛のためのガチ対話**です。対立はこのような形で始まりますが、多くの場合はこの状態のまま会話が終わり、相手側へのわだかまりが

図2-2　2種類のガチ対話

「頭に血が上っている」状態
＝自己防衛のためのガチ対話

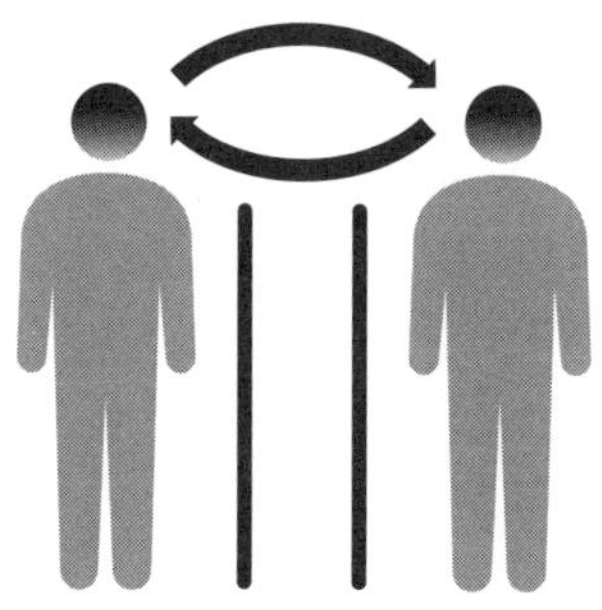

自分の弱みは楯で守って
決してさらけ出さず、
理屈で相手を攻撃

「腹を割って話している」状態
＝大切な思いを開示し合うガチ対話

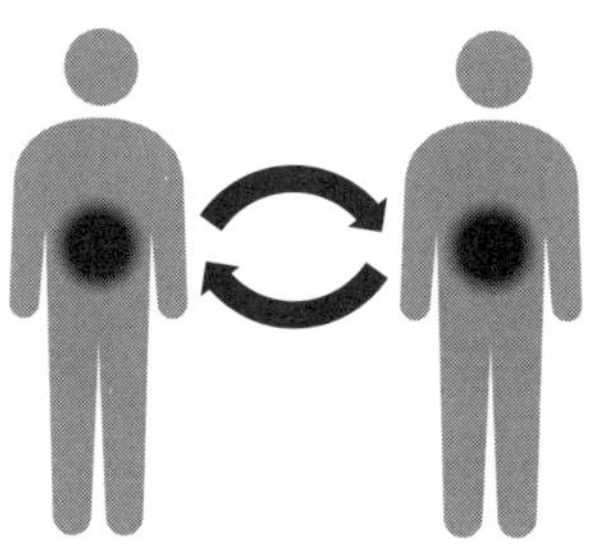

自分の弱みに対して
ノーガードで
本音をぶつけ合う

残り、関係が悪化することになります。

介入がうまくいくと、ガチ対話は図の下半部へと移行します。

エピソードの中で、営業部と製造部がそれぞれ相手の立場を深く理解し、その感情を表に出した場面がありました。このモードがさらに続けば営業担当者は、迫りくるノルマ数字への恐怖や、お客さまが喜んでくれた時のやりがいを本音で語り出すかもしれません。そうなると製造部からも自己開示が始まります。

このようなやりとりは、腹を割って話している状態での、**大切な思いを開示し合うガチ対話**です。**対立を力にするためには、この意味でのガチ対話が必須**となります。

このようなガチ対話が実現する確率を高めるには、訓練された社内・社外の支援者のサポートを得ることをお勧めします。支援者たちは、コーチング的な質問を投げかけたり、対立している相手の役割をとってもらったり、深い思いをポーズや動作で表現するように促したりして大切な思いを互いに開示し合うことを促進するでしょう。

ガチ対話を支援するための働きかけ方について、詳しくは5章で紹介していきます。

「ヨコの対立」が起きるメカニズム

対立の2つのパターン：「ヨコの対立」「タテの対立」

職場で起きる対立は、大きく次の2つのパターンに分けられます。

【ヨコの対立】

・営業、製造、研究といった部門間対立
・合併前の所属企業の違いによる対立（対等合併の場合）

【タテの対立】

・経営層、マネジャー層、若手層といった世代間対立
・合併前の所属企業の違いによる対立（一方が他方に吸収された場合）

・正社員、契約社員といった雇用契約形態間での対立
・本社出向、子会社プロパーといった所属の違いの対立

先ほどご紹介した営業部と製造部など**対等な関係性のあいだで起きている対立**は、**「ヨコの対立」**で、これが対立の最も基本的な形です。合併前の所属企業の違いによる対立も、対等合併だった場合は「ヨコの対立」です。

一方で、**力の強い側と弱い側のあいだで起きている対立は、「タテの対立」**です。組織の階層間（トップ、ミドル、メンバー）の対立が典型的です。

まずは、「ヨコの対立」が起きるメカニズムを解明していきます。

氷山モデル　～相互理解のレベルと対立～

図2-3は、**氷山モデルを使って対立のメカニズムを解き明かしたもの**です。水面から顔を出している部分は、**どのような思考に基づき、どう行動し、それがどんな結果となるのか**を示しています。

水面から顔を出している部分は、当事者にとっては明確であり、他者にそれを伝えることも容易です。たとえば、先ほどのエピソードでは、製造部の思考は**「不良品を出したくない」**で、そのために行うべき行動は**「納期を十分にとる」**でした。このこと自体は営業

図2-3　氷山の水面上に閉じた議論が「対立」を生む

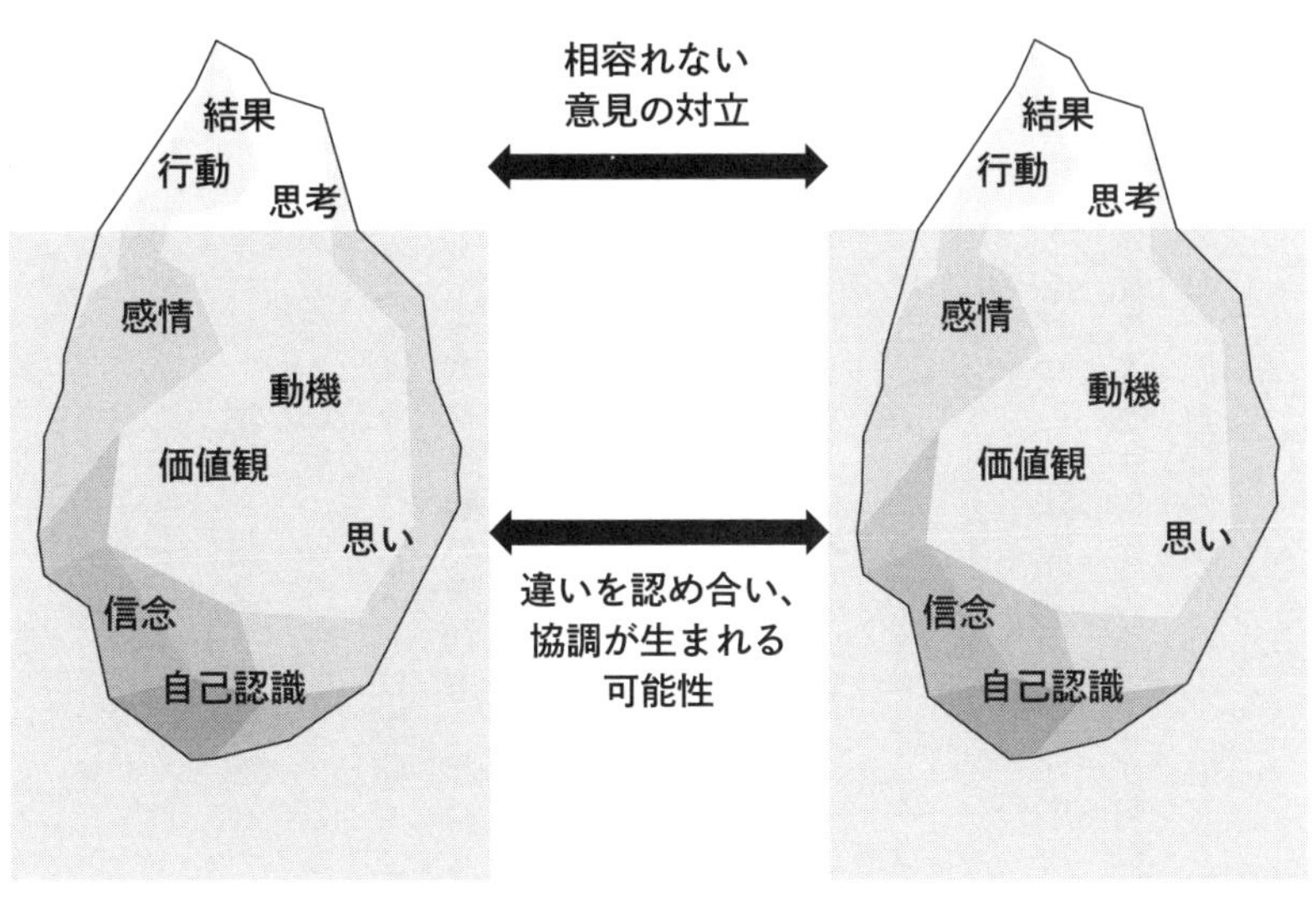

部にも伝わっていたはずです。しかし、彼らの反応は**「製造は何もわかっていない！　そんなことよりも、もっと大事なことがある」**でした。

一方、営業部の水面から顔を出している部分は、思考としては**「大口顧客を獲得したい」**であり、そのために求められる行動は**「納期を大幅に短縮する」**ことでした。これは製造部にも伝わっていたことでしょう。しかし、彼らの反応は**「営業は何もわかっていない！　そんなことよりもっと大事なことがある」**。このように、相互理解には程遠い状況から始まったのでした。

おわかりでしょうか。

お互いに理解しようと一定の努力はしています。しかしそれは、**氷山が水面から顔を出している部分に留まっている**のです。

それこそが、対立を生み出しているのです。

氷山の下側を見てみましょう。

水面下には、**感情、信念、価値観**など、**心の奥底にしまわれていて、当事者にとってもアクセスしにくいもの**が存在します。本人でさえ気づいていないものたちですから、他者に理解してもらうことは非常に困難です。

しかし、**思考や行動の原動力となっているのは、これらの水面下にある要素**です。

よって、とても困難ではあるものの、この**水面下の部分を他者に理解してもらうことができれば、エピソードで起きたような深い相互理解が可能となる**のです。

「そんな魔法のようなことが本当にできるのか？」と疑問を持たれるのは当然です。

これを可能にするために必要なのは、ビジネス理論と心理学の融合です。

私たちは、ユング派の心理学にルーツを持つプロセスワークという考え方をベースに、ビジネス現場で「対立」と「変容」を数多く扱ってきました。5章以降で詳しく述べますが、この**心理学の技法をビジネスに応用することで、自分さえ認識するのが極めて困難な、氷山の水面下を相手に伝えることが可能となります**。深い相互理解が進むことで、劇的な和解や新たな協力関係が現れ出ることも、珍しくはないのです。

ロール間の対立　～ロール（役割）と人を分けて捉える～

ヨコの対立が起きるもう1つのメカニズムは、**「ロール」**というプロセスワークの概念で説明できます（図2-4）。

ロールは直訳すると**「役割」**です。

たとえば、とある組織のAさん（営業課長）とBさん（製造課長）のあいだで対立が起きていたとします。二人の対立が激化し、ある会議で両名が激しい口論に発展したとしましょう。社内にはあっという間に「AさんとBさんが口論になったらしい」という噂が広まります。Aさんは「Bがあそこまで頑固だとは思わなかった」と呆れるかもしれませんし、Bさんは「Aは何にもわかってない！」と憤るかもしれません。

ここまでは、当たり前のように見えることを書いてみました。

しかし、ここに「ロール（役割）」という考えを持ち込むと、景色が変わって見えてきます。私たちは、**「人間」と「ロール（役割）」は切り離せる**ものだと考えます。

Aさんには「営業課長」というロール（役割）があり、Bさんは「製造課長」というロール（役割）を持っています。

ここで、想像してみてください。もし、Aさんは今「営業課長」というロール（役割）を、手に持っているだけだとしたらどうでしょうか？　図2-4の下半分のイメージです。

一方、Bさんも同様に、自分とロール（役割）を切り離し、ロールを手に持っていると仮定します。

「昨日の会議で、『営業課長ロール』と『製造課長ロール』が衝突したらしいよ」

こう噂をする人はいないでしょうが、このように人とロール（役割）を分けて考えると、この表現も真実だと言えるのです。

AさんとBさんが、それぞれに抱いた文句・感想を言い換えると、こうなります。

「『営業課長ロール』からは、『製造課長ロール』が非常に頑固に感じられた」
「『製造課長ロール』からは、『営業課長ロール』が何もわかっていないように見えた」

一般的に、対立の主体は当事者同士（AさんとBさん）だと捉えます。しかし、**一人ひとりの個人は様々な社会的な立場、役割、思考、感情、価値観などを持った複雑な存在です。**対立を、人と人のあいだで起きていると考えると、問題の本質を捉えるのは難しくなります。

一方、**もし対立がロール間で起きていると見立てるといかがでしょうか。**AさんとBさんではなく、「営業課長ロール」と「製造課長ロール」とのあいだでの対立として捉えるのです。すると、**なぜ対立が起きたのかがより深く理解できるようになります。**対立の理由が理解できれば、根本的なレベルでの対立解消の可能性も高まります。

図2-4　対立しているのは人間ではなく「ロール（役割）」

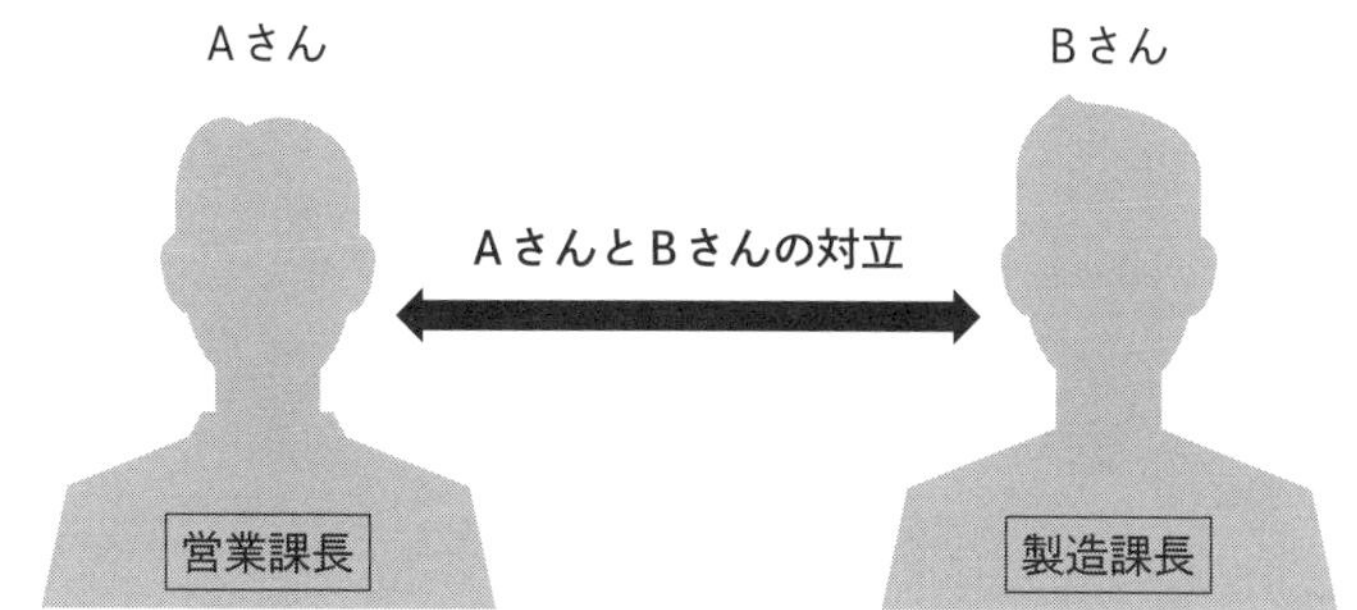

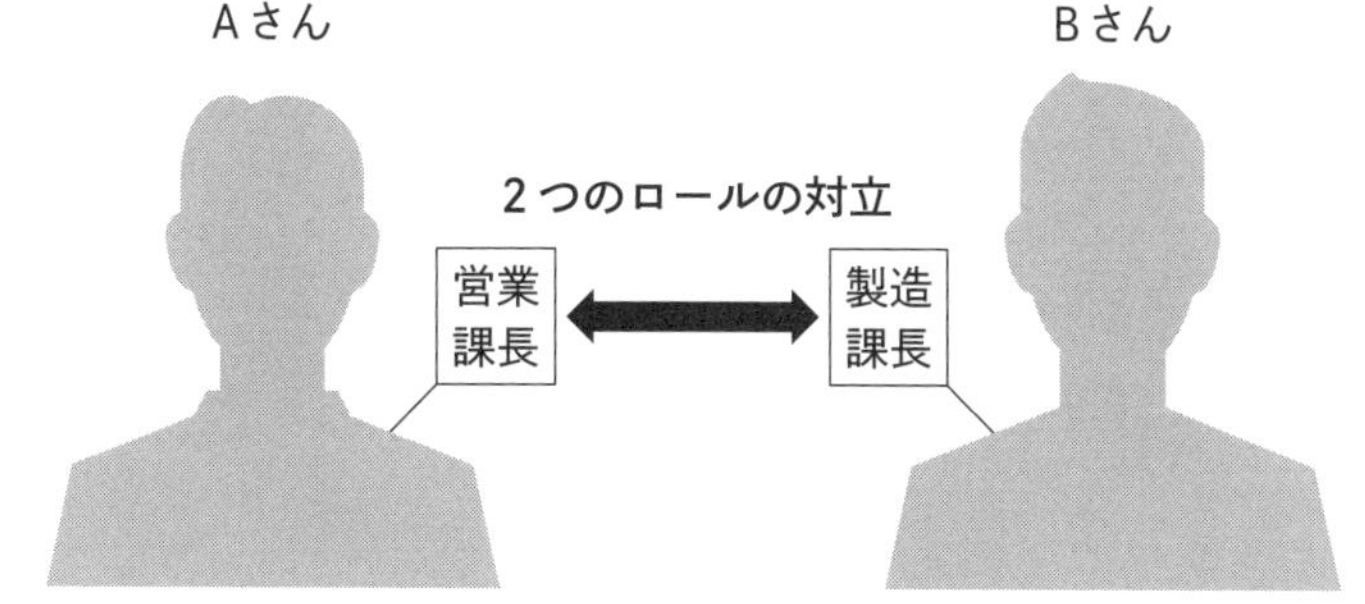

「ロール」という視点を理解するうえで、もう1つ別の例を考えてみましょう。

米国とイスラム過激派のテロリスト、ウサーマ・ビン・ラーディンとのあいだでは、激しい対立が起きていました。これを「米国VSウサーマ・ビン・ラーディン」だけではなく、ロールとして捉えてみるといかがでしょうか。

たとえば「『覇権国家ロール』VS『追い詰められた宗教指導者ロール』」の対立として捉えることもできます。

ロール間の対立には、普遍的な側面があります。たとえば、営業部と製造部とのあいだで長く対立が続いていたある組織において、それまで仲が良かったCさん、Dさんがそれぞれ営業課長、製造課長になった瞬間に対立するようになる、ということもあり得ます。

また、先ほどの「『覇権国家ロール』VS『追い詰められた宗教指導者ロール』」の対立で言えば、ウサーマ・ビン・ラーディンが亡くなったとしても、「追い詰められた宗教指導者ロール」まで消えるとは限りません。いつの日か、同じように、「覇権国家」と「追い詰められた宗教指導者」とのあいだで激しい対立が起きるかもしれません。

人間は、人間であると同時にロール（役割）を担う存在でもあります。たとえば、部下に厳しい「パワハラ上司ロール」をとっていたAさんがいなくなれば、代わってBさんがそのロール（役割）をとることがあります。また、Xさんが、厳しく当たられていた部下をなぐさめる「救済者ロール」をとっていたとして、もしXさんが職場からいなくなれば、別の誰かがXさんの代わりに「救済者ロール」をとることもあります。

このように、ロール間の対立の例は無数にあります。

たとえば……

・「間接部門ロール」と「現場ロール」
・「親会社からの出向者ロール」と「子会社たたき上げロール」
・「24時間戦えますかロール」と「ワークライフバランスロール」
・「変革者ロール」と「保守者ロール」
・「理論重視ロール」と「現実重視ロール」

皆さんがこれから組織の中での対立を見る時は、**個人間や組織間だけでなく、「ロール間の対立かもしれない」**という視点を持って眺めてみてはいかがでしょうか。

「ロール（役割）」は交換できる

「ロール（役割）」と「当事者」を切り離して捉えるメリットは、問題の見立てがスムーズになる以外にも、もう1つあります。

それは、**ロールはスイッチ（交換）可能**だということです。

たとえば、図2–4の下半分では、Aさんは「営業課長」そのものではなく、そのロールを手にしているだけだと考えられます。であれば、このロールを試しにBさんに手渡すこともできます。同様に、Bさんが手にしている「製造課長ロール」をAさんが手に持ってみることもできるでしょう。

実際にはファイルか何かを「ロール」に見立てて手に持ったり、交換してもらったりすると、ロール（役割）のスイッチ（交換）を、より体感しながら行えるようになります。

あるいは詳しくは後述しますが、「ロール」は椅子に張りついていて、その椅子に一時的に座っているだけと想定して、対話を行うこともあります。Aさんは、今、「営業課長」の椅子に今は座っているだけで、これから反対側にある「製造課長」の椅子に座り替えてもらうこともできるというわけです。このような座り替えを行うことで、**相手の立場でものを見て、感じることができるようになります**。そこから新たな示唆が得られれば、**対立から深い相互理解へと変容していくことも可能となる**のです。

「タテの対立」が起きるメカニズム

「ランク」の差が対立を引き起こす

「タテの対立」の典型例と言えば、経営層、マネジャー層、若手層の対立です。

ここにも、ヨコの対立で見てきた氷山モデルとロールのメカニズムは同様に働いています。そして新たな対立メカニズムとして登場するのが**「ランク」**という考え方です（図2-5）。

「ランク」とは**個人が持つ特権の集合体**と定義されます。それがなぜ対立につながるのか、を有名なエピソードをもとに考えていきます。

かつてフランスの王女マリー・アントワネットは、民衆がパンを食べられないほど飢えているのを聞いて「パンがなければケーキを食べればいいじゃない」と発言したそうです。この発言のほか、王族たちの振る舞いや圧政に激怒した民衆たちが、紆余曲折を経てクー

図2-5　対立の背景にある「ランク」

【ランク】個人の持つ特権の集合体
【西洋社会での例】
男性・白人・高学歴・プロフェッショナルな
職業人などがランクが高い（＝特権を持つ）
【注意点】ランクの高低は、人物の価値と無関係

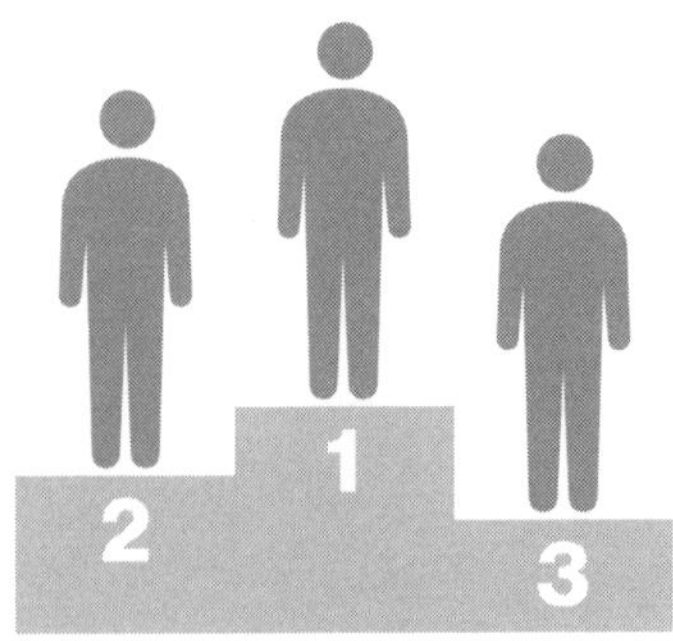

【ランクが高いと】
・リラックス
・自由に振る舞う
・ランクに無自覚

【ランクが低いと】
・リラックスできない
・自由に振る舞えない
・ランクを強く自覚

【ランクが引き起こす対立関係】
・ランクの高い側が無自覚にランクを行使
・彼らには悪意がない点がポイント
・一方でランクが低い側は「不当に扱われた」等と怒りを覚える
・臨界点を超えると「事件」に発展することも

デターを起こし、最終的にマリー・アントワネットは処刑されてしまいました。

「ランクが高い側はそのことに無自覚である」と、経験則上言われています。

マリー・アントワネットは、当然のことながら様々な特権に守られて高いランクを得ていました。彼女には、パンもケーキも十分にある状況が当然でした。それが当然ではないかもしれないなんて、全く思いもしなかったのです。

なお「ランクが高い」とは、相手を見下し、侮辱して自己肯定感を得るような人物を意味するわけではありません。むしろ**ランクが高い側には、悪意は全くない場合がほとんどです**。

マリー・アントワネットもそうだったように、悪意は全くありません。ただ、パンとケーキの両方があるのが普通なだけで、片方がなければもう片方を食べればいいと、素朴な意見を述べただけなのでしょう。

ただし、彼女は非常に無自覚でした。そんな**無自覚な言動に、ランクの低い側が激怒する――ここに激しい対立が起きる**というわけです。

「主流派」と「非主流派」の対立

ランクが原因となって生じた「タテの対立」の事例を、もう1つ考えていきます。これは、私たちが重視する心理学「プロセスワーク」をビジネスに活用する方法を日本に紹介してくれたスティーブン・スクートボーダー博士がかかわった実例です。

対立が起きたのは「病院」という現場でした。そこには、心臓外科医と麻酔科医が登場します。二者間には、上下の指揮命令系統はありませんが、実際には、明確なランクの差が存在するため、「タテの対立」に分類しています。


その病院は心臓外科の手術で有名でした。素晴らしい技術を持つ心臓外科医たちは、新たな手術方法の研究に余念がありません。

ところで、心臓外科手術は麻酔抜きに実施できないのは当然です。麻酔を担当するのは、麻酔科医たち。華やかな光があたる心臓外科医、地道で目立たない麻酔科医——そこには大きなランクの差がありました。

「ランクが高い側は無自覚に振る舞う」が、この職場でも起きました。

心臓外科医たちは、決して麻酔科医たちを低く見ているつもりはありませんでした。しかし、当の麻酔科医たちは**「自分たちは低く見られた。不当に扱われた」と不満を募らせていた**のです。

そしてある日、麻酔科医たちは職場をボイコットしました。

麻酔ができなければ心臓外科手術が行えません。

そこにスティーブンが呼ばれて、対人葛藤解決のワークを提供し、この状況を見事解決したわけです。

この時に、スティーブンはどのような働きかけを行ったのか——スティーブンから学び、私たちなりに改良を加えた「対立への処方箋」の数々は、このあと5章で詳しく解説します。

ランクの違いは、**主流派・非主流派**という対比と密接に関係しています（図2-6）。

組織には様々な構成要員がいて、状況は複雑です。複雑な状況をそのまま扱おうとすると、対処方法も複雑になり、かえって効果を落としてしまいかねません。よって、**対立の問題を見立てる際は、本来は複雑な組織を、シンプルに「主流派」と「非主流派」に分けて考えます。**

ランクが高く、パワーを持っているのが「主流派」です。

そう考えると、社長、事業部長といった人たちは「主流派」となり、若手社員は「非主流派」となります。また、その会社を長年支え続けてきた既存事業を担当する人たちは「主流派」であり、新規事業を担当する人たちは「非主流派」となります。

主流派と非主流派のあいだに潜在的な対立があるのは、当然のことです。

それを放置すると先ほどの病院で起きたようなボイコット等の事件に発展することもあるのです。しかし、**対立を上手に顕在化させて、深いレベルの対話を行うことができれば、**

図2-6　「主流派」と「非主流派」

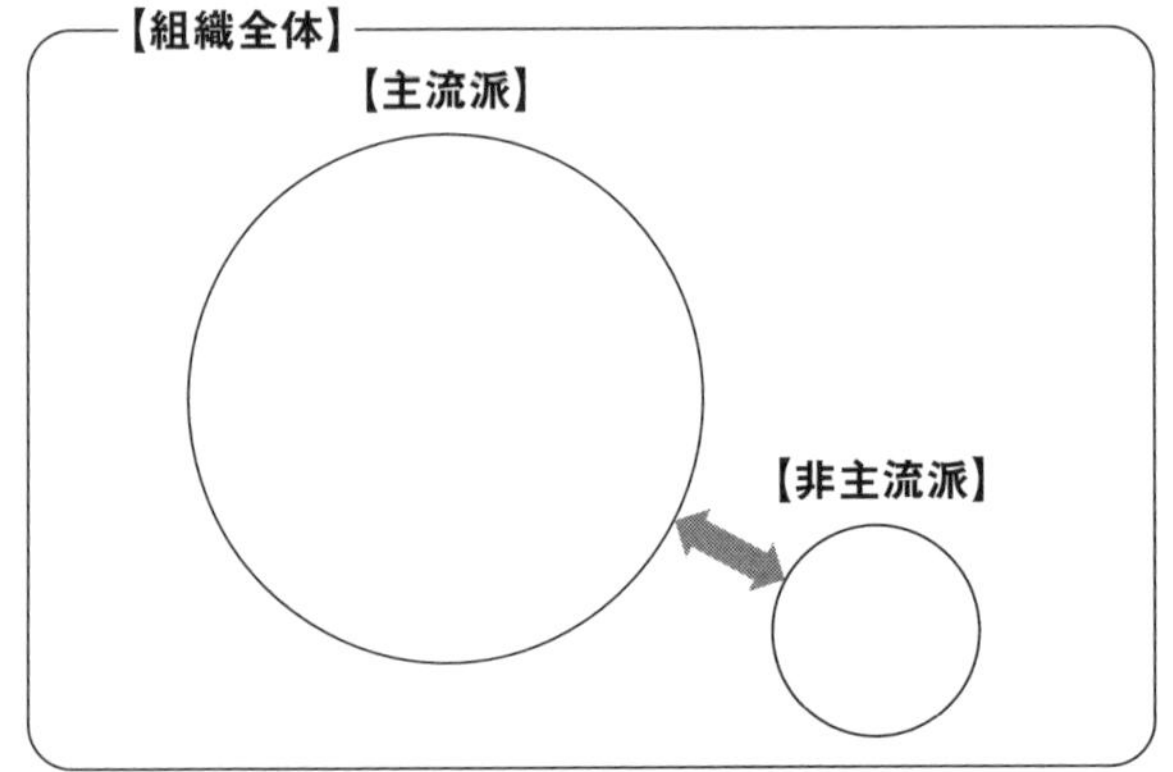

【主流派】
- ・ランクが高い
- ・パワーを持っている
- ・組織の中心にいる
- ・注目されている
- ・意見を言う

顕在化した可能性の源

【非主流派】
- ・ランクが低い
- ・パワーを持っていない
- ・組織から周縁化されている
- ・注目されてない
- ・意見を言えない

潜在的可能性の源

組織は変わっていけるわけです。

「主流派」と「非主流派」のあいだの対話を実現するには？

「主流派」「非主流派」に関して印象的なエピソードを1つ紹介しましょう。

ある著名企業の研究所の組織開発プロジェクトを、私たちが引き受けた時のことです。プロジェクトテーマは「その会社の黄金時代のような生き生きとした職場風土を取り戻すこと」。

プロジェクトの全体スケジュールの中間地点で、プロジェクトメンバーに対して振り返りを目的とした個別インタビューを実施しました。この研究室は1室から5室の5つのサブ組織で構成されていたのですが、1室の方にインタビューをした際、このような言葉が出てきました。

「私たち1室は、故郷の土地を追われたネイティブアメリカンなんです」

最初は何のことかわからなかったのですが、彼女の表情から極めて深刻な話題であると察知しました。そして、さらに話を続けてもらいました。

「元々この研究所は1室だけでできていたんです。それに2室の人たちがやってきて、3室、4室と『入植者』が続きました。私たちは隅に追いやられてしまったのです。このプロジェクトを推進してくれている研究所長のTさんだって、いい人だとは思いますけど、外から来た人ですよね。私たち1室は、強い立場に立つ白人たちに隅に追いやられたネイティブアメリカンなんです……」

「非主流派」はランクが低く、皆の前で発言することができません。思えば、この方はプロジェクトの中でほとんど発言してきませんでした。そして、個別のインタビューで、言いたくて我慢していたことがやっと言えたのでしょう。

この章は理論を解説する場面であり、対立を解消するための打ち手は5章で詳しく紹介します。ただし、話の流れ上、主流派・非主流派にどのようにかかわるのかについて、少しだけ解説を加えます（図2-7）。

主流派と非主流派のあいだには、必ずと言ってよいほど対立があります。それは既に顕在化しているかもしれませんし、マグマのように土の下に潜っているかもしれません。そして、ランクの低い非主流派は不満が爆発するまでは声をあげることがありません。

だからこそ、サポートする人が必要になるのです。たとえば、外部のコンサルタントが非主流派の方たちに個別にインタビューを行うと、多くの場合、堰を切ったように溜った

図2-7　主流派が耳の痛い意見を受け止めるには

【組織全体】

【主流派】

【非主流派】

ファシリテーター
が非主流派の思いを報告

個別インタビューで明らかになった「主流派が気づいていない非主流派の思い」をファシリテーターがワークショップに先立って報告し、主流派に心の準備をしてもらう。主流派は実は傷つきやすい人たちでもある

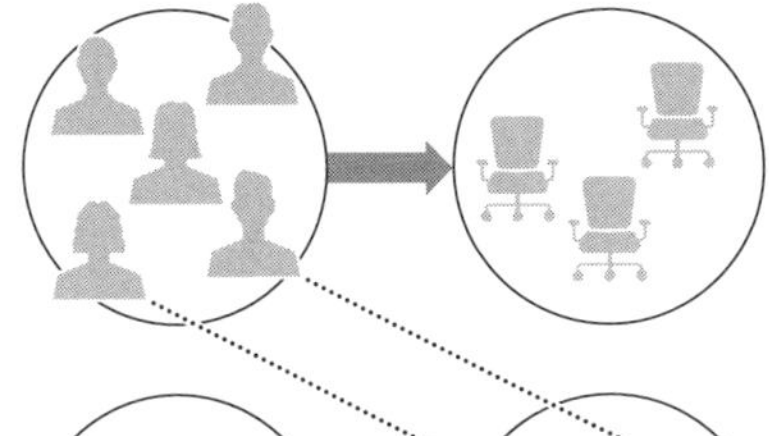

空っぽの椅子に向かって思いを語りかけてもらう

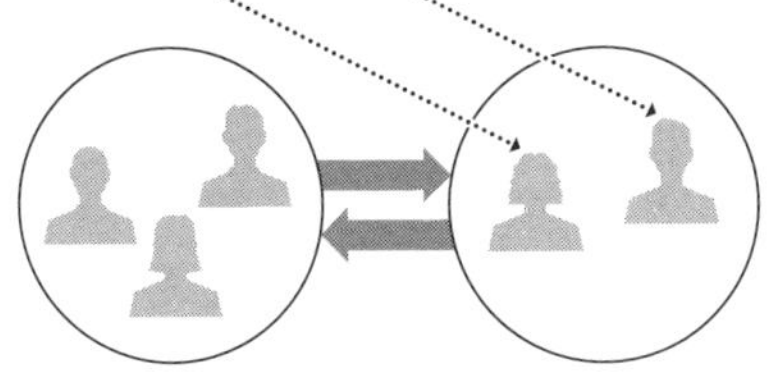

何名かに実際に非主流派の場所に移動し、主流派と対話してもらう

非主流派へのロールスイッチをして対話をしてもらい、彼らが大切にしているであろうものを深く体験する

不満が噴出します。

そして、ここからがポイントです。

「なるほど。そんな不満をお持ちなのですね。では、次回、経営陣との対話会を設定しますので、そこで今私に語っていただいたことを述べてください」

ありがちな対応策ですが、どんな結果を生むでしょうか。**ランクの低い非主流派は、言いたいことを言えるはずがなく、口ごもってしまう**ことでしょう。

一方で、**主流派も実は傷つきやすい部分を持っています**。心の準備がなく批判めいたことを言われると、不必要な防衛反応が起きたり、攻撃的になったりする可能性があります。

よって、ここでもサポートする人が必要になります。

たとえば私たちのような外部の支援者が、まず主流派だけがいる場所を設定し、彼らにインタビューを通じて判明した非主流派の思いを伝えます。

これだけでも対話の準備になるのですが、欲を言うと**ロールのスイッチを体験してもらえると、相互理解が促進されます**。

ロールスイッチは、次のように行います。

まず、主流派の場所と非主流派の場所を物理的に分けてつくり、椅子を置きます。非主流派の人はその場には呼んでいないので椅子は空ですが、そこに人が座っているつもりで主流派の人たちは語り掛けます。たとえば次のように行います。

「1室の皆さんが、ネイティブアメリカンのような気持ちでおられたことには全く気づいていませんでした。私たちは無自覚だったと思います。本当に申し訳ない」

そして主流派のうち数名が非主流派の椅子に座ります。実際に非主流派になったつもりで、主流派と対話を行います。

たとえばこのような発言が出てくるかもしれません。

「新たな技術に関心を持つのは当然です。でもこの研究所がどういう歴史で発展してきたのかにも、少しは敬意を払っていただけませんでしょうか。私たち1室のメンバーはそれが誇りなんです」

本当は1室のメンバーではない人でも、場所（椅子）が持つパワーにより、その人物になりきることが可能です。

このような手順をとることで、**非主流派と対話をする準備が主流派に整います**。そして最後に、本当の非主流派の人たちとの対話が行われ、図2-2の下半分で示した、**大切な思いを開示し合うガチ対話が実現します**。

相互理解のためには「対立」が不可欠

わざわざ不愉快な対立を経験しなくても良いのでは？

この章の最後に皆さんの素朴な疑問に答えたいと思います（図2-8）。
こんな疑問をお持ちの読者もおられるでしょう。

組織の中には様々に異なる意見がある。それは当然だ。でも、わざわざ対立の火に油を注ぐようなことをしなくてもいいのではないか？　冷静な気分のまま、大切な思いを開示し合うガチ対話会を開催すれば十分なのでは？

そうすれば新たな発展が起きるはずだ。みんなが不愉快になる「対立」というプロセスを経験する必要はないはずだ。

一見正論のようです。しかし、**残念ながら、この流れではうまくいきません。**

図2-8　相互理解のためには対立が不可欠

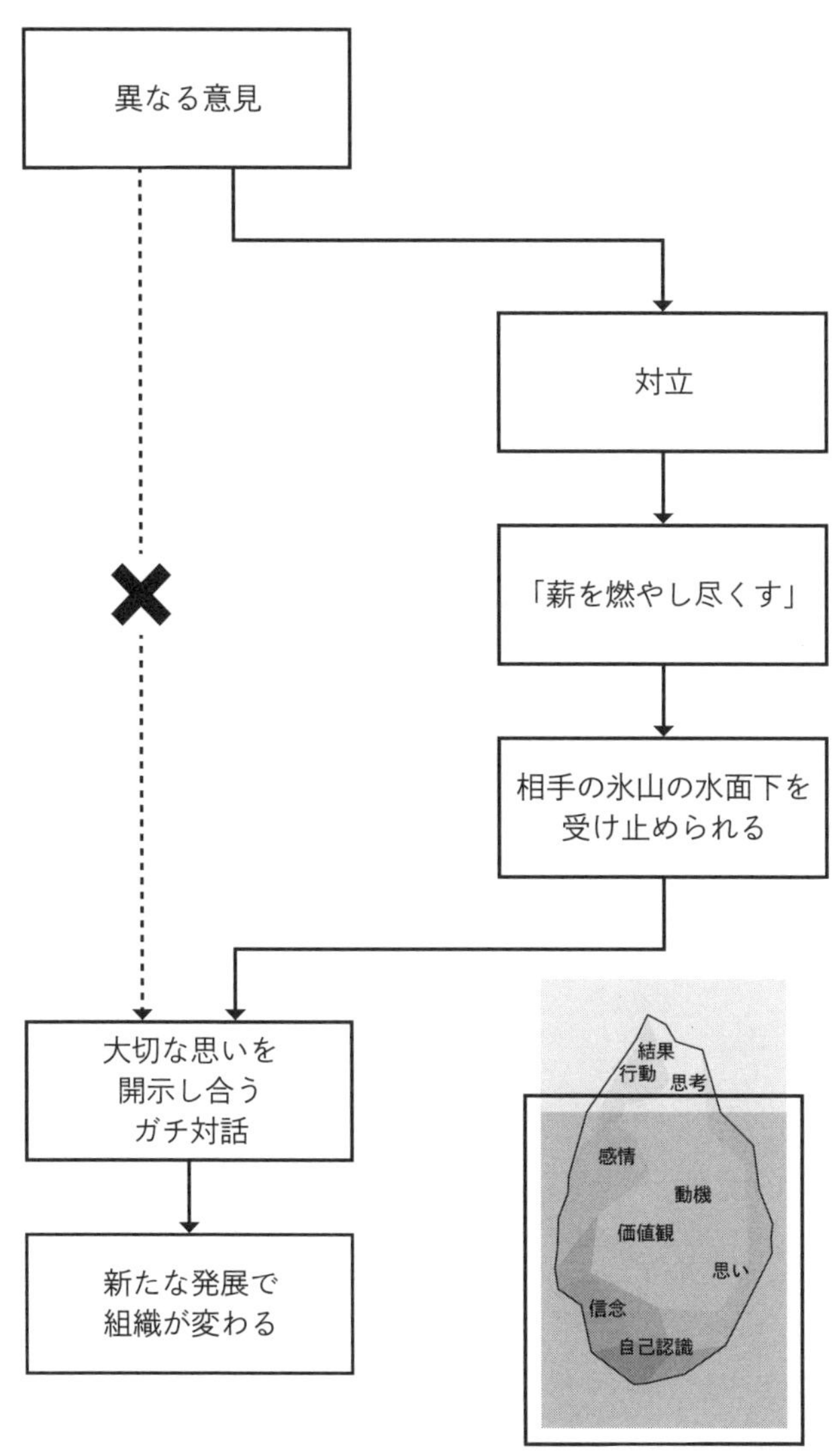

実際に冷静なまま、異なる意見を持つ人同士の対話を行ったことがある方はわかるはずです。水面の上に顔を出している氷山の一部での相互理解は生じますが、大切な思いを開示し合う「ガチ対話」には発展しないのです。

それでは、当然のことながら、組織は全く変わらないままとなります。

なぜ対立が必要なのか。それは**冷静ではいられない感情的なモードになり、相手に対して言いたいことを全てぶつけて「薪を燃やし尽くす」状態に入るステップが必ず必要**だからです。

たとえば、AさんはBさんに対して「意見を言うだけで、その根拠のデータがいつも欠如している」という違和感を持っていたとします。「根拠データのない意見なんて無意味だ！」という**薪が、ぶすぶすと不完全燃焼している状態**です。

このままの状態で、AさんとBさんが相互理解をすることは不可能です。

しかし、もしAさんがBさんに対して、面と向かって思いを出し切ったらどうでしょうか。

「あなたの意見にはいつも根拠データがない。そんな意見は無意味です！」

すると、すっきりと薪が燃やし尽くされます。そしてそこには新たな価値観が入ってくる余白が生まれます。**自分が潜在的に大切にしている「信念」「価値観」「動機」「思い」からくるものを存分に吐き出して、ある意味では空っぽになった状態ができた時、はじめて相手の「信念」「価値観」「動機」「思い」を受け止める準備が整います。**

この例だと「もしかして、根拠データがない場合でも、適切な意見というものがあり得るかもしれない……」という気づきが、Aさんの中に生まれてくるかもしれません。

このように**相手の氷山の水面下を受け止めることができれば、自然と、大切な思いを開示し合うガチ対話が始まります。**

たとえば、Aさんが「私はいつも根拠データが必要だと盲信していたかもしれません。もしかすると、弱い自分を守るためにデータというお墨付きが必要だったのかもしれない……」とつぶやくかもしれません。それに応えてBさんが「私こそ申し訳なかった。権威を振り回す本社部門への反感を、データというものへの反感にすり替えていた自分がいたようです……」などと、自分自身への気づきが深まるかもしれません。

ここまでくれば、対立する立場同士の関係性は劇的に改善されたも同然です。

対立を「変革の原動力」にするとは、対立を通じてこのような深層的なガチ対話を生み出すことを指すのです。

第3章

「今、ここ」だけの認知の限界を乗り越え、正しい方向性を見出す

人の認知能力の限界

人は「過去」を認識できない

「人は過去と未来を認識できない」

そう言われたら、どのように感じますか？

多くの方は「そんなはずはない！」と感じることでしょう。現に、日々、過去の出来事に基づきながら業務をこなし、未来を予想しながら方針を決定している、と。私たち著者らも「自分たちは過去も未来も認識できている」と思っています。

しかし、もしそれが思い込みに過ぎなかったらどうでしょうか。

とある組織開発ワークショップでの場面をご紹介します。

事例

あるメーカーで組織のビジョンをつくり出すワークを行った時のことです（このワークの詳細な手順は6章でお伝えします）。

図3-1　人は「過去」を認識できない

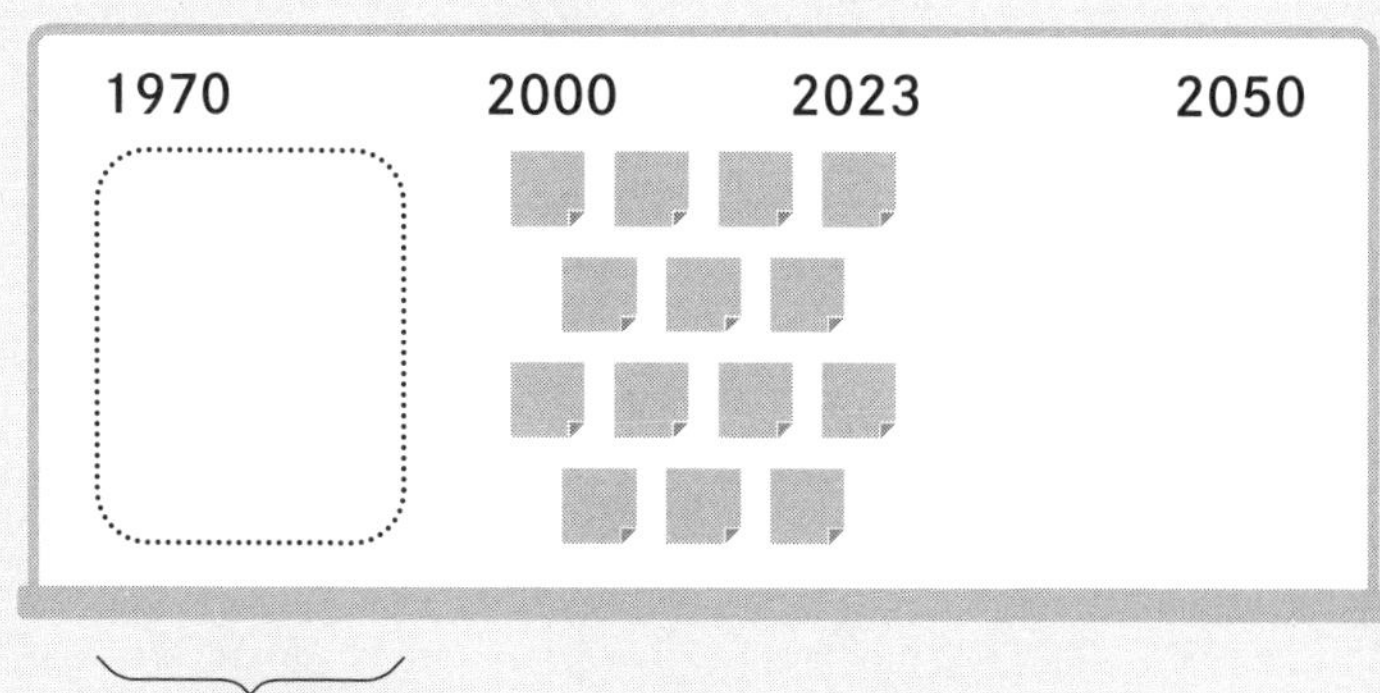

ワークショップの参加者は20代後半から40代前半の約20名。参加者各自に、「自分にとって重要な出来事」と「それが起きた年」をポストイットに記入してもらいます。記入が終わった後、事務局がつくった模造紙の上に、皆でポストイットを貼っていく――という流れで行いました。

そこで完成したのが図3-1です。

私たちファシリテーターが「できあがった年表を眺めていて何を感じますか？」と質問しました。いくつもの重要な意見が寄せられたのですが、中には次のようなことを発言した方がいました。

「創業からの25年間の部分の年表が空

白ですよね。情報がほぼありません。私たちは、そのことに無自覚だったという事実に今気づきました」

この会社は、カリスマ経営者によって生み出され、急成長を遂げた後、事情があって巨大企業の傘下に入ったという歴史を持っていました。年表の空白期間は、創業から今の形になるまでの時期にあたります。

「自分たちの会社がどのように生まれ、どのように成長してきたのかを知らなければ、これからの未来ビジョンをつくり出せるわけがない」

このことに、メンバーが自ら気づいたのです。

創業者と共に初期の成長を支えた功労者たちは、この会社に在籍していました。今ならまだ間に合います。プロジェクトメンバーたちの発案で、彼らにインタビューを行うことが決定されました。

このように「年表」という形にしてはじめて過去が見えるようになりました。

そして、この会社の場合は「過去の重要な情報が欠如しているが、まだ間に合う」とわかり、具体的なアクションへと移っていくことができたのです。

あなたの組織は誰のどのような想いから始まったのでしょうか。その後、どのような歴史をたどって現在に至っているのでしょうか。

組織の「原点」について日頃から意識を向けている方は、おそらく稀なのではないかと思います。なぜならば、私たちは「過去」を認識するのが難しい生き物だからです。

人は「未来」を認識できない

先ほどのエピソードには、続きがあります。

事例

年表を作成した後、私たちは参加者に重ねて質問をしました。

「他にどんな感想がありますか？」

すると、ある一人の若手社員（Aさんとします）が、次のようにコメントをしました。

図3-2　人は「未来」を認識できない

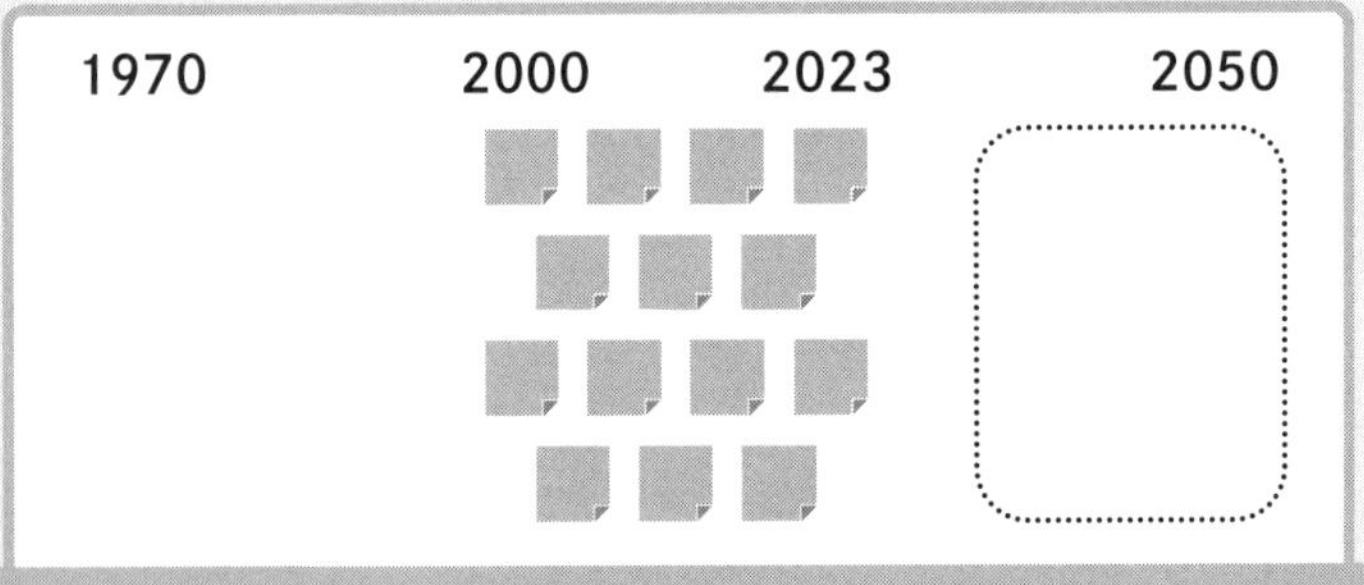

「偶然ですけど、貼られた年表の右側の部分の壁に空白がありますよね。私には、未来の年表がその部分に広がっているように思えてならないのです。2050年までの真っ白な部分（図3-2）。ここにこれから起きる重要な出来事を埋めて歴史をつくっていくのは、私たちにゆだねられているのだと気づきました。身が引き締まる思いです」

Aさんをはじめとした若手・中堅社員たちが、この会社の未来をつくっていくのは、ある意味では当然のことです。今、意思決定を担っている経営層は、やがて引退を迎えていくのですから。

しかし、普段の仕事に従事していると、ついその事実を忘れてしまうのではないでしょうか。**「自分たちは、会社の未来をつくっていく存在だ」ということを、重く受け止める機会は少ない**でしょう。

なぜならば、私たちは、「未来」を認識するのが難しい生き物だからです。

だからこそ、このエピソードで行ったように、わざわざ「未来」を見に行く必要があるのです。そのような機会をつくってやっと、未来に対する当事者意識が生まれます。**未来を担う方々の当事者意識があってこそ、組織の明るい未来が現実となっていく**のではないでしょうか。

組織を変えるために「未来」を見に行こう

「10年後」の未来を見に行こう

経済学者・経済評論家の野口悠紀雄氏はその著書『続「超」整理法・時間編』（中央公論新社）で、人間がいかに時間を認識できないかを「10年計画表」というシンプルなコンセプトで示しました。

実際にやってみましょう。

まず今年における、本人と家族の年齢を記入します。以下では、例としてBさんの情報を入れていきますが、ぜひ皆さんもご自分で書き込んでみてください（図3-3）。シートには、Bさん本人、母、妻、娘、猫、兄、甥といったメンバーの年齢が書き込まれていきます。

この段階では特に何の感想もないのではないかと思います。

図3-3　10年計画表①　現在の年齢を記入する

自分と家族の年齢

	2024年（現在）	2034年（10年後）
本人	55	
母	85	
妻	45	
娘	5	
猫	9	
兄	60	
甥	26	

人は「今」を認識することは、得意です。ただ、現在の当たり前の情報を記載しただけなので、何の感慨も起こらないのが当然です。

次に、10年後のそれぞれの家族の年齢を書き込んでいきます（図3−4）。作業としては、極めて単純です。各数字に10を足すだけです。

できあがった10年後の年齢を見てください。どんな感想を抱きますか？

「10年後はこのような状態になっているのか……」

そうしみじみとこの表を眺めることになるのではないでしょうか。

Bさんの例で言えば、こんな感想が出てきそうです。

「娘は15才。もう高校1年生か。今ように、自分（父親）と話してくれるだろうか……」
「猫は順当にいくと19才。でも、猫の平均寿命を考えると、この時にはもう会えなくなっているかもしれない……」
「幼稚園児の頃からかわいがっている甥っ子は、もう36歳か。もしかしたら子どもが産まれ、大きくなっているかもしれない」

図3-4　10年計画表②　10年後を記入

自分と家族の年齢

	2024年（現在）	2034年（10年後）
本人	55	65
母	85	95
妻	45	55
娘	5	15
猫	9	19
兄	60	70
甥	26	36

ここで取り組んでいただいたのは、とても単純なワークです。しかし、**未来がよりリアリティのあるものとして捉えられるようになる体感**を得ることができたのではないかと思います。

しかし、ここで考えてみてください。たとえあらためて書き出して「見える化」をしなくても、10年後には自分や家族の年齢が「＋10歳」となっていることは、変わらない事実です。しかし、私たちは多くの場合、その事実を忘れて生きています。

つまり、**意図して「見える化」させない限り、私たちは「未来」を認識できない生き物なのです。**

「未来」を見に行くことで、本当に組織は変わるのだろうか

未来を見に行くことで組織が変わるのでしょうか。

ある組織で起きたことを、少し脚色を加えてご紹介します。

事例

特殊な車両をつくる自動車メーカーとして知られた会社での話です。

未来をテーマにしたワールドカフェ（詳しい進め方は6章で紹介します）を行い「30年後の日本はどうなっているのか」について、ワークショップ形式で語り合ってもらいました。

「天皇陛下は間違いなく次の世代の方になっている」
「日本の第二公用語は英語になっているかもしれない」
「北朝鮮は消滅しているかもしれない」

……などと、どんどん発想が広がっていき、今、この瞬間の常識のタガがはずれていきました。

そんなタイミングで、あるメンバーが、重要な問いを投げかけました。

「30年後にも、エンジンはあるのかな？」

すると、別のメンバーが答えます。

「30年後にエンジンなんかあるわけないよ。全部電気で動くモーターになっているんじゃないかな？」

「30年後の世界」についてのイメージが深まったところで、「今」に戻ってきてもらいました。
これまでのワークを通じての気づきを聞いたところ、次のような答えが返ってきました。

「私たちは、特殊な車両で有名ですが、エンジンそのものを製造して販売する事業もあります。この事業、売却すべきですよね。だって30年後にはないのですから。それに、今なら高く売れるはずです」

最後の発言は、大胆ですが、的を射たものです。
なお、このワークショップは約10年前のこと。まだエンジン車の消滅が深刻になる前の時点でのことでした。とても先見の明のある意見ではないでしょうか。

アインシュタインの有名な言葉に、次のようなものがあります。

「問題は発生したのと同じ次元では解決できない」
（We cannot solve our problems with the same thinking we used when we created them.）

VUCAの時代、問題を抱えていない組織など存在しないのではないでしょうか。しかし、いくら「今、ここ」で起きている問題に真剣に取り組もうとしても、限界があります。脳の持つ認知の構造として、私たちが発想できる範囲には限界があり、画期的なアイデアを考え出すのは、非常に困難だからです。

だからこそ、次元を越えて発想をする必要があるのです。**「今」を飛び越えて「未来」から考える。**それが実現できた時、これまでとは異なる地平線から物事を考え、本質的な発想ができるようになるのです。

このように、「未来」をしっかり見つめれば「本質的な方針」を見つけられることがおわかりになったと思います。

ただし、「正しい方向性」が見つかったからといって、それだけでは組織は変わりません。組織を変化させる原動力は、対立の背後に隠れている潜在的な力（2章参照）や、メンバーの内発的な動機に裏づけられた行動（4章参照）なのですから。

これら3つが揃った時に、組織は本質的な変化を遂げていくことができるのです。

組織を変えるために「過去」を見に行こう

ピーク・エンドの法則——記憶が正しいとは限らない

「未来」の次は「過去」について、詳しく検討していきます。

ここでも、簡単なワークを行ってみましょう。

皆さんが、今在籍している組織に入ってから（経営者の方であれば、今の組織を立ち上げてから）、現在に至るまで、どんなことが印象に残っていますか？　6章の図6-1に書き出してみてください。

著者たちも思い出してみました。

私たちは、バランスト・グロース・コンサルティング株式会社に所属しています。株式会社化されたのは2017年。その頃からの出来事を振り返って、まず思い起こされるのは、プロセスワークコーチングを提供する豪州グローバル・コーチング・インスティテュート（GCI）との包括提携を行ったことです。また、ごく最近の主要メンバーの拡大も印象的な出来事として思い出されました。それ以外のことは、過去のスケジュールを振り返って「あぁ、こんな重要な出来事もあったな」と思い出すことができる程度でした。

皆さんはいかがでしたか？　もしかしたら、私たちと同じように、一部の出来事はすぐに思い出せるけれど、それ以外の出来事はすぐには思い出せなかったのではないでしょうか。

このような人の認知の特徴を、**ピーク・エンドの法則**（図3-5）と呼びます。

「ピーク・エンドの法則」によると、**人はある出来事に対し、感情が最も高まった時（ピーク）の印象と、最後の印象（エンド）だけで全体的な印象を判断する**と言います。

この法則は、1999年に心理学・行動経済学者のダニエル・カーネマンによって提唱されたものですが、皆さんも経験則的に頷けるのではないでしょうか。

この法則が正しいと仮定すると、「過去」の見方をあらためる必要が出てきます。**なぜならば、私たちは「過去」を事実として記憶しているわけではなく、ある一定の編集を行った内容を記憶している可能性が高い**からです。

個人としての今後の人生やキャリアを考えるうえでも、組織の今後の方針を考えるうえ

図3-5　ピーク・エンドの法則

「人はある出来事に対し、感情が最も高まった時（ピーク）の印象と、最後の印象（エンド）だけで全体的な印象を判断する」

（心理学・行動経済学者ダニエル・カーネマン、1999年）

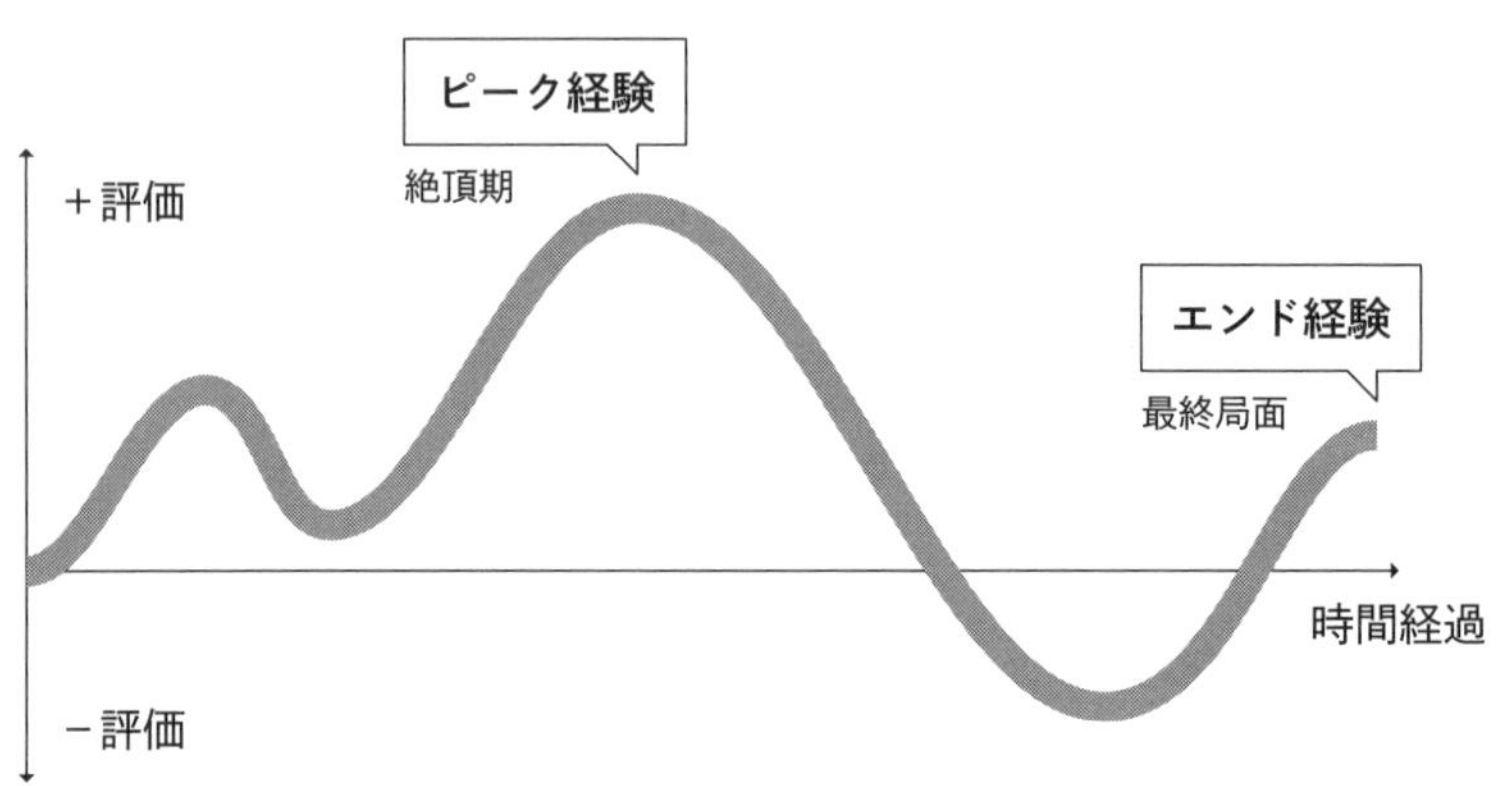

でも、過去を参照したうえで「これから」を決めていくことになるでしょう。しかし、現実には参照する「過去」の情報が、「ピーク時」と「直近のもの」しか残っていないかもしれないのです。

それでは、偏った情報から判断を行うことになり、時にそれは致命的な誤りを生み出す可能性があります。

このような認知上の特性があるからこそ、組織を変えるために「過去」を見に行くことを提案しているのです。

この「過去を見に行く」手法の1つが、本章の冒頭でご紹介したエピソードの中で取り組んでいた「年表ワーク」。詳しい実施方法は、6章で紹介していきます。

「過去」にこそ、組織の真のパーパスが眠っている

少し逆説的に聞こえるかもしれませんが、環境変化の激しいVUCAの時代こそ、過去を見に行くことが重要です。

なぜならば**「過去」には、その組織の本質が詰まっている**からです。

現在、そして未来に対応することも、とても大切です。しかしそれだけを追求すると、単に周りに振り回されるだけの組織になってしまいます。

「DXをやらなければならない」
「パーパス経営はどうした?」
「グローバル対応は?」
「D&Iはできているか?」
「SDGsはどうする?」

……などというように。

もしかしたら、程度の差こそあれ皆さんの組織にもあてはまるのではないでしょうか。

1つひとつの取り組みは、それぞれ価値のあるものですが、**表面だけを取り入れたとして**

も、本質的な組織変革にはならないのです。それどころか、表面的な施策に追われて、本質的な変革のために時間と労力を注ぐ余裕がない……とそんな状況に陥っている組織少なくはありません。

環境が激しく変化する時代では、表面的な打ち手はコロコロ変わります。だからこそ、一度過去にさかのぼることが大切なのです。

過去には「私たちは何者なのか」という「企業のDNA」があります。それを把握したうえで、今に戻り、未来を見ていきましょう。

流行り言葉に振り回されることなく「私たちにとってのD&Iとは」などの打ち手を考えていくことで、VUCAの時代に適した脱皮を実現することが可能になるのです。

組織を変えるために「空間」の認知を広げよう

人は「ここ」に留まろうとする生き物だ

人は「今、ここ」しか認知できないとお伝えしましたが、ここからは**「空間」**について考えていきます。

人は、基本的に「ここ」に留まろうとし、新たな場所を見に行かない生き物です。

これについても、まずは事例を紹介します。

事例

あるメーカーが経営戦略を見直すタイミングでのことです。この会社のトップは、先見の明のある方でした。

「優れた戦略をトップがつくって与えるのではなく、メンバーに自発的に自社の未来を考えてもらおう」と考え、私たちが支援することになりました。

プロジェクトメンバーは経営戦略やマーケティングの知識が豊富で、外部環境分析（PEST分析）や業界の特徴の分析（5Foreces モデル）、3C分析、SWOT分析などを駆使して、議論を深めていきました。

そんな中で、私たちは、2つの違和感を抱きました。

まず、優秀なメンバーが適切なフレームワークを使って分析しているにもかかわらず、出てきた戦略が抽象的なのです。詳しくは4章で解説しますが、内発的動機づけを土台にして戦略をつくる際は、いきなり良案が出てくるわけではありません。しかし、そこには生々しい情報からくる危機感を受けた「具体性」があるのです（時には、大いに力んだ戦略もあります）。しかし、彼らから出てきた案には、それが欠けているように感じました。

もう1つの違和感は、プロジェクトメンバーたちの「火のつき加減」です。会社の未来を任せるような重要なプロジェクトですから、最初は戸惑いがありながらも、徐々に熱を帯びてくるのが通例です。しかし、その熱が低いように見受けられました。

この状況を見ていて、あることに気づきました。

「あぁ、このプロジェクトメンバーは〝ここ〟しか見てないのかもしれない」

「ここ」しか見ていないから出てくる戦略が抽象的になるし、本気度合いも増してこないのだろう……と仮説を立て、私たちは、プロジェクトメンバーたちに、こんな提案を行いました。

「居慣れた本社に留まるのではなく、新たな場所を見に行きませんか？」

具体的には、ステークホルダーへのインタビューやアンケートを行うことを提案したのです（図3–6）。（この詳しい進め方は、6章で解説します）

ステークホルダーへのインタビューでは「自社の強みは何か」「自社が直面している危機は何か」「どうすれば自社はもっと良くなると思うか」の3点を共通の質問としました。それに加えて、各々のステークホルダーに聞いてみたいことを加えてもらったのです。たとえば、若手社員が相手であれば「会社にして欲しいことは何か」、自社アウトレットで接客を担当しているスタッフには「お客さまからよく受けるクレームは何か」、業界雑誌の編集長には「業界の中で、自社の立ち位置はどのように見えるか」など。その他、グローバル拠点の現地従業員や工場でモノづくりをしているスタッフ、卸先顧客である小売業のご担当者、退職者などを対象に、手分けをしてア

図3-6

新たな場所を見に行くために｜ステークホルダーインタビュー

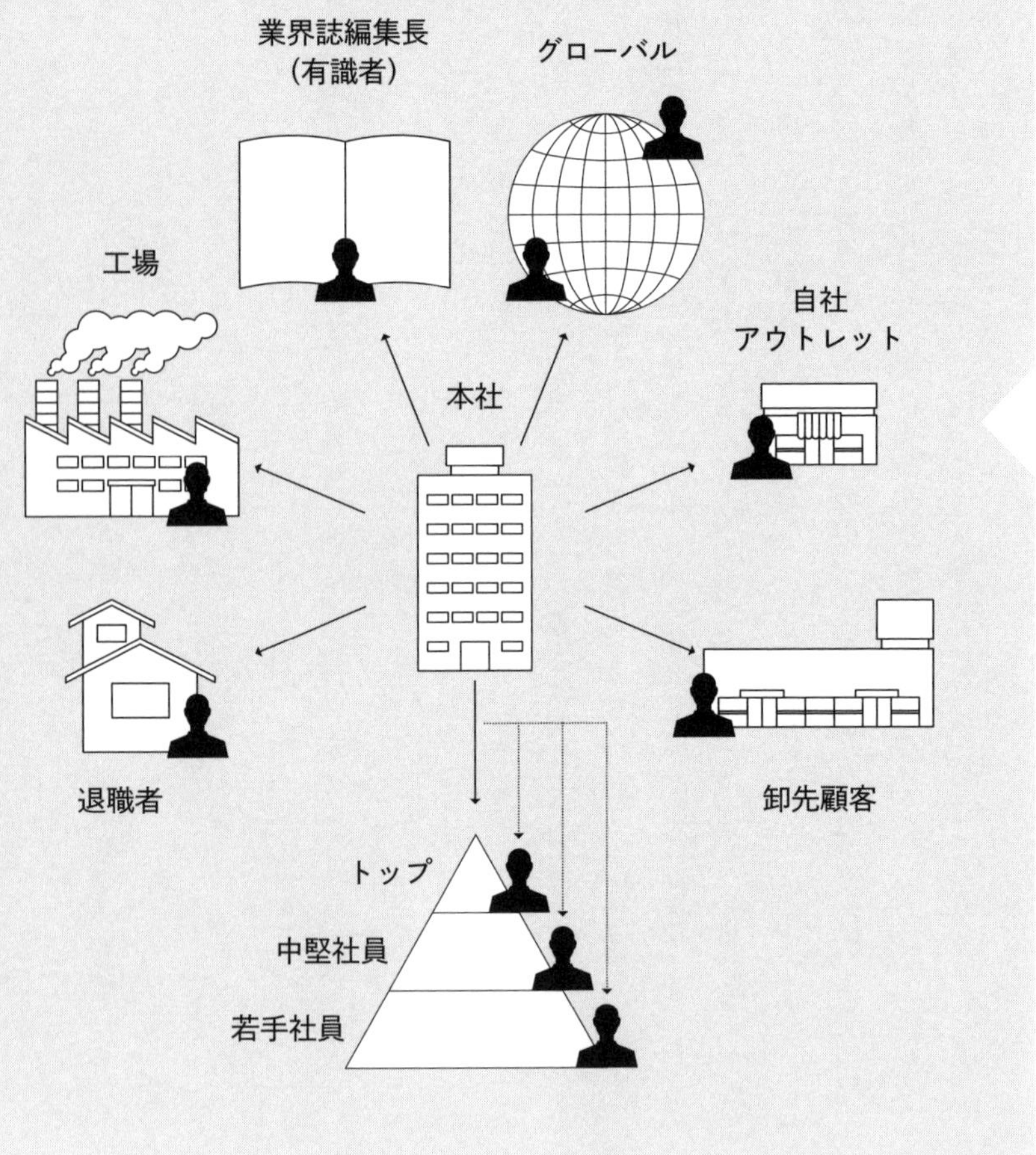

ンケートとインタビューを行っていきました。

私たちがインタビューの必要性と具体的な手順を伝え、作業分担をしている段階では、プロジェクトメンバーの表情は淡々としていました。必要な作業であることは理屈ではわかる。でも、内心では「ヒアリングの結果は、今自分たちがわかっていることと大差がないのでは……」と思っていたことでしょう。

しかし、その予想は裏切られたようです。

数週間後、それぞれが行ったインタビューやアンケートの結果を持ち寄ると、参加者たちの気持ちは大きく揺れ動かされました。

守秘義務の観点から、結果そのものはお伝えすることはできませんが、ステークホルダーたちから寄せられたものは、自分たちの予想とはかけ離れたものだったのです。

それを知った参加者たちからは、次のような発言がありました。

「そこまで弊社へのいら立ちが溜まっていたのか……」

「有識者から見ると、わが社は有利なチャンスを目前にしているように見えるのか……」

「辞めた人たちから見ると、わが社はそんなに残念に映っていたのか……」

このように、気づきは多岐に渡りました。

いかがでしょうか。こうした気づきは、会議室の中で考えていただけでは決して得られなかったことでしょう。

この事例でターニング・ポイントとなったのは「居慣れた本社に留まるのではなく、新たな場所を見に行く」です。

このワークショップの参加者の皆さんは、回を重ねるごとに当事者意識、熱意、チームワーク、勇気などにおいて大きな成長を遂げていきましたが、特に変化の幅が大きかったのは、ステークホルダーへのインタビュー・アンケートの直後です。プロジェクトの最後は、極めて具体性が高く、独自性にあふれた戦略が提言されたのですが、それは、この出来事があってこその結果だったと言えるでしょう。

また、この事例からは、別の側面が見えてきます。この参加者たちは、社内でも精鋭のメンバーでしたが、彼・彼女らにとって、ステークホルダーの声の多くは、予想外のものだったのです。これは、**人が、いかに自分が今いる場所（ここ）を離れて発想するのが難しいか**を表しているのではないでしょうか。**どれだけ幅広く情報収集しているつもりだとしても、実際は、「ここ」という限られた空間からしか見えていない**のです。

この事実を、人の認知の限界として受け容れたうえで、組織変革の手段を考えていく必要があるのでしょう。

人間はなぜ新たな場所を見に行かない生き物なのか

先の事例で見たように、組織開発の現場では、メンバーに「新たな場所」を見に行ってもらうと、必ずと言っていいほど大きな進展が起こります。しかし、裏を返すと、**促されない限りは、自発的に「新たな場所」を見に行こうとしないのが、人の特性でもあります。**

これはなぜなのでしょうか。3つの観点から考えていきます。

①かつては「新たな場所」を見に行く必要がなかった（図3−7）

今ほど環境変化が大きくはなかった時代は、各ステークホルダーの置かれた環境や、見えている景色に大きな違いがありません。また、過去に確認し、把握した情報から大きく変化する可能性は低かったのでしょう。「これまで通り」でうまくいっていたのです。

つまり、**今より安定していた時代には、わざわざ労力をかけて、自分たちで「新たな場所」を見に行かなくても、今いる場所（ここ）に居ながら、意思決定に必要な情報が十分に得られていた**のです。

時代や環境は大きく変わりました。当時の癖が、今も抜けていないのだとしたら、それは大きな問題です。

今は、ステークホルダーたちの置かれた環境によって、そこから見える景色は様々に異なりますし、その景色は日々変化していきます。以前、自分が見た時とは、既に状況が大きく変わっている可能性が高いのです。

もし、事例のようなステークホルダーへのヒアリングを行わなかったとしたら、どうなっていたでしょうか。**過去の限られた情報だけを見ていたとしたら、組織の舵取りを大きく見誤る可能性もあった**ことでしょう。想像するだけで、ゾッとしてしまいますね。

②無意識の働き（図3−8）

私たち人類は、マンモスが闊歩していた原始時代から、馴染みのある場所で暮らしていました。経験則的に、そこでの安全は保障されているためです。動物としての人間にとって、一番大切なのは種の存続ですから、わざわざ身を危険に晒すことはしません。**安全が確保されていない場所になど、行く必要がなかった**のです。

とはいえ、当時から一定数は新たな場所に興味を持つ傾向の人たちもいたはずです。「川の向こう岸の土地には、何か素晴らしいものが待っているかもしれない。行ってみよう！」などと考えて、実際に行ってみたこともあるのでしょう。中には、本当に素晴らしい土地を見つけた人もいるかもしれませんが、草木に潜むサーベルタイガーの餌食になった祖先たちも数えきれないほど存在したはずです。

そして、生き残る可能性が高いのは、基本的に「安全が確保されていない場所になど行く必要がない」と考えて、動かなかった人たちです。そうした傾向を持つ人たちが、自然

図3-7　VUCAの時代こそ空間軸の情報が必須

【安定の時代のステークホルダーたち】
置かれた環境や見えている景色が同じ

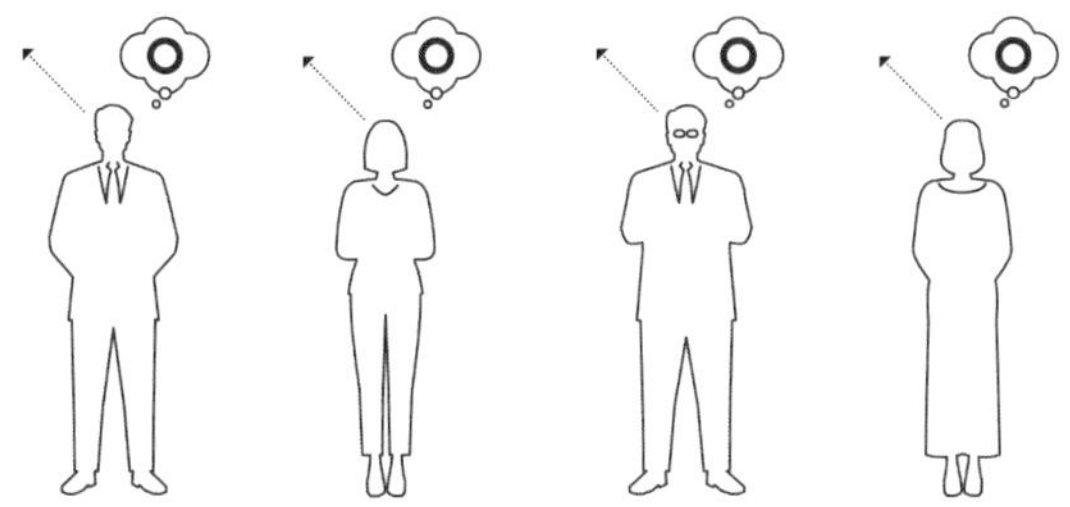

わざわざヒアリングしなくても、
何を考えているかがよくわかる

【VUCA の時代のステークホルダーたち】
それぞれの置かれた環境、見えている景色は
目まぐるしく変わる

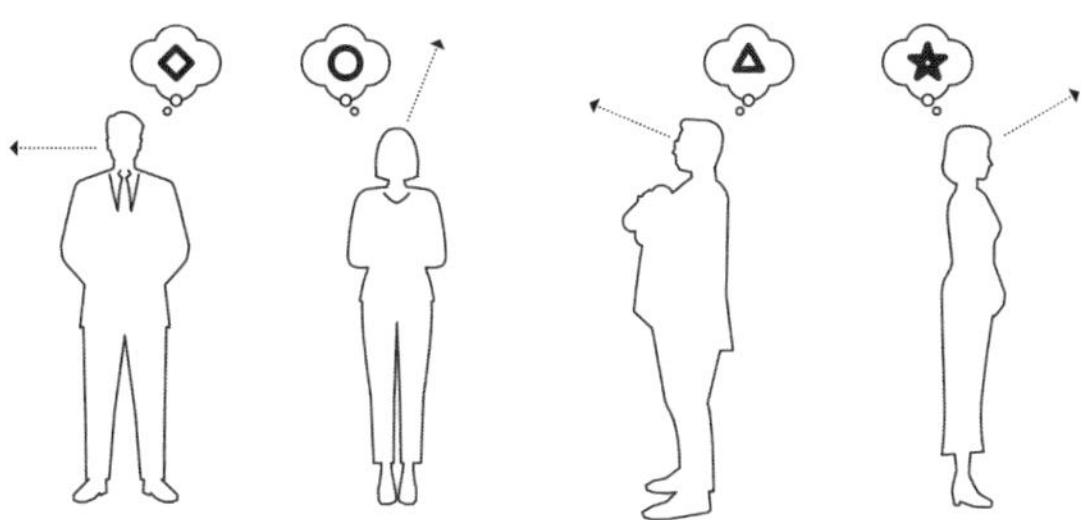

大切な意思決定のたびにヒアリングを行わないと、
方向性を見誤る可能性がある

淘汰の中で生き残ってきたわけです。

今は、時代が変わりました。新たな場所に行ったとしても、サーベルタイガーに襲われるリスクはありません。サーベルタイガーは既に絶滅していますし、もしいるとしたら、かわいらしいネコぐらいのものでしょう。

つまり、好奇心を持つことによるリスクはもはや存在しないのです。

ところが、私たちのＤＮＡは、そう簡単には変わりません。**原始時代の生き残りに有効だった「新しい場所に行くことを無意識が邪魔するメカニズム」は、今も私たちの中でフル稼働し続けている**わけです。

③新しい場所を見に行くことは短期的にはデメリットが大きい（図3−9）

企業の中には、社員に「新しい場所」を見に行くことを求める制度があります。**「ジョブローテーション」**や**「社内公募制」**などです。これらは、多様な視点を持つ人材を育てるのに役に立ち、多くの企業では人事制度として用意されています。

こうした制度の導入を前向きに検討している組織に、多く出会います。

ところが、この制度が実際に活用され、メリットが享受できている組織は限られています。なぜならば、**これらの制度は短期的デメリットがある**からです。

まず、人が異動していく側の部署の責任者の立場になってみてください。もし、ある程

図3-8　無意識が私たちを「新たな場所」から遠ざける

【原始時代】

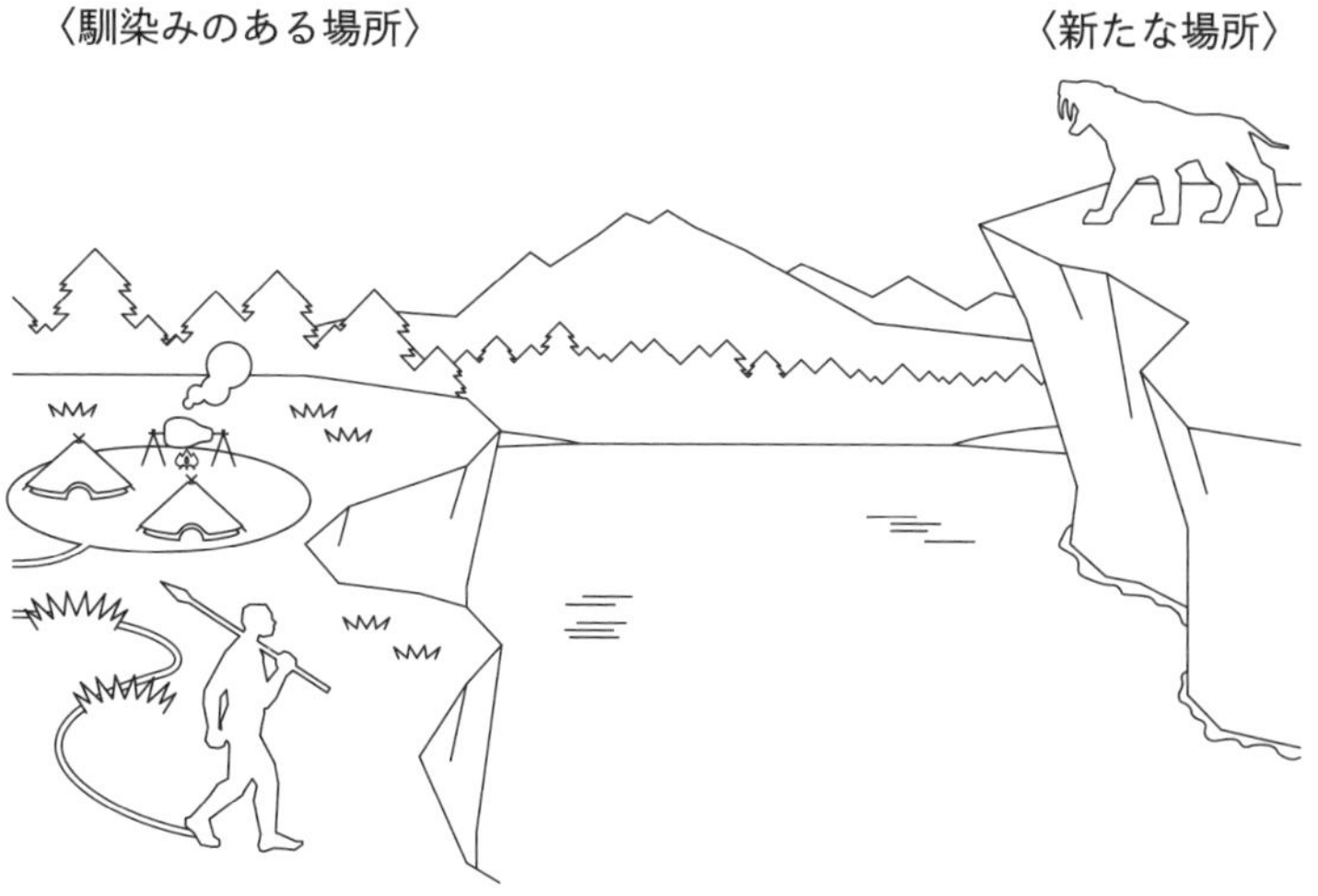

【現代】

度の経験を積んだメンバーがいなくなってしまったら、その部署は、少なくなった人員で仕事をまわさなければならなくなります。新規採用や新たな異動者による補充は計画されているでしょう。しかし、彼・彼女らが戦力となるまでには、時間がかかります。

一方で、新たに人を受け入れる部署の責任者の立場になってみてください。異動者は、その仕事に対しては素人であることがほとんどです。人数は増えるかもしれませんが、部署全体の力は、短期的には増加しません（それどころか、短期的にはマイナスです）。また、異動してきた人材を教育する手間がかかります。ＯＪＴの担当者等は、自己の業務時間を割いて仕事を教えることになります。その時間の分だけ、目先の売上や利益をあげる活動にかける時間が減ってしまうわけです。

厳しい業績目標があり、業務へのプレッシャーに晒された経営者や事業責任者の立場に立つと**「ジョブローテーションや社内公募制の意義はわかるけれど、本音では賛成できない」というのが本心**ではないでしょうか。

しかし、**短期的な視点での意思決定によって、短期的なデメリットは避けられますが、長期的には大きなデメリットを生み出す可能性があります。「新しい景色」を見に行って視野を広げた人材が育ちづらくなることです。**

それでは、現状のしくみをまわし続けることしかできなくなり、新たなチャンスを獲得

図3-9　ジョブローテーションや公募制がなぜ活用されないか

【短期指向の悪循環企業】

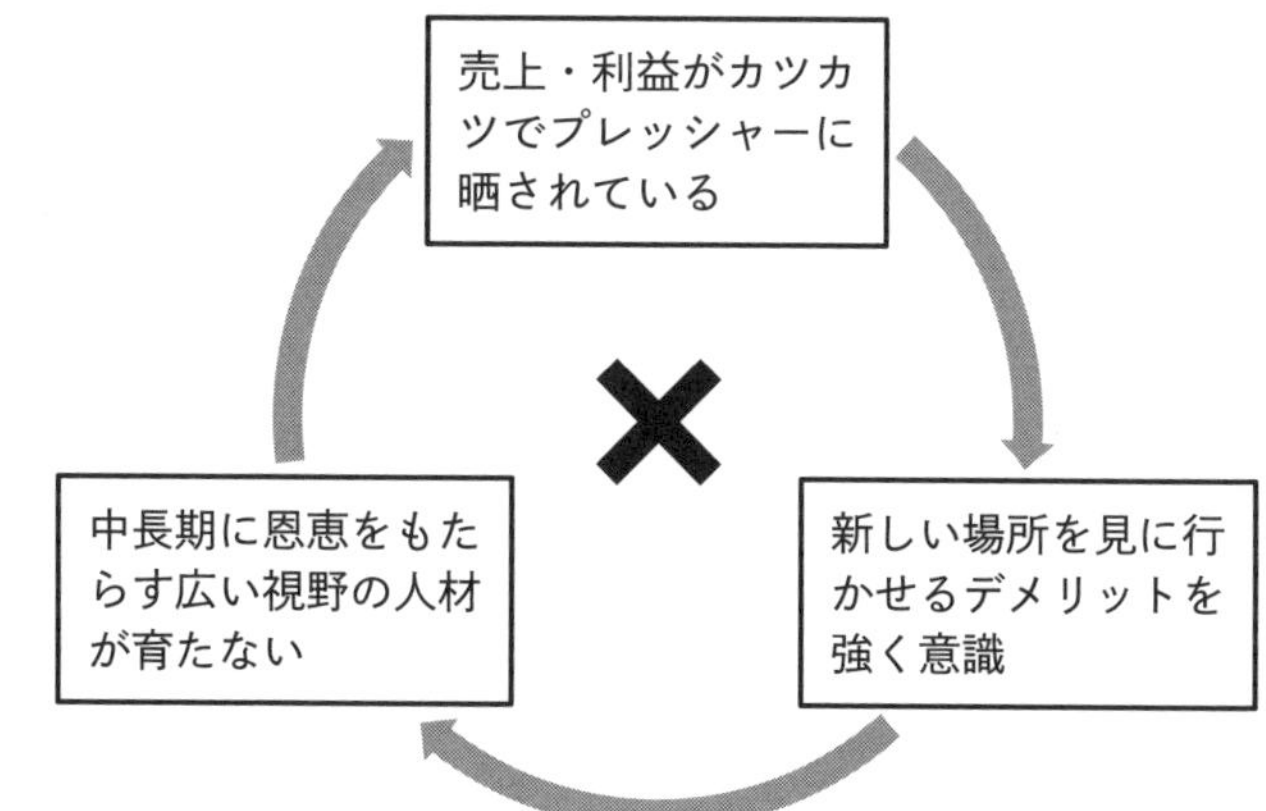

【中長期指向の好循環企業】

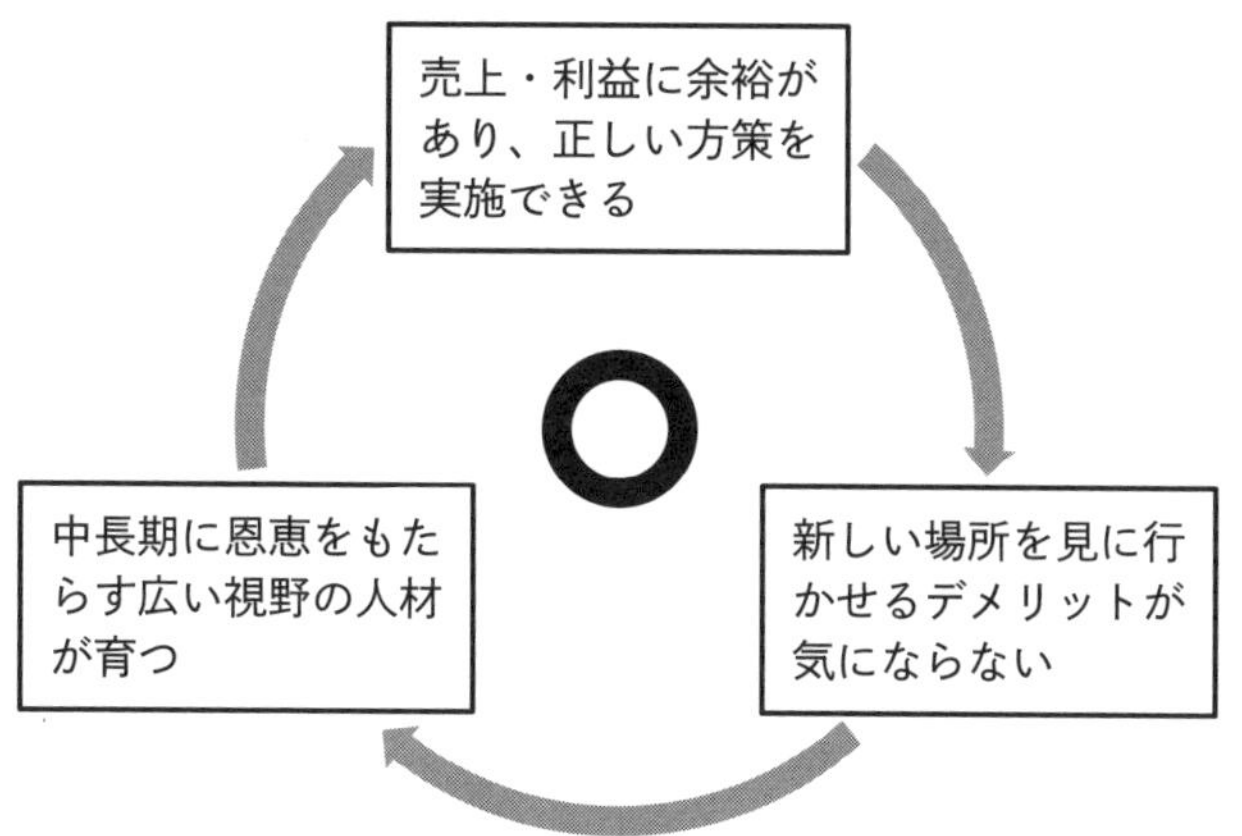

したり、現状を打破するアイデアを出したりすることは難しくなります。結局は、さらなるジリ貧へと陥っていくのです。

ソニーは「人材公募制度」の成功事例としてよく話題にあがります。こういった企業は、小手先のコスト削減で利益を無理に絞り出すことに興味がありません。**社員に「新しい場所」を見に行かせることで起こるデメリット以上に、そのメリットを見て意思決定をしています。**

その結果、ローテーションや公募制などが、実際に多数の社員の異動へとつながり、それが中長期的には、視野が広く適切な判断力を持つ人材を育成するのに寄与しているのです。そうした人材たちはさらに活躍を続け、優良企業は、さらなる優良企業へと発展し続けます。

どちらの未来が自分たちにとってより良いのか——その選択は、**「今、ここ」から抜け出して、「新しい場所」に飛び出してこそ可能になる**のです。

第4章 社内の「内発的動機」を育む

メンバーの内発的動機づけを行わない限り組織は変われない

コンサルティング会社の提言が抵抗勢力に阻まれた理由

「メンバーの動機づけが大切である」「メンバーの内発的動機を引き出すマネジメントが重要である」という点について、異論のある方は少ないのではないかと思います。モチベーション高く、生き生きと元気に働いて欲しいと、部下を持つ方であれば思うはずです。

しかし、いざ職場を見渡してみてください。**内発的動機から、主体性を持って仕事に取り組んでいるメンバーは、どれほどいるでしょうか。**メンバーのモチベーションを高めながらも、業績目標を達成することに、難しさを感じている方は多いのではないかと思います。

モチベーションが先か、業績目標が先か——中には、こんなジレンマの中にいる方もいるかもしれません。

しかし、私たちは断言します。**「モチベーション、内発的動機づけに本気で着手しない限り、組織は変わらない」**。

本章では、その理由を解き明かしていくことになりますが、まずはとある組織で起きたエピソードをご紹介します。

事例

N社は老舗メーカー。市場は既に飽和状態で、数年前から売上は低下し続けています。

そのことに危機感を覚えたN社は、突破口を開こうとし、著名な戦略コンサルティング会社(Z社)に解決策の提言を依頼しました。Z社が、綿密な市場分析や競合分析等を行った結果、今すぐ取り組むべきと結論づけたのは次の3点でした。

・営業活動に協力会社を活用すること
・営業活動の協力先となる具体的な社名一覧
・成果に至るまでの3つのステップ

この内容に、N社の社長は大いに満足した様子でした。また、同席していた営業本部長のS氏も、Z社の担当者に感謝の意を示していました。

しかし、それから半年……営業のしくみは、まるで変わっていません。

社長はS氏に度々「Z社からの提言はどうなっているのか？」と確認しますが、社長にとって納得のいく回答は戻ってきませんでした。

そんな時、S氏は、元同期入社で、今は別の会社で活躍している友人から尋ねられます。

「実際のところ、どう思っているのか？」

すると、S氏は、赤裸々な本音を漏らしました。

「うちは何でも自前主義の文化なんだ。営業という重要な行為を外部委託するなんて……理屈はわかるけど、実際はムリな話だと思う」

S氏の本音は、まだまだ続きます。

「何より、これまでの営業担当者たちはどうなるんだ？　外部委託すると、彼らの業績が奪われることになる。そうなると、当然、苦情があがってくるだろう。その矢面に立つのは自分だ。その辛さを、社長はわかっていない。それにもし営業の外部委託が失敗したらどうなる？　そうなる確率は低くない。でも、社長は「Z社のプランが悪かった」とは思わないだろう。十中八九「営業本部長の責任だ」と私に失敗の責任を押しつけるだろう」

「だからこそ……」とS氏は力を込めて話しました。「今のままのやり方がいいんだよ。もう少し皆が本気になれば、何とかなるはずだ」

「戦略の上質さ」よりも「キーパーソンのモチベーション」が重要

いかがでしょうか。似たようなエピソードに接したことはありませんか？

このエピソードにおいて、**変革のキーパーソンは営業本部長のS氏でした**。しかし、**S氏は、どこまでも批評家に留まっています**。困難を乗り越えてでもZ社の提言を実行するほどのモチベーションや当事者意識は、持ち合わせていませんでした。

Z社の提言が適切なものだったのかは、わかりません。ただし、**組織変革の視点から見**

ると、戦略の妥当性以上に、変革のキーパーソンであるS氏に対する動機づけが不十分であった点を重く受け止める必要があります。

このように、戦略がいかに上質なものであったとしても、外から与えられたものは実行される確率が低いことは、序章、1章でもお伝えしてきました。では、一体それはなぜなのでしょうか。

2つの観点から考えていきます。

戦略が実行されない理由①

組織変革とコングルーエンスモデル

組織変革を考えるうえで、とても役に立つモデルがあります。序章でもお伝えした**「コングルーエンスモデル」**です。

ここであらためて紹介すると、ナドラーとタッシュマンが、1977年に経営戦略と組織行動学を統合したモデルとして提唱したものです（図4-1）。

このモデルは、組織を変えようと奮闘している経営者や事業リーダー、変革の実務に携わるコンサルタントたちが「そう、まさにこの通り！」と断言するモデルで、簡潔でありながらも、骨太な示唆を与えてくれます。

このモデルの見方を簡単にご紹介します。

組織変革は「外部環境の変化」から始まります（①）。まず外部環境が変化し、組織は従来のままでいると成果を出せなくなります。

新たな外部環境に対応するためには、**新たな戦略**が必要になります（②）。さらには、

図4-1　変革実行のためのコングルーエンスモデル

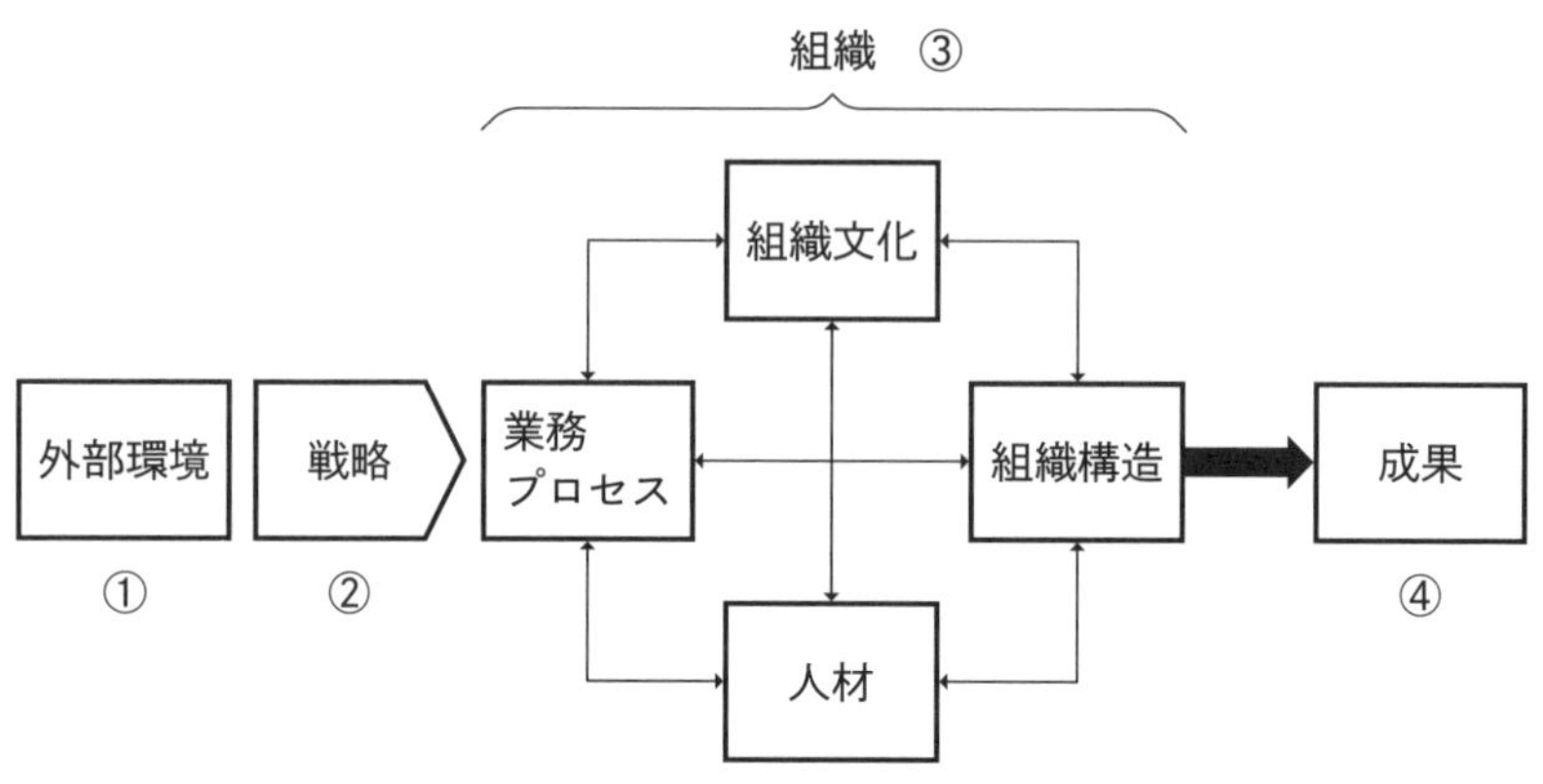

Congruence（コングルーエンス）
＝上記の各要素の足並みが揃っていること

その新しい戦略を実行するために、それに合った**業務プロセス**への変更も必要です。新たに構築された業務プロセスを実行していくためには、それに適合した**人材**、**組織構造**、**組織文化が必要**になっていきます（③）。

なお、Congruence（コングルーエンス）とは「**一致している状態**」を指します。

「**外部環境**」「**戦略**」「**業務プロセス**」「**人材**」「**組織構造**」「**組織文化**」**の各要素がうまく一致してはじめて、一番右にある**「**成果**」**が出る**ことになるわけです（④）。

フレームワークに詳しい方はお気づきかもしれませんが、このモデルは、**マッキンゼーの7S**（図4-2）と類似点が多くあります。「7S」モデルの優れている点は、**変え**

図4-2　マッキンゼーの7S（再掲）

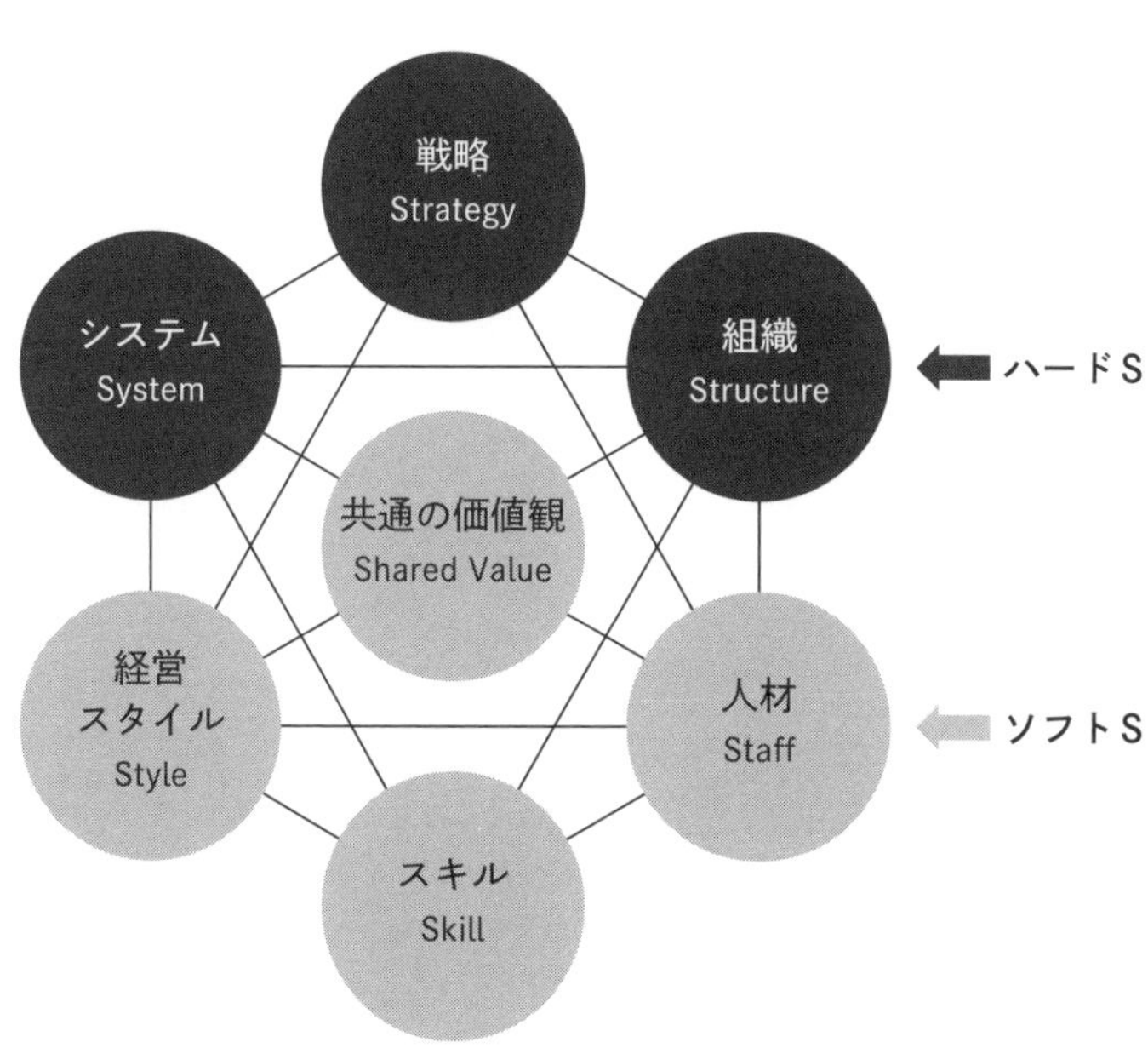

ることが容易な「ハードS」と、**すぐに変えることが難しい「ソフトS」**を分類していることです。

このことを前提としたうえで、組織変革の実務から「コングルーエンスモデル」をあらためて検討していきます。

事例をもとに考えていきます。

組織が置かれている主たる外部環境の変化として「デフレ」が挙げられるとします。

この時にとるべき戦略の典型は「効率化による低価格戦略」です。

そのための業務プロセスの肝となるのは「役割分担」と「業務の標準化」。それらを実行するのは、流行りのフラット型の組織よりも、古典的なピラミッド構造の組織のほうが適合します。

組織文化としては「組織内のムダを排除

することの徹底」が大切ですし、人材としては、創造性にあふれて次々に改善提案が出せる社員よりも、与えられたタスクを間違うことなく着実に実行する能力を持った社員が求められるでしょう。

このように外部環境の変化に対応し、各要素の足並みが揃うことで成果を出す組織へと変わっていけるはず……なのですが、一連のプロセスについて、もう少し掘り下げていきます。

組織変革において「変わりやすいもの」「変わりづらいもの」

多くの企業では、外部環境が変化した時にとるべき戦略は、外部から与えられます。本章冒頭のケースのように外部のコンサルティング会社であることもあれば、経営企画室や社長直下のプロジェクトとして、実行が命じられることもあります。**いずれにしても、自分たちのチーム・事業部から見れば「外」から突然やってきたものということに変わりはありません。**

この状態について、コングルーエンスモデルを使って整理すると図4−3のようになります。

図4−3には、コングルーエンスモデルが3つ並んでいますが、一番上は**外部環境が変**

図4-3　戦略を外から与えると何が起きるか

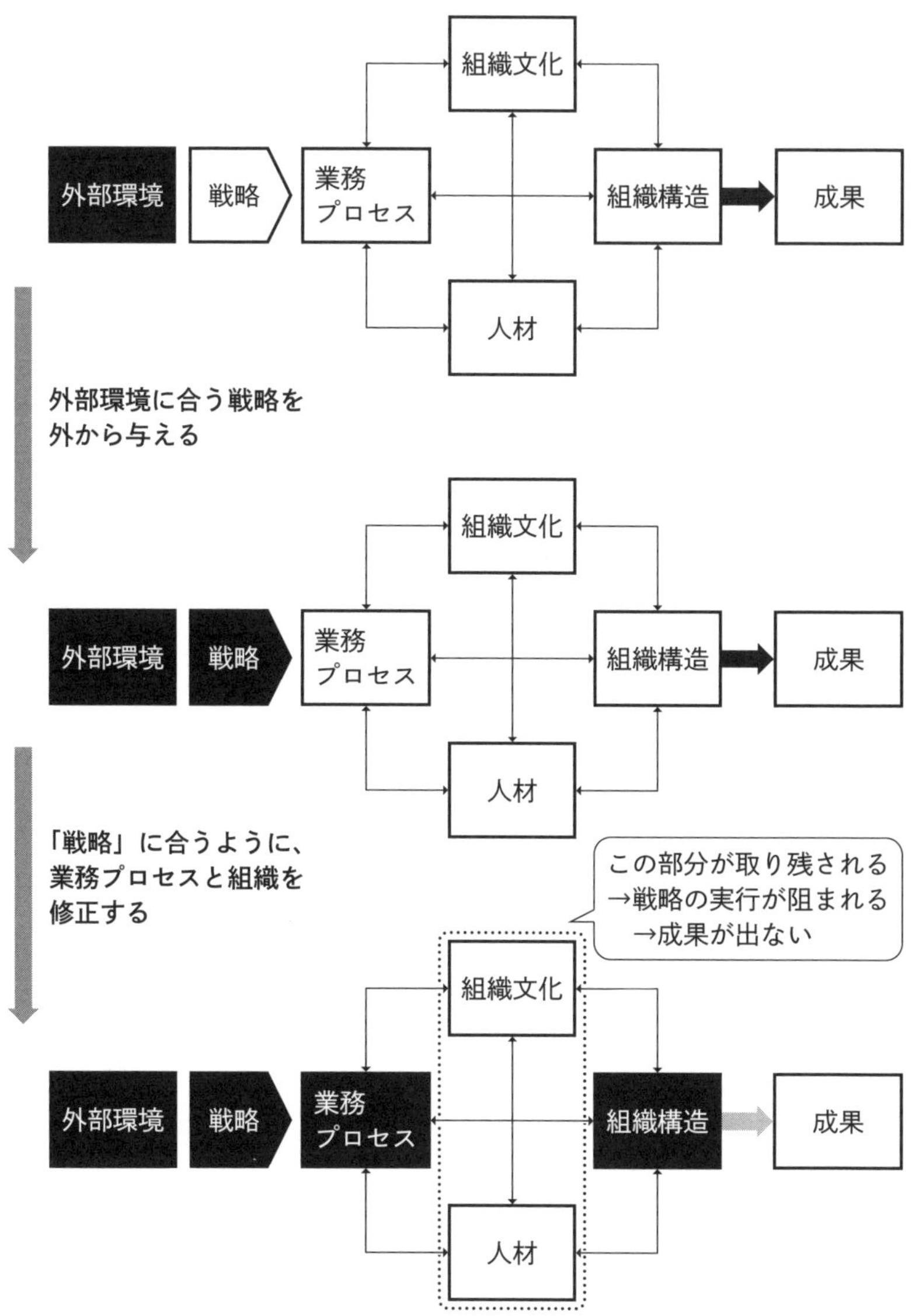

化した様子、真ん中が戦略を外から与えられた段階です。

与えられた戦略に対して、それに適合するような業務プロセスへと変更を加え、それを実行するのに適した組織構造へと変更しようとします。**業務プロセスを見直し、組織構造（組織図）や人員配置を再検討する**――これらは、マッキンゼーの7Sにおける「ハードS」です。**これらを変えるのは、比較的容易に行えます。**

しかし、**実務を考えた時、ここから先は一筋縄ではいかないのは明らか**です。

もし、この企業が、アップルのような「圧倒的価値のある新製品を生み出すこと」に重きを置く文化を培っていたとしたら、どうでしょうか？　それは「効率化による低価格戦略」とは、真逆に位置する文化です。また「圧倒的価値のある新製品を生み出すこと」は、一朝一夕で成せるものではありません。社員たちが飽くなき探求を通じて、数多くのトライ・アンド・エラーをくり返した結果として「圧倒的価値」は生まれていきます。そうした文化に慣れ親しんだ社員たちにとって、新たな戦略と整合した「組織内のムダを排除することの徹底」を大切にする文化は、息苦しさを感じずにはいられないことでしょう。

人材についても同様です。

今まで、圧倒的価値のある新製品を生み出すことに全力を注いできた社員たちを、急に「与えられたタスクを間違うことなく着実に実行する能力を持った社員」に変えることなど、できるのでしょうか。

ここでもう一度、図4-3に戻ります。一番下の図は「組織文化」と「人材」が、その他の要素との不一致を起こしています。これでは、**どれだけ素晴らしい戦略だとして、実行されることはありません**。そして、**実行されない限り、組織が変わり、成果を出すことは不可能となってしまいます**。

組織変革は「変わりづらい部分」から取り組もう

今、例に出した戦略は真逆のものでしたが、ここで議論したいのは、それぞれの良し悪しではありません。**それ以上に大切なのは、組織の各要素が「一致しているかどうか」**です。

そして「一致させること」を第一に考えた時、どうすればいいかは明らかです。**組織の中で、変わりづらい部分から先に手を打つことです**。具体的には、**「組織文化」と「人材」に、最初に着手していく**のです(図4-4)。

「戦略」を先に立てるのではなく、まず、外部環境の変化を共有し、メンバーに意識を向けてもらいます。そうすると、自ずとメンバーのモチベーションは高まり、当事者意識を持った組織文化が育まれていきます。

このように、**まずは組織文化と人材の変容を促します**。

図4-4　まず「人材」「組織文化」に取り組む

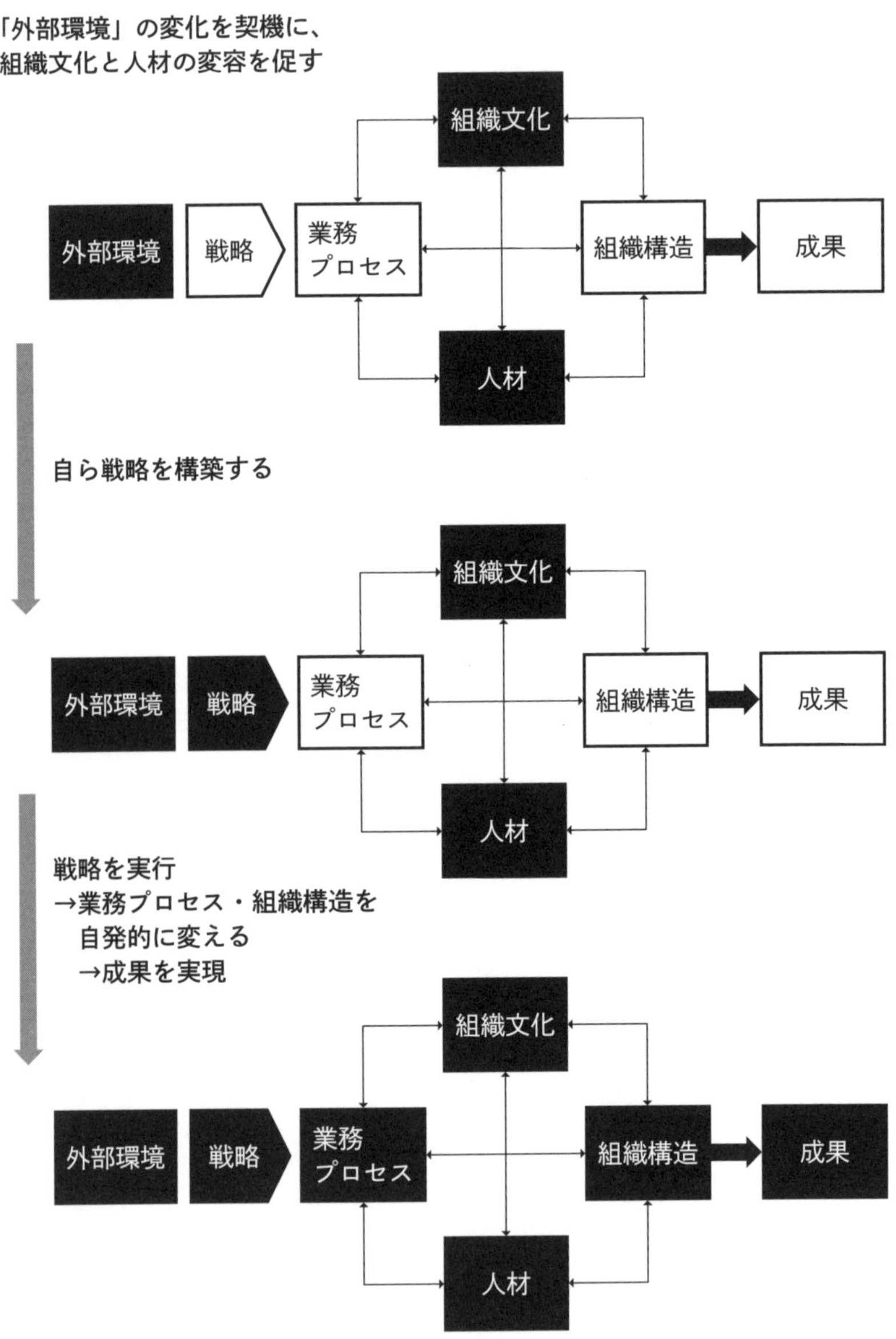

ここがうまくいくと、**メンバーは自発的に、外部環境にあった「戦略」を構築します。それを実行する中で、徐々に「戦略」「業務プロセス」「組織構造」といった各要素のコングルーエンス（一致）が形成されていく**でしょう。

そして最後には、新しい外部環境においても、素晴らしい成果が出ることになります。

「そんな夢のような、都合の良い話があるわけがない」と思われる方も多いかもしれません。

しかし、実は非常に有名な企業変革の事例「ガースナーによるＩＢＭのＶ字回復」は、まさにこの通りに実行されたのです。後ほど詳しく解説していきますが、その前に、私たちが「戦略」よりも「動機づけ」を重視するもう１つの理由を先に紹介します。

戦略が実行されない理由②

現状維持バイアス：人は、「より良い未来」さえも拒絶する

「現状維持バイアス（Status Quo Bias）」という認知バイアスをご存知でしょうか。

これは、1988年に、サミュエルソンとゼックハウザーが提唱した人の認知の特徴のことです（図4−5）。

「現状維持バイアス」は、**私たちが「知らないことや経験したことがないことを受け入れたくない」と感じる傾向を持っている**ことを明らかにしました。つまり、**私たちには「より良い未来」さえも拒否して、現状を維持しようとする無意識の働きが存在する**のです。

3章でも、人が持つ認知上の特徴、認知バイアスについて紹介しました。私たちには、新しい景色を見に行くことを嫌う性質があるのでしたね。

「現状維持バイアス」も、背景のメカニズムは似ています。

人は本能的に、未知のものに対して恐れるメカニズムが働いています。かつては、知らないことや未経験のことの向こうには、切り立った崖、激しい水の流れ、猛獣、毒入りの

食物といった、死につながるリスクが待っていたことも影響しているのでしょう。

認知バイアスは、これほどまでに根深く私たちの行動・決断を制限しているのです。

現状維持バイアスを持った人を、どう動かすか

図4-5のイラストでは、非常に重たい荷物を、それを引っ張る人と押す人の二人組で運んでいます。車輪に相当するものが四角いため、地面を削ることになり、その抵抗に相当苦労しているようです。

見かねた三人目の人物が、車輪という素晴らしい解決策を手渡そうとしています。しかし、この二人組は「必要ありません」「私たちはとんでもなく忙しいので、そんなことにかかわってはいられない」と言って、それを拒否します。より良い未来が目前にあるのにもかかわらず、現状を維持する決断をしているのです。


この構図は、何かに似ていると思いませんか?

そうです。本章の冒頭で紹介したエピソードにおける、外部のコンサルティング会社(Z社)からの営業外注化の提言です。

実行の当事者である営業本部長のS氏にとっては、営業の外注化は「経験したことのない未知なるもの」。それを実行したらどんなに素晴らしい未来が待っていようとも、S氏

図4-5　現状維持バイアス（Status Quo Bias）

1988年サミュエルソンとゼックハウザーの研究

- 「知らないことや経験したことがないことを受け入れたくない」と感じ、現状を維持しようとする無意識の働き
- 時に「より良い未来」さえ拒絶することもある
- リスクにあふれた時代の生き残りに必須だったが、今は害をなす可能性が高い

はその可能性には目を向けず、現状を維持しようとしていました。

人は強固な「現状維持バイアス」を持っています。そのため、多くの場合、合理的・理性的に決断し、行動できるわけではないのです。

この事実を理解しない限り、「変わらなければいけない」と危機感を抱いたトップと、「変わりたくない」と無意識のうちに望む現場メンバーの間の溝は深まるばかりでしょう。それでは、組織変革を実現するどころか、組織の破綻も起こり得るのです。

コダックと富士フイルムの明暗を分けたもの

そうは言っても、組織の破綻のようなひどいことは起きないのではないか……と思われる方に、とある組織の事例をご紹介します。

かつて、写真フィルム業界における東西の雄だったコダックと富士フイルム。両社には、その後「倒産」と「優良企業」という正反対の結末が待っていたわけですが、**その違いをつくったものは何だったのでしょうか。**

デジタルカメラの普及により写真フィルムの需要が激減した際、両社共に変革を進めようとしました。

コダックも、手をこまねいて死を待ったわけではありません。デジタル化という巨大な環境変化に手を打とうとしました。コダックが行ったのは、外部人材の登用です。36才から53才まで在籍したモトローラをV字回復させ、「デジタルマン」という異名さえ持つジョージ・フィッシャーを、コダックの歴史においてはじめて、外部人材ＣＥＯとして招聘したのです。

フィッシャーは素晴らしいデジタル戦略を次々と打ち出し、社員たちに与えていきました。

それを受け取ったコダックのメンバーが、どのように振る舞ったか……ここまで読み進めてこられた皆さまであれば、容易に想像できるのではないでしょうか。

２０１２年に、コダックは倒産を迎えました。その結末からも推察されます。**おそらく、コダック社内において、フィッシャーの与えた素晴らしい戦略は、実行されなかったのではないでしょうか。**

一方、富士フイルムの古森社長は、外部に答えを求めませんでした。自社の幹部たちに「アナログフィルムに未来はない。新しいビジネスをつくろう」と叱咤激励し続けます。それが、**同社の内発的な力**を生み出しました。

化粧品アスタリフトなどの優れた事業コンセプトが内部から生まれ、そのたくましい実行力により、今も優良企業として君臨し続けているのです。

なお、古森社長(現会長)は、次のような言葉を残しています。

世の中全体が外に答えを求めすぎているように感じる。だが、外部に答えを求めたところで正解はまず得られない。答えは自分の中にしかない。

人は、様々な認知バイアスを抱えた不完全な生き物です。しかし、同時に、人は本来、現状を自分たちの力で変えていける大きな力を持っています。

このような人への理解に裏づけられた変革こそが、持続的な成果へとつながっていくのではないでしょうか。

IBMのガースナー改革と内発的動機づけ

「組織文化」こそが全てである

お待たせしました。IBMのガースナーによるV字回復について、分析していきます。

「ガースナーも、コダックが招聘したジョージ・フィッシャーと同じく、外部からやってきたプロ経営者じゃないか?」と思われるかもしれません。

しかし、両者のアプローチは、全く異なるものです。

フィッシャーは「戦略」を与えたのに対し、ガースナーは「組織を開発」したのです。

ガースナーは、IBMが創業初の赤字を計上し(1991年)、その後の3年間で累積赤字150億ドルに陥ったところでCEOに就任しました。その後「奇跡的」とも言われるような立て直しに成功していきます。

彼が行った変革は、多くの方に分析されています。主な成功要因として挙げられるのは、次のポイントです。

・顧客向けにオーダーメイドのソリューションを提供
・そのためにサービス事業とソフトウェア事業を強化
・ＩＢＭのタブーを破り、顧客が必要とするのならば他社製品も取り扱うようにした

いずれも大胆かつ優れた戦略です。これらの戦略の素晴らしさから「ガースナーは元マッキンゼーの優秀なコンサルタントだったので、ＩＢＭが回復するための戦略は、彼が自ら発案して指示したものなのではないか？」と思われる方も多いです。

しかし、それは全くの誤解。

ガースナーは、戦略的視点を持った「組織開発の実行者」でした。

その証拠があります。欧米では彼がインタビューに答えて、**「Culture is Everything」（組織文化が全てだ）**と語る動画が有名です。

彼の語った内容の一部を、引用します。

………………

私がＩＢＭの経験で学んだ最も素晴らしいことをお話しましょう。

組織文化は、大企業を経営するための様々な要素の１つに過ぎないと、最初は思っていました。だって、そうですよね。マーケティング、ファイナンス、製造があります。そしてようやく組織文化のことを考え始めるのが普通です。

でも違うのです。組織文化が全てなのです。

彼自身は、コングルーエンスモデルを語ったわけではありません。

しかし、彼は、その要素の1つである組織文化が一番大事、さらに言うと**「組織文化が全てだ」**と言い切っています。

このインタビューを見た方は、元々持っていた「戦略家」のイメージとはかけ離れたものであることに驚かれたことと思います。

ガースナーが取り組んだ組織に対する「内発的動機づけ」

では、経営者としてのガースナーは、組織文化に対して何をしたのでしょうか。それは、欧米では有名な「白シャツ禁止令」です。

これも、同じインタビューで本人が語った言葉を引用しましょう。

「ドレスコード」の逸話、覚えていますか？

皆さんは、私がＩＢＭでの1年目に行った最大の意思決定は「白いシャツを着るな」だと思っていますよね。IBMの従業員、特に男性は、白いシャツ、ダークスーツ、ダークネクタイを身につけねばならないという概念がありました。

これはジョージ・ワトソン・Srの時代に始まりました。とてもシンプルで、とても意味のあるアイデアでした。

1940年代、1950年代、顧客がそのような服装をしていたわけです。

彼はこう言ったはずです。

「セールスパーソンとして成功したければ、顧客と同じような服装を身にまとえ」

ところが1990年代になると、我々の顧客はそのような服装をもはやしていませんでした。よって私が行ったのは**「顧客と同じように身だしなみを整えよ」**と命じただけです。

私はワトソン氏が話していたことに回帰しました。その意味は、**「ドレスコードはIBMのためにあるのではない」「顧客が我々に対して心地よさを覚えるような服装をせよ」**です。

このようなとてもわかりやすいメッセージである「白シャツ禁止」により、IBMはその黄金時代のような**「顧客重視の組織文化」**を取り戻し始めました。

そして、モチベーションが高まった社員の一人が、顧客対応をしている中である秀逸な戦略を思いつきました。それをガースナーが見つけて拾い上げたのです。

有名なガースナーの著書『巨象も踊る』（日経BPマーケティング）より引用します（P176～P177）。

最初の幸運は、93年に長年IBMに勤務し、サービス部隊を統括していたウェルシュと会ったことだ。（中略）。

それが顧客にとって最適なソリューションであれば、サービス部隊はマイクロソフトやHP、サンなど、IBMの主要な競争相手の製品を推薦できなければならない。もちろん、これらの製品を維持・補修する必要もある。

この内部から生まれた戦略は、「顧客重視戦略」の究極とも言えるものです。顧客のためなら、ライバルメーカーが製造した製品さえ推薦し保守するというのですから。そしてこの戦略は白シャツ禁止令で徹底して身につけてもらった**「顧客重視の組織文化」**と大いに一致している（コングルーエントである）ことに気づかれるでしょう。もしかしたら、ウェルシュが勇気を持って顧客重視戦略の声をあげることができたのは、白シャツ禁止令で組織文化が顧客重視に変容しつつあることを感じ取ったからかもしれません。

自ら変えた組織文化と足並みの揃った顧客重視の戦略を、それを内発的に生み出したウェルシュから受け取ったガースナーが、業務プロセスや組織構造を「顧客重視」をキーワードに修正を加えながら戦略を実行することで、ＩＢＭは劇的なＶ字回復を遂げていったのです。

ガースナーのＶ字回復は、図４-４で示したプロセスそのもので実行されたことがおわかりになると思います。

加えて図１-２を、再度ご参照ください。**ガースナーが取り組んだのは、まさにここで示した戦略的組織開発担当者による働きかけ**です。**まずは、人・組織に働きかけ、それを通じて戦略も変えていく。**ＩＢＭの事例から、その有用性、現実的な可能性が、より深く理解いただけるのではないかと思います。

内発的動機の重要性を裏づける3つの理論

自己決定理論――行動変容を変革へとつなげる

戦略の良し悪し以上に、社内メンバーが自ら考え、それを実行することこそが成果につながると、くり返しお伝えしてきました。

ここまでは、主に組織論のフレームワーク（コングルーエンスモデル）と事例（ガースナーのＩＢＭ改革）をもとに解説してきましたが、社内の内発的動機づけこそが重要である理由は、心理学の研究からも明らかです。

ここでは特に、３つの心理学の理論を紹介します。

まずご紹介するのが、エドワード・Ｌ・デシの**自己決定理論**です（図4－6）。

彼の著書『人を伸ばす力―内発と自律のすすめ』（新曜社）から、重要なフレーズを引用します。

図4-6　デシの自己決定理論

①自己決定感

自分（自分たち）で決めたことは、それを実行する動機づけが強く働く

②有能感（自己効能感）

「自分（自分たち）はそれをうまくやれている」という感覚が、さらなる実行への動機づけとして強く働く

③関係性

皆で一緒に取り組んでいるという感覚が、実行の動機づけとして強く働く

人は自らの行動を外的な要因によって強制されるのではなく自分自身で選んだと感じる必要があるし、行動を始める原因が外部にあるのではなく自分の内部にあると思う必要がある

この部分は、外から与えられた「戦略」が実行に移されることはなく、成果につながらない理由を端的に示しています。**どれだけ優れた「戦略」であったとしても、それが外から強制されたものである限り、行動変容には至りづらくなります。**

成果は、一人ひとりの行動変容から生まれます。そして、**行動変容を生み出すきっかけは、一人ひとりの内発的動機にあるのです。**

さらにデシは、人が行動を変えていくうえで以下の3つのポイントが重要だと述べています（図4-6）。

①は、先に述べた通り、外から与えられた「戦略」が実行されない理由に該当します。ただし、**自己決定だけでは不十分**です。ガースナーが行ったように、**高いランクを持つ人が、初期のサポートを与え「うまくやれている」という実感を持てた時、変革の力は大きくなっていきます**（②）。

さらに、**それをチームで行うことが大切**です（③）。戦略的組織開発のプロジェクトは通常15や20名といったチームを編成して行うことになりますが、チームで取り組んでいくことで、変革をチームから部署、部署から組織へと広げていくことができるようになるのです。

成人発達理論——メンバーの能力を引き出す

2つ目にご紹介するのは、書籍『なぜ人と組織は変われないのか』（英治出版）で有名なハーバード大学のロバート・キーガンが提唱した「成人発達理論」です。

古くから心理学では、幼児の発達理論について研究されていました。しかし、キーガンらの研究により、**人は成人になってからも発達が続く**ことがわかってきました。そのモデルを示したのが**「成人発達理論」**です（図4-7）。

図4-7　ロバート・キーガンの成人発達理論

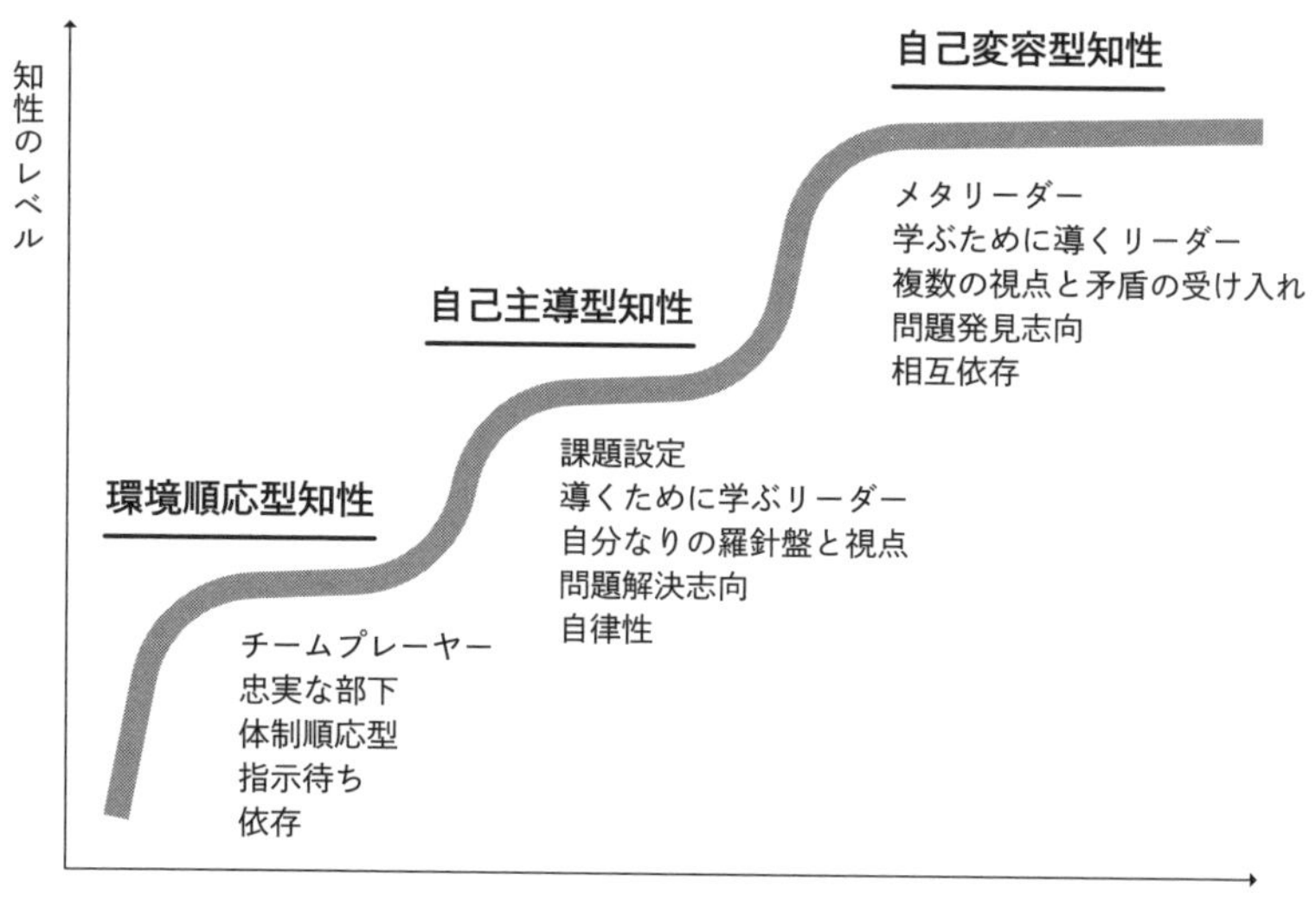

参考文献：ロバート・キーガン、リサ・ラスコウ・レイヒー著
『なぜ人と組織は変われないのか』

図4−7にあるように、成人の知性は主に3つの段階に分かれ、時間と共に成長します。

ただし、全員が最後の段階にたどり着くわけではありません。むしろ、その大半が環境順応型知性に留まるとされています（キーガンの研究によると、アメリカにおいて7割弱の成人が環境順応型知性以前に留まるそうです）。「自己変容型知性」を身につけることができる人は、きわめて少数です。

環境順応型知性：指示を待ち、外部（組織等）に依存するチームプレイヤー、忠実な部下として振る舞う

自己主導型知性：自分なりの羅針盤と視点を持ち、自律的に問題を解決する

自己変容型知性：問題を発見すると共に、

複数の視点と矛盾を受け入れる。人は相互に依存する存在だと理解し、自己変容と他者変容を同時に取り組んでいく

キーガンは「それぞれの知性の段階は、その前の段階より明らかに優れている」「知性のレベルが高い人は、レベルが低い人より高いパフォーマンスを発揮する」と述べています。実際に、キーガンが定義する知性のレベルの高さと仕事の能力のあいだに明らかな相関関係が存在することが書籍の中で定量的に示されています。

これまで、多くの経営者が考えてきた**「優れた戦略を外から与えて実行してもらう」のが響くのは、どの知性を持つ人たちでしょうか。**それは、環境順応型知性を持つ人たちに対してです。

しかし、**従業員が環境順応型知性の段階のままで、本当にいいのでしょうか。**

質問を変えると、**今のビジネスにおいて、どのような知性が求められているのでしょうか。**

変化のスピードがゆるやかだった時代であれば、マネジャーも部下も、前例踏襲のやり方をしていれば十分でした。むしろ、良きチームプレイヤーとして組織や上司に忠実なビジネスパーソンこそが、力を発揮していたのです（環境順応型知性）。

しかし、**激動のＶＵＣＡの時代、今までと同じようなやり方を続けているだけでは、組**

織に未来はありません。

だからこそ**「自己主導型知性」「自己変容型知性」が求められる**のです。

経営者がメンバーに期待するのも、そういった知性を発揮することではないでしょうか。

「自己主導型知性」の持ち主は、自分なりの視点と羅針盤を持っています。言い換えれば**彼らは「内発的な動機づけ」を大切にしているのです。**だからこそ、彼らの力を最大限に引き出すためには、内発的動機にアプローチするのが得策なのです。

メンバーが自分の知性を育み、高いパフォーマンスを発揮して欲しいと願うのであれば、「内発的動機」に基づいた行動を支援する発達指向型の取り組み（内発的動機づけのアプローチ）を提案します。

プロセス指向心理学
——本気の「対立」を、組織を変える「原動力」に変える

内発的動機に基づいて戦略が生まれ、それがたくましく実行され始めると、何が起きるでしょうか。そう「対立」です。

内発的動機に基づいているので、それぞれが本気です。そして、**その本気の「対立」にこそ、組織を変える潜在的な可能性**（組織を変える原動力ともなる大きな力）**が眠っているので**

す。

それを扱えるようになる知性こそが**「自己変容型知性」**です。この知性を持つ人たちは、複数の視点・矛盾を受け入れることができるようになります。

そして、こうした知性を実現するうえで効果的なのが、3章でご紹介した**「プロセス指向心理学（プロセスワーク）」の手法**なのです。

組織が変われない3つの理由のつながりが、見えてきたでしょうか。**3つの観点に横断的に取り組んでいくことで、組織は真価を発揮していけるようになる**のです。

「内発的動機づけ」をどこまで信じられるか

ゴーレム効果――「内発的動機づけ」を信じられない理由

ここまで「内発的動機づけ」が組織変革における「要」となる理由について、様々な観点から述べてきました。

しかし、どこかで次のような感覚があるのではないでしょうか。

「考え方はわかります。でも、組織が変われたのは、そこにいたメンバーが優秀だったからではありませんか？　うちのメンバーは、ＩＢＭの社員ほど優秀ではないので、結局は理想論ではないでしょうか」

私たちがセミナー等でお伝えする時にも、こうした意見はよく聞きます。

そして、そのように考える背景として、皆さんがどんな経験をしてきたのかも、ある程度は想像ができます。

おそらく、これまでに何度も変革に着手したことがあるのでしょう。しかし、その度に部下たちが思ったように動いてくれなかったという歴史を積み重ねているのではないでしょうか。


過去に行った変革のプロセスの検証は、一旦脇に置いておきます（実際は、変革のクリティカルな要素である「3つの理由」への対処が不十分だったことが考えられますが……）。

いずれにせよ、**過去の変革がうまくいかなかった等の事情により、組織のリーダーたちは、部下の能力を信じられない状況に陥っている**のでしょう。

では、ここで、部下の立場になってみます。もし、上司が自分を信じてくれず、重要でやりがいのある仕事を任せてもらえないのだとしたら、どうなるでしょうか？

モチベーションは低下します。モチベーションが低下したまま取り組むと、ミスが増加し、成果はあがりません。

上司としてこの様子を見ると、どう感じますか？

「やっぱり部下たちの能力は低い」と、当初の思い込みをさらに深めていきます。

ここで起きている構造を図4-8にまとめました。これは**「周囲からの期待や関心を持たれないことでパフォーマンスが低下するという心理学的現象」——ゴーレム効果**と呼ば

図4-8

なぜトップや事業リーダーは内発的動機づけを信じないのか

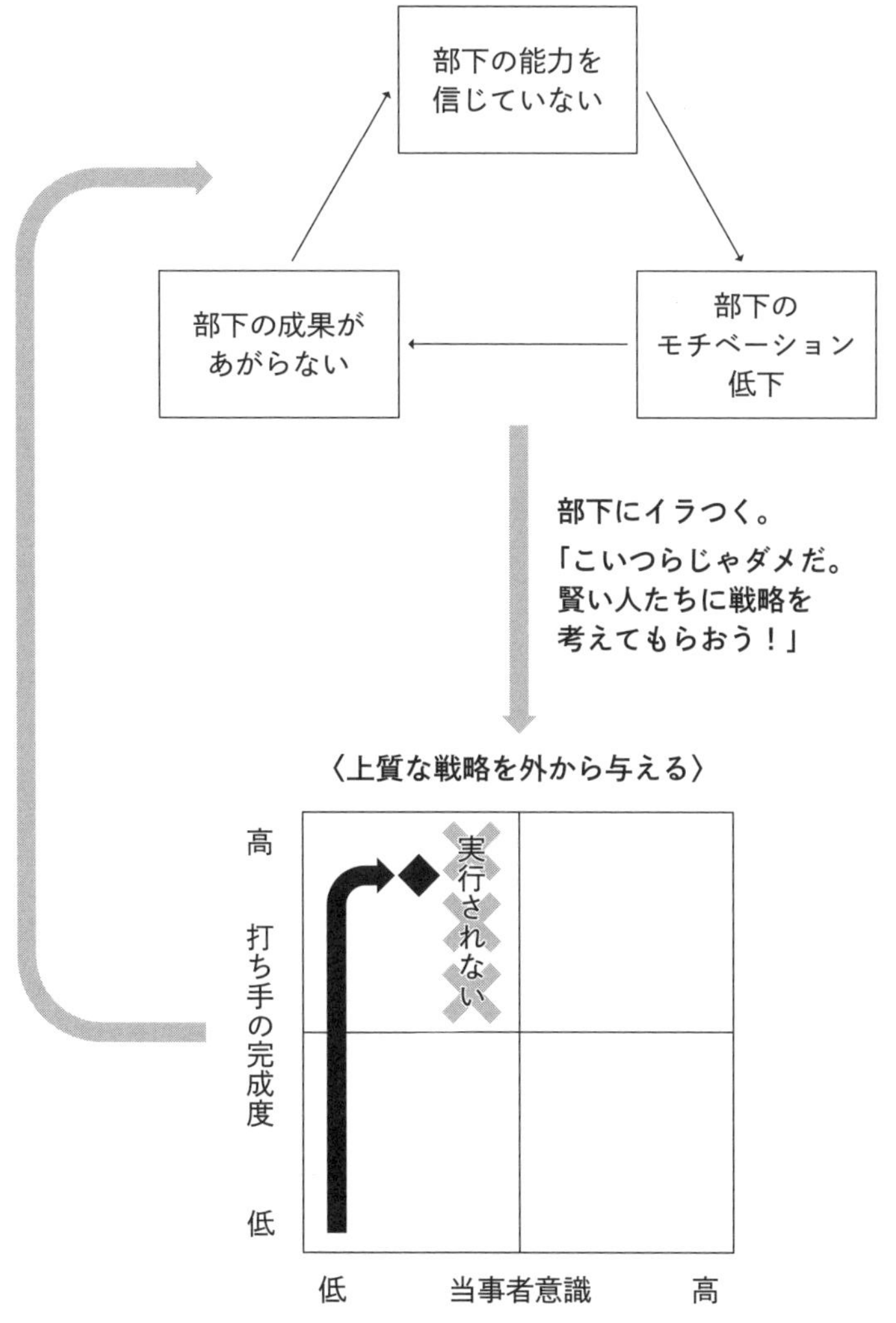

れる状態そのものです。

確かに、上司の側から見ると、部下の能力が低いように感じられます。

しかし、**もしその原因をつくり出しているのが自分自身（上司側）にこそあるのだとしたら**――ゴーレム効果は、そんな示唆を与えてくれます。

ピグマリオン効果――不信の連鎖を断ち切り、プラスの循環を生み出す

ゴーレム効果と、真逆の状況を示した心理学的現象をご存知ですか？

「ピグマリオン効果」です（図4-9）。**他者に期待されることによって成果があがる現象**のことですが、有名なものなので、聞いたことがある方も多いと思います。

変革を実現し、成果を生み出すことを目的とするならば、ゴーレム効果ではなく、ピグマリオン効果を生み出したいものです。

ピグマリオン効果を生み出す方法は、部下を信頼し、内発的動機に基づいて動いてもらうことに他なりません。しかし、ここに問題があります。**実は、ピグマリオン効果が発揮され、現実の成果となって見えてくるまでには、一定の時間がかかります。**

ここで、トップリーダーたちには、とても難しい判断が求められます。

リーダーたちは、短期的業績に対する激しいプレッシャーに晒されています。**そのプレ**

図4-9　ピグマリオン効果と内発的戦略実行

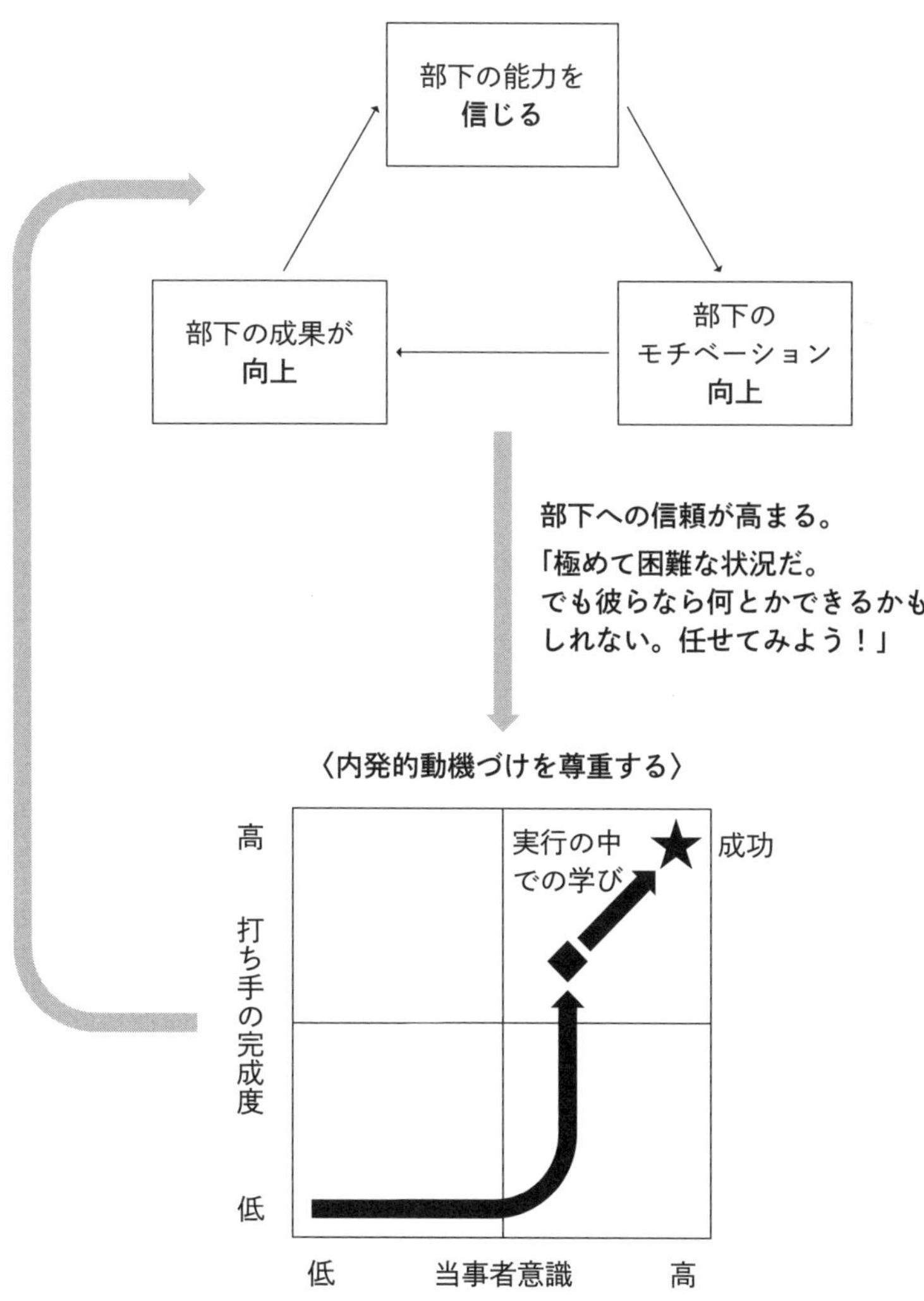

ッシャーが大きくなるほど、部下を厳しく見るようになるのは当然のことです。時には、あまりにも思い通りに動いてくれない部下を、叱責したくなることもあることでしょう。ただ、さらに難しいことに、部下を責め、叱責したとしても、問題は何一つ解決しません。むしろ、ゴーレム効果を引き起こし、負の循環がまわり始めてしまうのです（図4-8）。

ここで、さらに「部下には頼れないから外部の力を借りよう」と、外から戦略を与えたとしても、結局はうまくいかない可能性が高いことは、これまで述べてきた通りです。時には、それが数億円単位の無駄な投資となることさえあります。その事実に対して「うちの社員たちは考える力が不足しているから、多額の費用を投じて戦略をつくってもらった。しかし、それさえ実行できないなんて、なんて能力が低いんだ。このままでは生き残れないから、危機意識を持ってほしい」と部下の能力への不信感から煽ったところで、ゴーレム効果が強くなるばかりです。

非常に難しい状況です。**しかし、やるべき答えは、1つではないでしょうか。**それは、**部下の能力を信頼し、内発的動機を引き出すための施策を続けること**です。それこそが、**ゴーレム効果の増幅を終わりにし、ピグマリオン効果を引き出す唯一の手段**なのです（図4-9）。

難しい舵取りが任されているトップリーダーたちに、1つのエピソードをご紹介します。

ある著名企業の子会社でのことです。

経営者は、親会社からの出向でこの会社にやってきていました。その親会社は、日本有数の企業で、優秀な人員の宝庫であるような場所でした。そんな環境が当たり前だった経営者からは、子会社の社員たちの能力が、とても低いものに見えたそうです。

「うちのメンバーたちは一段落ちる能力しかない。まぁ子会社だから仕方ないか……」

しかし、私たちが戦略的組織開発の支援をしていく中で、メンバーたちはみるみるうちに変わっていきました。

内発的動機に揺さぶられ、会社の将来に対して熱のこもった議論を行っていきました。そして、プロジェクトの経過報告として、自発的な調査をもとに行った自社の今後の戦略に対する考察、提言を、社長をはじめとした経営陣に対して、発表したのです。

それを聞いた件の社長は、驚愕されていました。

「こんなに能力が高く、やる気にあふれたメンバーたちだったのか……」

一人でも多く方が、この社長と同じような体験をなされることを祈っています。

第2部 実践編

第5章 「対立」を力に変える施策

個人間の対立を力に変える①「エンプティ・チェア」

この章からは、実践編として、「組織が変われない3つの理由」についての様々な施策、打ち手をご紹介していきます。

この章では、**「対立」を力に変えるための具体的施策**を見ていきましょう。

「ヨコの対立」「タテの対立」に取り組む

まずは**個人間の対立を扱う「エンプティ・チェア」**という施策です（図5-1）。

この施策はフリッツ・パールズが編み出したゲシュタルト療法にルーツを持ち、ビジネス上の関係性はもちろんのこと、妻と夫のあいだの対立といったプライベートの状況も扱うことができます。

この施策は、**組織を変革していくうえで「ヨコの関係」「タテの関係」におけるキーパーソン同士の対立**において効果を発揮します。たとえば営業部長と製造部長（ヨコの対立）や、

図5−1　エンプティ・チェア

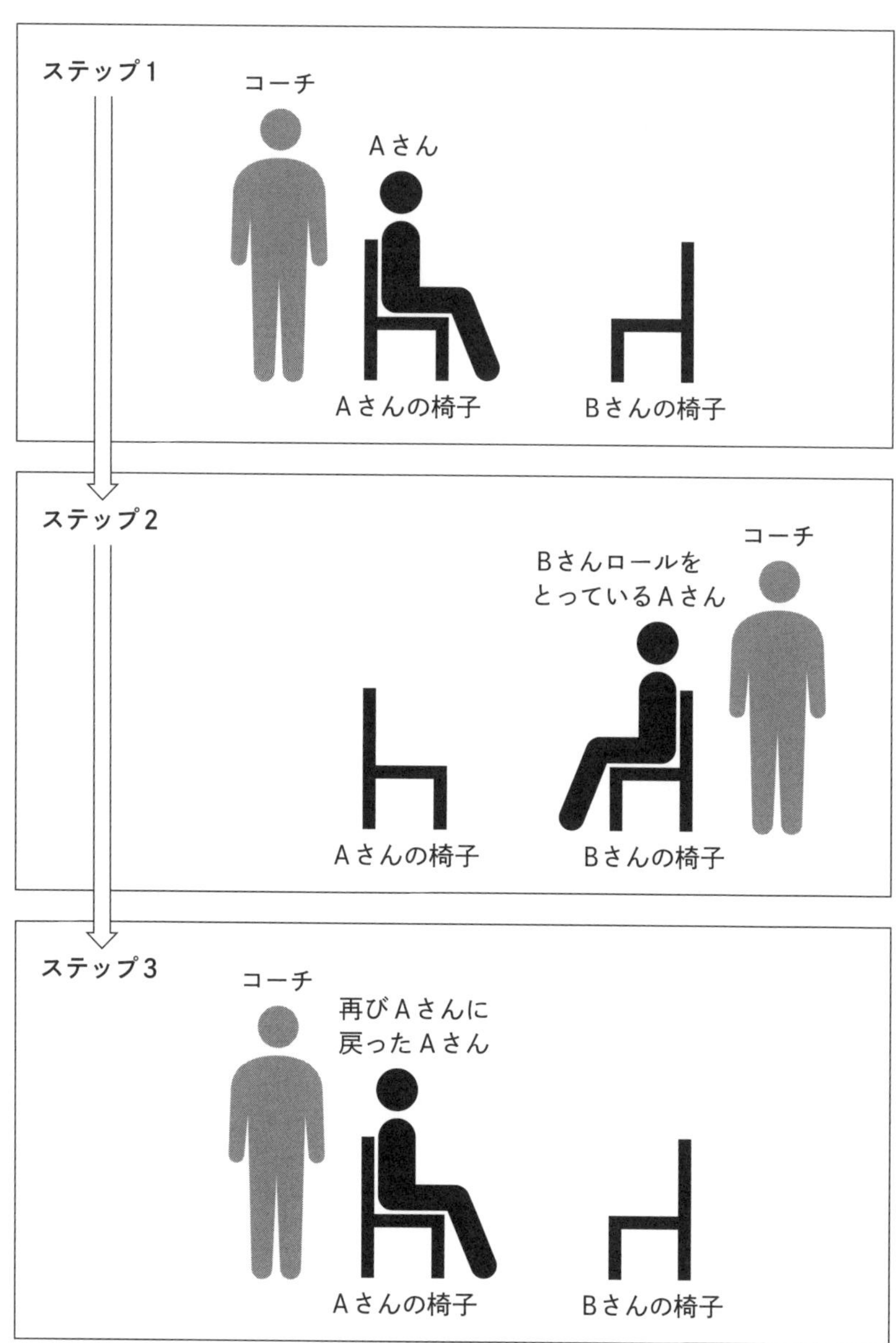

企画部長と企画課長（タテの対立）といった場面です。

進め方を紹介します。

ステップ1　対立の当事者の中にある薪を燃やす

この施策は、対立している当事者のうち一名を対象に行います。もし、営業部長（Aさん）と製造部長（Bさん）の対立を扱うとするならば、Aさん、Bさんのいずれかに対して以下のステップで問いかけを行っていきます。

対立しているもう一方の当事者は、その場にはいません。

以下では、営業部長（Aさん）を対象にしていると仮定し、進め方を解説していきます。

まず、**椅子を2つ用意します。片方にAさんが座り、真向いには誰も座っていない空っぽの椅子を置きます。**これはBさんの椅子です。

空の椅子（エンプティ・チェア）に、あたかもBさんが座っているかのように、Aさんに振る舞ってもらいます。

支援者はコーチ役として、Aさんの振る舞いを促していきます。

コーチ「Aさん、目の前の椅子には、普段からわだかまりのあるBさんが座っています。彼に言いたいことを言ってみましょう」

このように言葉をかけて、Aさんに空の椅子に向けて思い切り話してもらいます。

Aさん「製品Aのことだけど『50万円の売値だと、原価率が高すぎてとてもつくれない』ってあなたは言うけど、ライバルはもっと安い値段を提示しているんだよ。何とかなりませんか？」

すると、わだかまりが徐々に開示されていきます。

最初は、氷山モデルの水面上の事柄が話題になるでしょう。ですが、もう一歩踏み込んだ話ができるよう、コーチ役が促していきます。

コーチ「他にBさんに言いたいことはありますか？　せっかく目の前の椅子に座っていただいているので、口に出してみませんか？」「もっと言いたいことはありませんか？　せっかくの機会なので、言いたいことを全て言葉に出して伝えてみませんか？」

最初は表面的だった話題だったかもしれませんが、徐々に氷山モデルの水面下に隠れていた部分が、言葉になり始めます。たとえば、深い思い、価値観、信念などに関する話題です。

Aさん　「営業は、前年度比10％アップの過酷なノルマに立ち向かってるんだよ。時代遅れかもしれないけど、自分たちは24時間戦っているんだ。これがどんだけしんどいことか、お前たちにわかるのか!?」「この売値だと原価率が高すぎるって言うけど、原価を下げる努力を本当にしているのか？　努力もしないで、いつも文句だけ言ってるんじゃないのか！」

当事者の言葉を促しながら、十分に「薪が燃やし尽くされた」（自分のわだかまりを全て吐き出すことができた）とコーチ側が感じたら、次のステップに入ります。

ステップ2　ロールスイッチ：対立の当事者になる

続いて、コーチはAさんに、今座っている場所から、真向かいにあるBさんの椅子に座るように促します。**これは、自分の立場をいったん脇に置いて、「Bさん」になってみることを目的とした取り組みです。**

専門用語で言うと、場所を入れ替わることで、Aさんに「Bさん」のロールをとってもらうことを目指して行います。

とはいえ、いきなりはうまくいかないかもしれません。最初はロールに入りづらく、次のような発言が起きるでしょう。

Aさん　「Bさんだったら、こう言うと思います」

そんな時、コーチ側は、**「Bさん」になり切れるようにサポート**していきます。

コーチ　「Aさんとして言うのではなくて、Bさんになり切ってください。あなたは誰ですか？」

Aさん（Bさんロール）　「私はBです」

コーチ　「Bさんは、いつもAさんに対してどう呼びかけていますか？」

Aさん（Bさんロール）　「営業部長って呼んでます」

コーチ　「ではBさん、今、営業部長に対して言いたくなったことを、その空っぽの椅子に座っている彼に対して、口に出してみましょう」

ここで2つのパターンに分かれます。

第2章でご紹介した図2-2で紹介した、**「自己防衛のためのガチ対話」**と、**「大切な思いを開示し合うガチ対話」**です。

①自己防衛のためのガチ対話例（図5-2）

Aさん（Bさんロール）　「営業部長。あんたたち24時間戦っているって言うけど、単にお客さんの言いなりになっているだけじゃないか。もっと自社製品の特性をきちんと理解しなさいよ」

このような相手の責任を追及するような発言も、決して間違いではありません。

しかし、このような**相手への責任追及が起きるのは、ステップ1で薪が十分に燃やし尽くされていないから**です。その場合は、ステップ1に戻って、あらためてAさんの立場として、Bさんへの違和感を吐き出してもらいます。**違和感を吐き出し切ったうえで、あらためてステップ2に入ります。**

②大切な思いを開示し合うガチ対話例

ステップ1で、十分に薪が燃やし尽くされると、興味深い現象が起きます。

Bさんの椅子に座ったからといって、Bさんの気持ちがテレパシーで感じられるはずは

図5-2　２種類のガチ対話（再掲）

「頭に血が上っている」状態
＝自己防衛のためのガチ対話

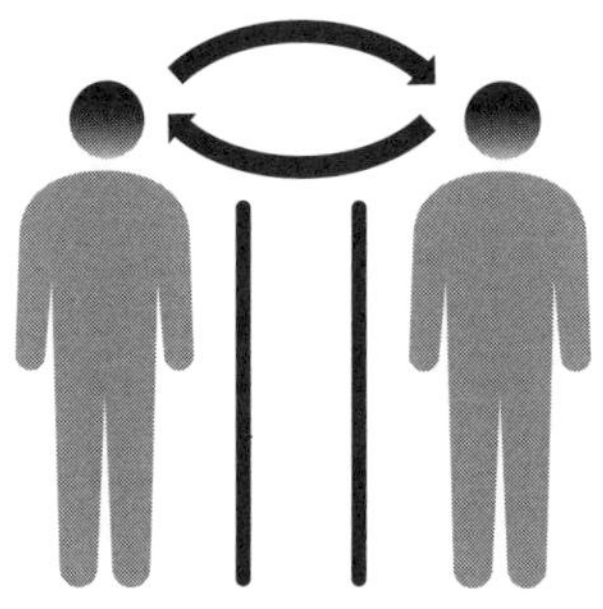

自分の弱みは楯で守って
決してさらけ出さず、
理屈で相手を攻撃

「腹を割って話している」状態
＝大切な思いを開示し合うガチ対話

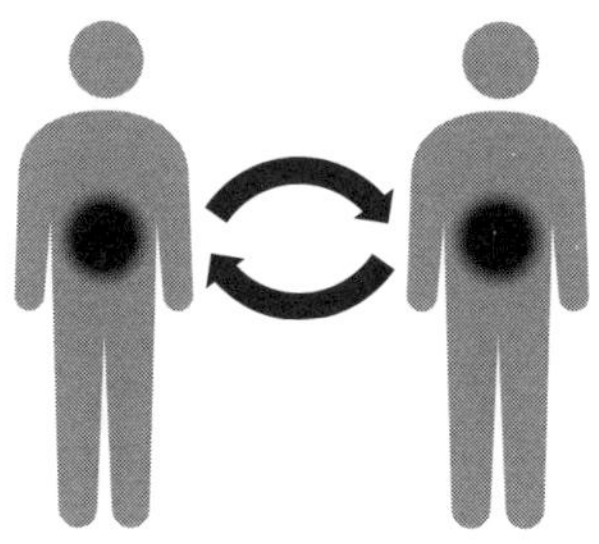

自分の弱みに対して
ノーガードで
本音をぶつけ合う

ありません。しかし、それに近いことがAさんに起きるのです。**Aさんが、まるでBさんになったかのように、Bさんの思いを感じられるようになる**のです。

たとえば、Aさんは、Bさんとしてこのように感じるかもしれません。

Aさん（Bさんロール）「なんと、製造部長の椅子に座ることは、これだけの大きな責任を引き受けているのか。膨大な品種を、それぞれ異なる製造工程でつくり、納期を守り、品質を守り、そして作業者の安全も守り……」

「製造部長」の役割等について、元々知っていた事実は、たくさんあるでしょう。しかし、多くの場合、自分のフィルターを通過した一部の情報だけが、重要事項として扱われています。**いつもは、本来の「Bさん」や「製造部長」の姿ではなく、Aさんがつくりあげた「Bさん」や「製造部長」の姿を見ているのです。**

しかし、薪を燃やし尽くすと、Aさんの見方が変わります。自分の中にあった「わだかまり」や「違和感」を全て吐き出して、**まっさらになった心で、「Bさん」を見ることができるようになります。**そこに場所が持つパワーが加わり、「知っていたはずなのに、無意識のうちに遠ざけていた様々な情報」が怒涛のように、心に流れ込んでくるのです。

すると、**この感覚が「大切な思いを開示し合うガチ対話」へとつながっていく**のです。

Aさん（Bさんロール）　「営業部長。あなたたちがそんなに大変だとは知らなかった。わかってなくて申し訳ない。でも、営業にも製造現場のことを、もっと知って欲しいんだよ。『納期を短くしろ』『原価を下げろ』ばかり言われるのは正直寂しいんだ。モノづくりへのこだわりがわかってもらえてないのが、ずっとつらかったんだよ」

このような本当の「ガチ対話」が十分に起きたとコーチが判断できたら、ステップ3へ入ります。

ステップ3　元の椅子に戻る

コーチ役は、Aさんに、元々座っていたAさん自身の椅子に座り、Aさん自身に戻るように促します。そして、Bさんロールから出たコメントに対して、Aさんの立場から返事をしてもらいましょう。

コーチ　「先ほどのBさんからのコメントに、どのように答えますか？　実際に空の椅子に座っているBさんに、返事をしてあげましょう」

一方が「大切な思いを開示し合うガチ対話」モードに入ると、もう一方も自ずと同じモードに入ります。そのため、Aさんの立場に戻ったとしても、以前のAさんとは発言の内容、トーンが違ってくるはずです。

Aさん自身としても、大切な思いを開示し合うガチ対話ができるようになるのです。

Aさん「Bさん、私たち営業も製造現場の皆さんの頑張りをわかってなかったと思います。申し訳ない。今さらながらだけど、近々営業メンバーで工場見学をさせてもらえませんか。あと、もしよろしければ製造の皆さんも、ぜひ営業に同行してもらい、営業場面を実際に見てもらえると嬉しいです」

手順は以上です。

個人間の「対立」を扱い、それを力に変えている様子がイメージしていただけたのではないかと思います。

「対立」に直接働きかけなくても良いのか？

もしかしたら、次のような疑問を持つ方もおられるかもしれません。

「確かにAさんはこのワークで前向きな気持ちに変わったのがわかる。でもこの場にBさんがいないのであれば、対処法としては不完全なのではないか？」

結論としては、この場にBさんがいる必要はありません。**AさんとBさんのあいだでの人間関係は、相手に対する態度やアプローチで形成され、好循環や悪循環が起きます。**

この取り組みによって、AさんのBさんに対する態度が変容しました。これ以降、実際に両名が会った時、AさんのBさんに対する態度は、これまでとは異なったものになるでしょう。すると、Bさん側も、今までのような敵対的な態度のままではいられなくなるはずです。このような状況が、既に形づくられたのです。

プロセスワークの創始者であるアーノルド・ミンデルは、このことを**量子物理学の「非局在性」**という概念を比喩に語っています。かいつまんで言うと、ある2つの量子がカップルとしてつながったとします。その後2つが何万光年離れていても、**片方がくるっとまわると、もう片方も同時にくるっとまわる**というのです。

今、目の前でAさんはBさんに対する態度を変容させました。すると、遠くにいるはずのBさんの態度も、あたかも今この時点で変容したとしか思えないような出来事が、この後、実際に起こってくるのです。

個人間の対立を力に変える②「対人葛藤解決コーチング」

「6つの質問」で対立を力に変える

次にご紹介するのは**「対人葛藤解決コーチング」**です（図5−3）。

この手法では、**シンプルな6つの質問が持つ言葉のパワーにより「エンプティ・チェア」で起きたことと類似の結果を引き起こしていきます。**

この手法も、個人として「対立」している当事者二名のうち、一名に対して行っていきます。

ステップ1　6つの質問を投げかける

あるコンサルティング会社の社長（Aさん）と専務（Bさん）が対立しているというケースを例に考えていきます（タテの対立が起きている状態です）。

ここでは、専務（Bさん）に対して以下の6つの質問を投げかけます。

【6つの質問】

①行動：何が起きましたか？
②結果：どんなインパクトがあったのでしょうか？
③価値観：その時、何が重要でしたか？
④動機：その時、何を求めていましたか？
⑤信念：大切にしたかったことは何でしょうか？
⑥自己認識：あなたはどんな〇〇ですか？

実際に行われた葛藤解決コーチングの概要を紹介します。

①行動：何が起きましたか？

Bさん　「私たちはコンサルティング会社なのですが、社長が我々の業務領域と関連が深いシステム会社を買収すると言い出したのです。私は断固として拒否しました」

②結果：どんなインパクトがあったのでしょうか？

Bさん　「社長との関係が悪化しましたが、無駄な出費を避けることができました」

図5-3　対人葛藤解決コーチング

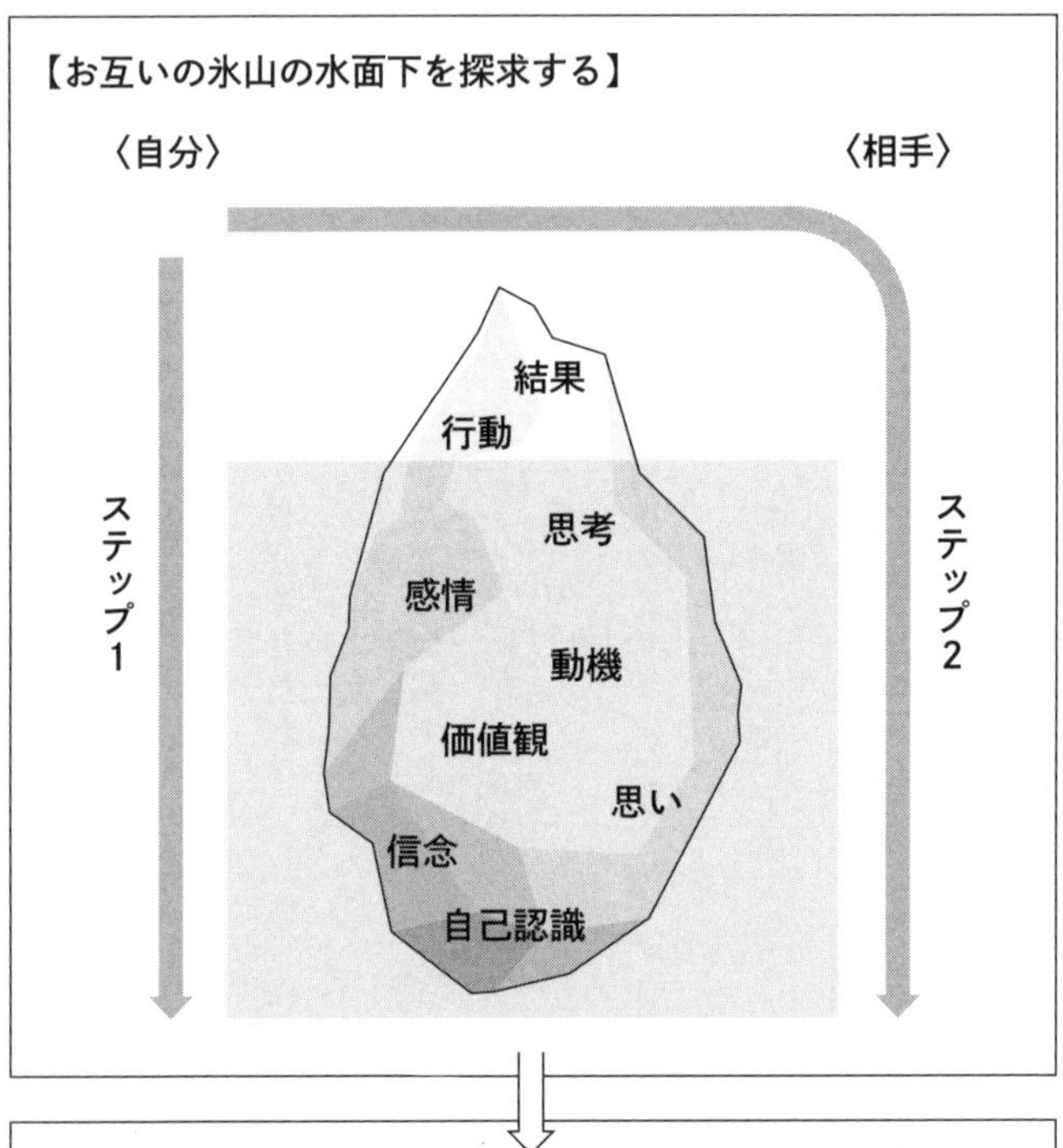

【相手への働きかけをリハーサルする】ステップ３

・相手に対する働きかけの選択肢を挙げてもらう
・それぞれの長所・短所も挙げてもらう
・１つの選択肢を選んでもらう
・その後、以下のような質問を行う

「Aさんに一番伝えたいことは何ですか？」

「それが伝わると、あなたは何を得ることができますか？」

「それが伝わると、Aさんは何を得ることができますか？」

「では私がAさんだと思って、リハーサルしてみませんか？」

②価値観：その時、何が重要でしたか？

Bさん　「私たちはコンサルティング会社なんです。顧客の課題を解決する最高のサービスを提供するのが仕事の目的です。システム開発なんかにかかわっていてはダメなんです」

③動機：その時、何を求めていましたか？

Bさん　「コンサルティングという私たちの本業に対して、社長にもっと本気で向き合って欲しかったです」

④信念：大切にしたかったことは何でしょうか？

Bさん　「私たちは顧客の課題に対して、カスタムメイドで最高の解決を創造する会社だということこだわりを大切にしたかったのだと思います」

⑤自己認識：あなたはどんな「専務」ですか？

Bさん　「最高の解決策をたくましく創造するブルドーザーです」

これらの質問を通じて、専務は自分の氷山の水面下にある様々な思いを表に出すことができました。これは**「薪を燃やし尽くした状態」**と同様です。

ここまでが十分に行えたら、コーチ役は次のステップへと誘います。

ステップ2　相手のロールとして、同じ質問に答える

コーチ役は、同じ質問に対して「対立する相手の立場であればどう考えるか」を答えるよう促していきます。

この例だと、専務（Bさん）に対して、社長（Aさん）の立場であればどう感じたかを質問していきます。

①行動：相手の立場から見ると、何が起きましたか？

Bさん（Aさんの立場）「システム会社買収を提案したところ、専務に拒絶されました」

②結果：相手にとってどんなインパクトがあったのでしょうか？

Bさん（Aさんの立場）「前はベストコンビだった専務にNOを言われて、残念な気持ちが起きたと思います」

③価値観：その時、相手にとって何が重要でしたか？

Bさん（Aさんの立場）「あぁ（相手の立場に気づきを得た様子で）、あの人は都市工学が専門で、

『千年続く都市』といったことにこだわっているのですよ。長続きするというキーワードが重要だったと思います」

④動機：その時、相手は何を求めていましたか？

Bさん（Aさんの立場）「長続きする商売としてのシステム会社を求めていたと思います。コンサルティング業は、1回1回が単発ですから」

⑤信念：相手が大切にしたかったことは何でしょうか？

Bさん（Aさんの立場）「わが社も千年続くことを夢見、大切にしていたと思います」

⑥自己認識：相手はどんな「社長」ですか？

Bさん（Aさんの立場）「長期のスパンでものを見る社長です」

このように質問に答えながら、相手側の氷山の水面下の視点を得ていきます。

ここまでできれば「対立」の問題は、ほぼ解消しているのですが、さらに相手への働きかけを具体化させるステップへと移行します。

ステップ3　具体的な働きかけを考える

ステップ3は以下で構成されます。

①相手に対する働きかけの選択肢を挙げてもらう
②それぞれの長所・短所も挙げてもらう
③1つの選択肢を選んでもらう
④その後、以下のような質問を行う

「Aさんに一番伝えたいことは何ですか？」

「それが伝わると、あなたは何を得ることができますか？」

「それが伝わると、Aさんは何を得ることができますか？」

「では私がAさんだと思って、リハーサルしてみませんか？」


実際の支援の場面では、次のような会話が、コーチと専務（Bさん）のあいだで交わされました。

コーチ　**「Aさんに一番伝えたいことは何ですか？　言葉にしてみましょう」**
Bさん　「システム会社を買収すると言い出した社長の本音は『長く続くビジネスが大

事』ということだったんですよね。それを確認できなくて申し訳なかったです。私はコンサルティングでも『長く続くビジネス』は可能だと思うのです。一緒にそれを考えてみませんか？」

コーチ　**「それが伝わると、あなたは何を得ることができますか？」**

Bさん　「私が大切にしている『最高の解決策を創造する』というこだわりが守られます」

コーチ　**「それが伝わると、Aさんは何を得ることができますか？」**

Bさん　「彼が大切にしている『千年続く会社』に一歩近づくことができます」

このようにして対立を組織の力に変えていくのが「対人葛藤解決コーチング」です。

「エンプティ・チェア」と「対人葛藤解決コーチング」の違い

2つの技法の使い分けには決まったルールはありません。しかし、私たちは**「リスクをとってでも劇的な気づきを得て欲しい」という時はエンプティ・チェア**を、**「着実に何らかの気づきを引き起こしたい」という時は対人葛藤解決コーチング**を行う場合が多いです。

組織の中の対立を見立てる「プロセス構造分析」

施策の前提

これまでは1対1の個人間の対立を扱ってきましたが、ここからは**組織レベルの対立**を扱う手法をご紹介します。

最初は**プロセス構造分析**です（図5-4）。

この分析は、対立を抱える事業部の責任者・担当者が、組織開発の担当者や支援者（以下「ファシリテーター」と記述します）と共に行っていくのが一般的です。また、事業部の中で、同じ立場に立つサブグループのメンバーを交えて行う場合もあります。

しかし、**対立を抱えている集団の当事者同士が、入り混じって行う分析ではありません。**

これ以降は、セールス部門の中に「カスタマイズ派」があり、「標準派」や「製造部門」

とのあいだで対立が起きていると想定しています。そして、「カスタマイズ派」のメンバーと共に分析を行っていると仮定し、その進め方を紹介します。

ステップ1　バルコニービュー

「バルコニービュー」とは演劇場のバルコニーの比喩です。**高い場所から起きている状況（ダンスフロアにおける人間模様）を俯瞰して捉えるステップ**です。

ファシリテーターは、まずは普通に**「組織図」**を描くよう促します。

次に、**組織図内のサブグループ間での関係性について、図示してもらいます。**関係性について、太い線、普通の線、点線などで示してもらうようにするのです。もし、分断や対立が起きている関係性があれば、そこに二重線を引いて「分断」を示してもらいます。

次に、**それぞれのステークホルダーが感じているであろう「心のつぶやき」**を、セリフとして吹き出しで書き込んでもらいます。もちろん、想像で構いません。

ここまで図にすると漠然とした「対立」が、見える化されるのではないでしょうか。

図5-4はステップ1の完成例です。

図5-4　プロセス構造分析例

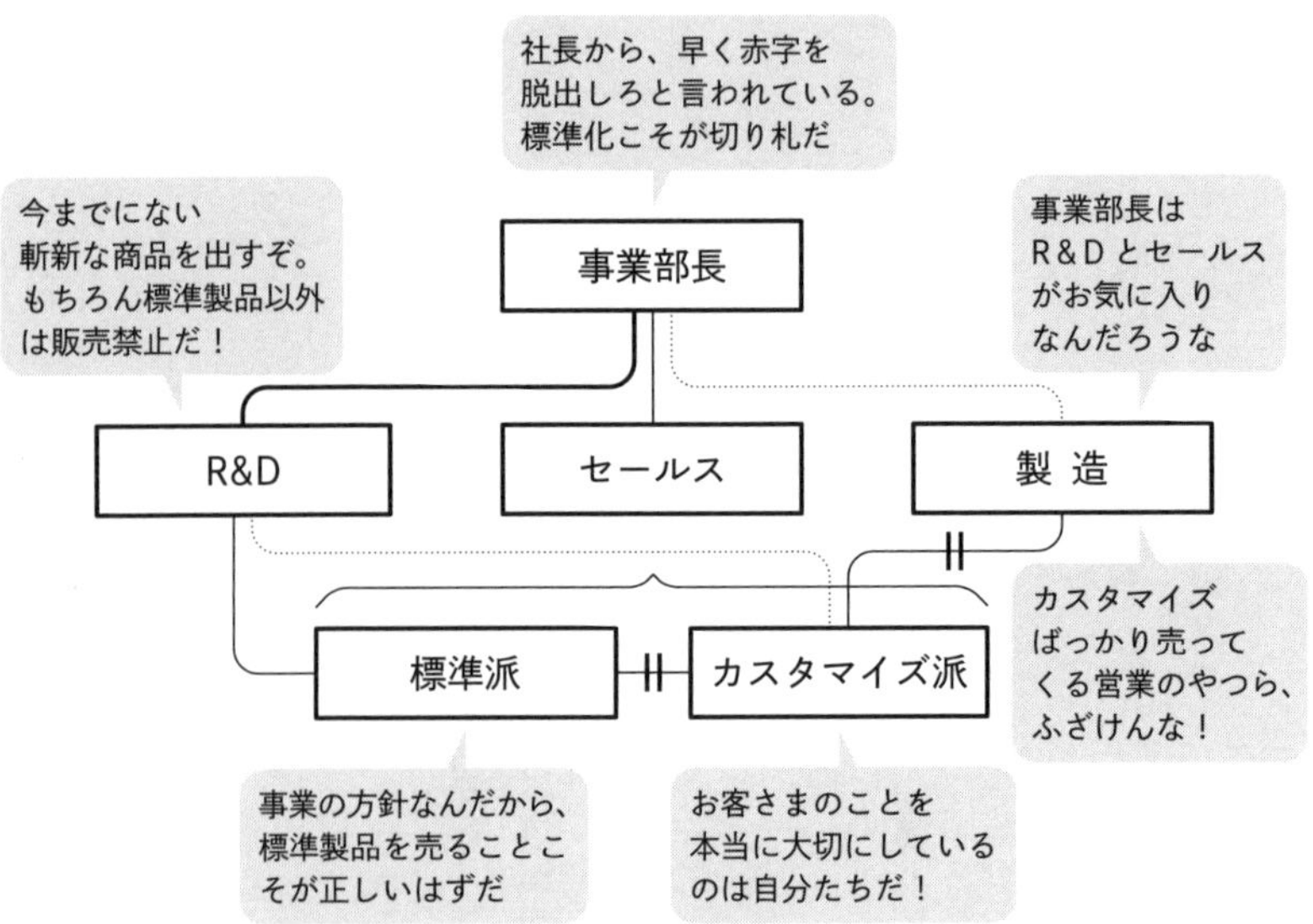

||　：対立

線の太さ：関係性の深さ

ステップ2　ダンスフロア：自分ロール

次にダンスフロアに降りて、生々しい「対立」を味わってもらいます。

この図でのセールス部門の「カスタマイズ派」の人たちに対して、「自分たちそのもの」になってもらいます。

そして、「標準派」の人たちや「製造部門」に対して、自分たちの思いを声に出して、**あたかも相手がそこにいるかのように伝えてもらうように促していきます。**

ダンスフロアに降りて、生身の人間として振る舞うのは、やや気恥ずかしいかもしれません。そのため、**まずは「自分のロールをとる」という難易度の低い役割から、試していきます。**

ステップ3　ダンスフロア：他者ロール

次にロールをスイッチするよう促します。

やり方は、188ページで紹介した「エンプティ・チェア」と、同様のことを行います。違いは、二名間の関係性に限定されていないことです。

「ここは製造部門の場所」「ここは事業部長の椅子」などと、**フロアの中にそれぞれのロールの場所を指定**していきます。**その場所の持つ力を借りていくのがポイント**です。

たとえば「カスタマイズ派」の担当者が、「製造部門」の場所に行き、そのロールになり切って、声をあげてみます。

「君たちはお客さまのためのカスタマイズと言うけど、そのせいで私たちは、3日間の徹夜作業を強いられることがあるんだ」

また、他に「事業部長」の椅子に座る人が出てきても良いでしょう。

「頼むから、標準品を売ってきてくれないか。利益率が全く違うんだよ」

様々なロールから2~3周声があがったら、このステップを完了すると良いでしょう。

ステップ4　「気づき」の共有

ダンスフロアで誰かのロールをとって声をあげることを止めて、ディスカッションに移行します。**参加者一人ひとりが「どんな気づきを得たのか」を共有**します。

この施策を通じて、バルコニービューの俯瞰した視点と、ダンスフロアの生々しい当事者間の視点という、2つの見方を経験することができました。組織内の対立が深く理解されたことで、「次の一歩をどうするか」について、より解像度を高めた形で検討できるようになるでしょう。

組織間の対立を扱う「組織間のロールスイッチ」

ここでは、**対立している組織のメンバーが一同に会して行う施策**をご紹介します（図5－5）。

この手法で得られる効果はとても大きなものとなります。しかし、施策を十分に機能させるために、事前の準備を行うことをおすすめします。

事前の準備とは、以下のものです。

「組織間の対立」に取り組む準備

- **対立する「組織長」を対象とした「エンプティ・チェア」**
- **対立する「組織長」を対象とした葛藤解決コーチング**

加えて、**それぞれの立場で「プロセス構造分析」を行っておく**のも、準備作業として効果的です。

以下では、架空の企業である田中産業を例に、互いに対して違和感を抱えている「製造部」と「営業部」のメンバーが、同じ会場に集まっていると仮定して解説していきます。

ステップ0　場の準備

まずは、**会場の真ん中にガムテープなどで線を引きます**。どちらか一方を「製造部エリア」と、もう一方を「営業部エリア」とします。そして、**それぞれのメンバーは自分のエリアに入ってもらいましょう**。

ステップ1―1　一方のロール（A）が、自分たちのロールを深く味わう

まずは、一方のロールが、自分たちのロールを深く味わうことから始めます。

ここでの例では、「製造部ロール」から始めていくと仮定しましょう。営業部メンバーは、まずはオブザーブします。仕切り線のそばまで来て「製造部エリア」で起きることを見ていてもらいます。

図5-5　組織間のロールスイッチ

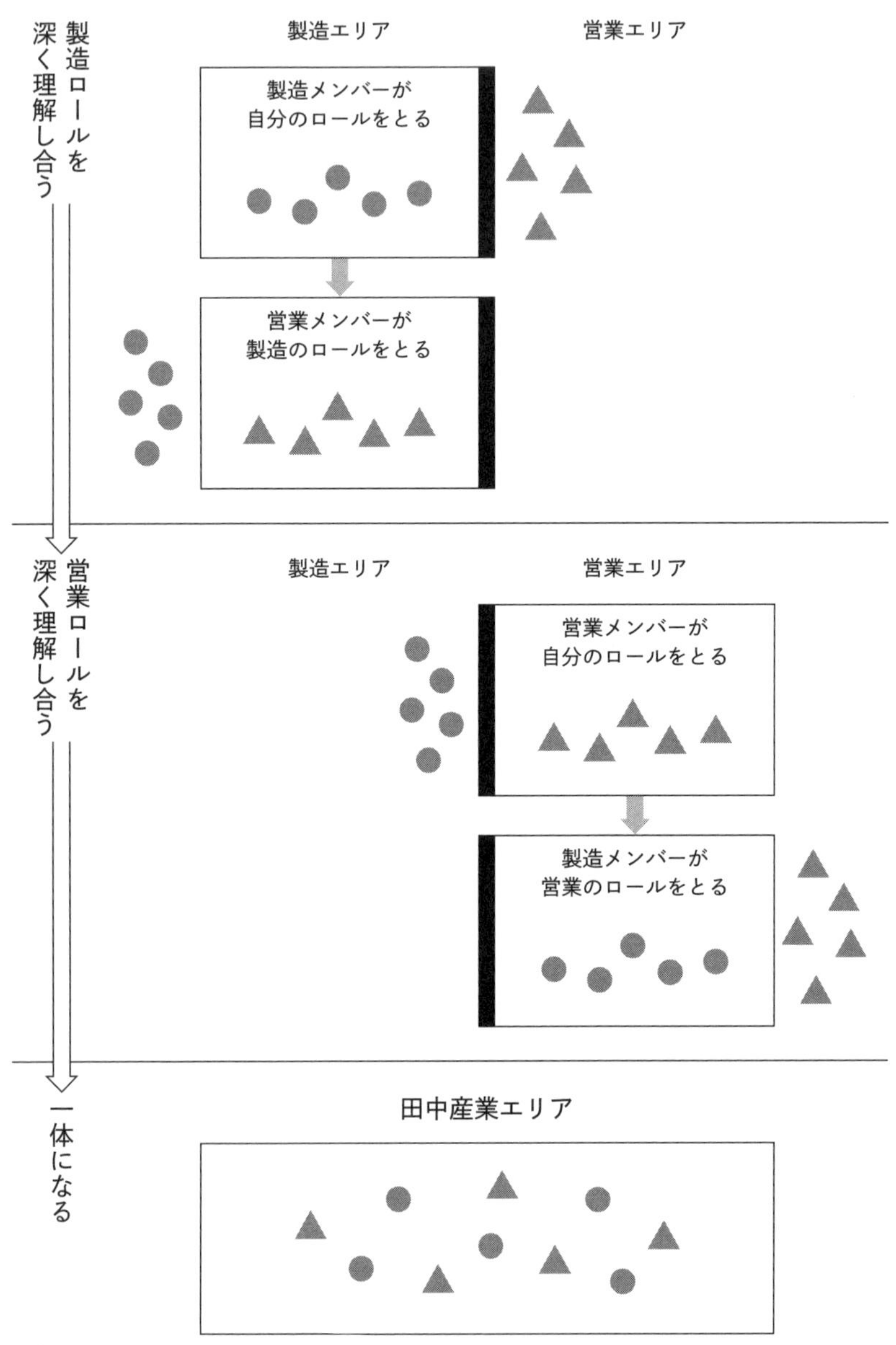

「製造部エリア」にいるメンバーに、**自分たちの置かれた状況を「プラス面」と「マイナス面」の両方**で語り合ってもらいます。

出てきた内容には、それを表す動作やポーズを添えてもらいましょう。支援者（コーチ、ファシリテーター）は、自らポーズをとって見せるなどをして、誘導します。

たとえば、次のような話題が出てくるかもしれません。

製造部メンバー　「不良品がゼロだった日は達成感があるよね」
支援者　「それって動作やポーズで表すとどうなりますか？」
製造部メンバー　「（万歳しながら）『やったー！』です」

あるいは、「マイナスの話題」としては、次のような話題が出てくるかもしれません。

製造部メンバー　「営業から顧客オーダーの差し替えが来ると、グチャグチャになるよね」
支援者　「それって動作やポーズで表すとどうなりますか？」
製造部メンバー　「（あちこち見まわしながら頭を抱えて）『わー。どうしよう！』です」

営業部に対する批判が出てくることは、歓迎します。

ここでは、批判を直接言うのではなくて、まずは営業部との関係性において何が起きるとどのように感じるのかについて、**いつも自分たちが感じていることを素直に出してもらいます。**

ステップ1-2
もう一方のロール（B）が、相手ロール（A）を深く味わう

続いて、それまでオブザーブしていたもう一方のロール（営業部メンバー）を誘います。製造部メンバーは、部屋の端に寄ってオブザーブします。

営業部メンバーには、「製造部ロール」をとってもらいます。

先ほど、ステップ1-1で製造部のメンバーが行っていたように、動作やジェスチャーを交えて、心のつぶやきを実際に声に出してもらいます。

たとえば、製造工程がうまくいった時の「（万歳しながら）やったー！」、急な工程変更を余儀なくされた際の「（あちこち見まわしながら頭を抱えて）わー。どうしよう！」などを、実際に行ってもらうのです。

このステップを通じて、営業部メンバーが製造部メンバーの状況を、深く理解できます。また、製造部メンバーの心の声に、自分たちの言動や態度がかかわっていたことも、自然と理解されることでしょう。

加えて、製造部メンバーは、このオブザーブを通じて、「営業メンバーは、自分たちのことを理解してくれた」と感じられるようになっていきます。

ステップ2−1
もう一方のロール（B）が、自分たちのロールを深く味わう

「製造部ロール」についての理解を深めたら、続いて「営業部ロール」についての理解を深めていきます。行うことは同じです。

ステップ1−1で行ったことを、営業メンバーに行ってもらい、製造部のメンバーにはその様子をオブザーブしてもらいます。詳しい進め方は、ステップ1−1と同じなので割愛します。

ステップ2−2
もう一方のロール（A）が、相手ロール（B）を深く味わう

ここもステップ1−2で行ったことを、「営業部」と「製造部」を逆転させて行います。

製造部メンバーが「営業部ロール」をとってみて、営業部がどのような状況に置かれているかを、深く理解していきます。

その様子を見て、営業部メンバーは「理解してもらえた」と感謝の気持ちを抱くようになるでしょう。

ステップ3　一体になる

いよいよ最後のステップです。部屋の真ん中を仕切っていたガムテープを撤去します。支援者は、こう宣言します。

支援者　「これからは営業部も製造部もありません。この部屋全体が、田中産業です」

支援者はさらに続けます。

支援者　「営業のポーズ、製造のポーズを交互にとってみましょう」
支援者　「そしてそれを融合させるとするとどんな動きになりますか？」
支援者　「他のメンバーの方の動きとコラボレーションしてみましょう」

その動きを十分に味わってもらったら、支援者はこのように働きかけます。

支援者　**「では動きを止めて、そばにいる方たちとディスカッションしてみましょう」**

支援者　**「田中産業をさらに素晴らしい会社にするために、どんなことができますか？」**

２つの部署から来たメンバーが混じり合い、新しい状況が生まれたこの部屋では、あちこちで営業と製造の協力関係のアイデアが沸騰し始めることでしょう。

劇的な変化が生まれる理由

この施策は、対立する組織間において劇的な変化を生じさせます。

どうしてここまでの変化を生むのか――**その秘密は、ジェスチャーやポーズをとり、心の叫びを実際に声に出すところ**にあります。

たとえば、急なオーダー変更が製造部に迷惑をかけることは、営業部のメンバーも知識としては当然知っています。しかし、**それは「頭でわかっているだけ」の状態。それでは、心の底から相手の都合を尊重しようという気持ちにはなれず、その気持ちは、行動にも表れてくる**ことでしょう。

しかし、製造プロセスがぐちゃぐちゃになった様子を想像しながら「わー。どうしよう！」と声を出しながら、実際に頭を抱えるポーズをとってみると、その深刻さが腹の底からわかるようになるのです。

心の底、腹の底から相手を理解できた時、それまで存在していた「対立」を、別の視点から眺められるようになるのです。

もし「気恥ずかしいから」と、ジェスチャー、ポーズ、心の叫びを思い切り声に出すことを割愛してしまうと、この施策の効果は、1割程度に留まってしまいます。

この部分が肝要であることに、くれぐれも留意してください。

対立の炎にとどまる大技「ワールドワーク」

対立を通じて深い相互理解をつくり出す

次に、**組織間の「対立」を扱ううえでの大技**である**「ワールドワーク」**をご紹介します（図5-6）。これはリスクと効果がいずれも最大のワークですので、行う場合は必ずプロセスワークに精通した組織開発コンサルタント（コーチ）にファシリテーションを依頼するようにしてください。

この手法は、プロセスワークの創設者であるアーノルド・ミンデルが、社会課題の解決に強い関心を持ったことをきっかけに、開発されたものです。社会課題とは、アメリカにおける黒人と白人の対立、アイルランドにおけるカトリックとプロテスタントの対立、西アジアにおけるイスラム教徒とユダヤ教徒との対立などです。

図5-6は、ミンデルが行った人種間の対立における「ワールドワーク」をまとめたも

のです。黒人と白人の怒りが交差するだけでなく、黒人同士でも意見の相違が起きたり、ファシリテーターであるミンデルへの攻撃が起きたりする様子が描かれています。文字通り、炎が燃え上がるような「対立」が起き、そこに参加者もファシリテーターも留まり続けています。

このような状況はコントロール不能のように思えますが、**訓練を受けたファシリテーターがその場を丁寧に扱うことで、起こるべきことが自然に起きるようになる**のです。最初には怒鳴り合っていた黒人と白人が、涙を流して互いにハグし合うような感動的結末が起きることも珍しくありません。

詳しくは、アーノルド・ミンデルの名著『対立の炎にとどまる』（松村憲・西田徹訳、英治出版）をご参照ください。

なお、ここでは人種間対立の例を挙げましたが、この手法は、そのままビジネス場面に持ち込むことができます。

黒人、白人、アジア人、アラブ人の混沌とした対立を、たとえばそのまま「開発部門」「製造部門」「営業部門」「アフターサービス部門」の対立に置き換えてみるとイメージがわくのではないでしょうか。

図5-6　ワールドワーク

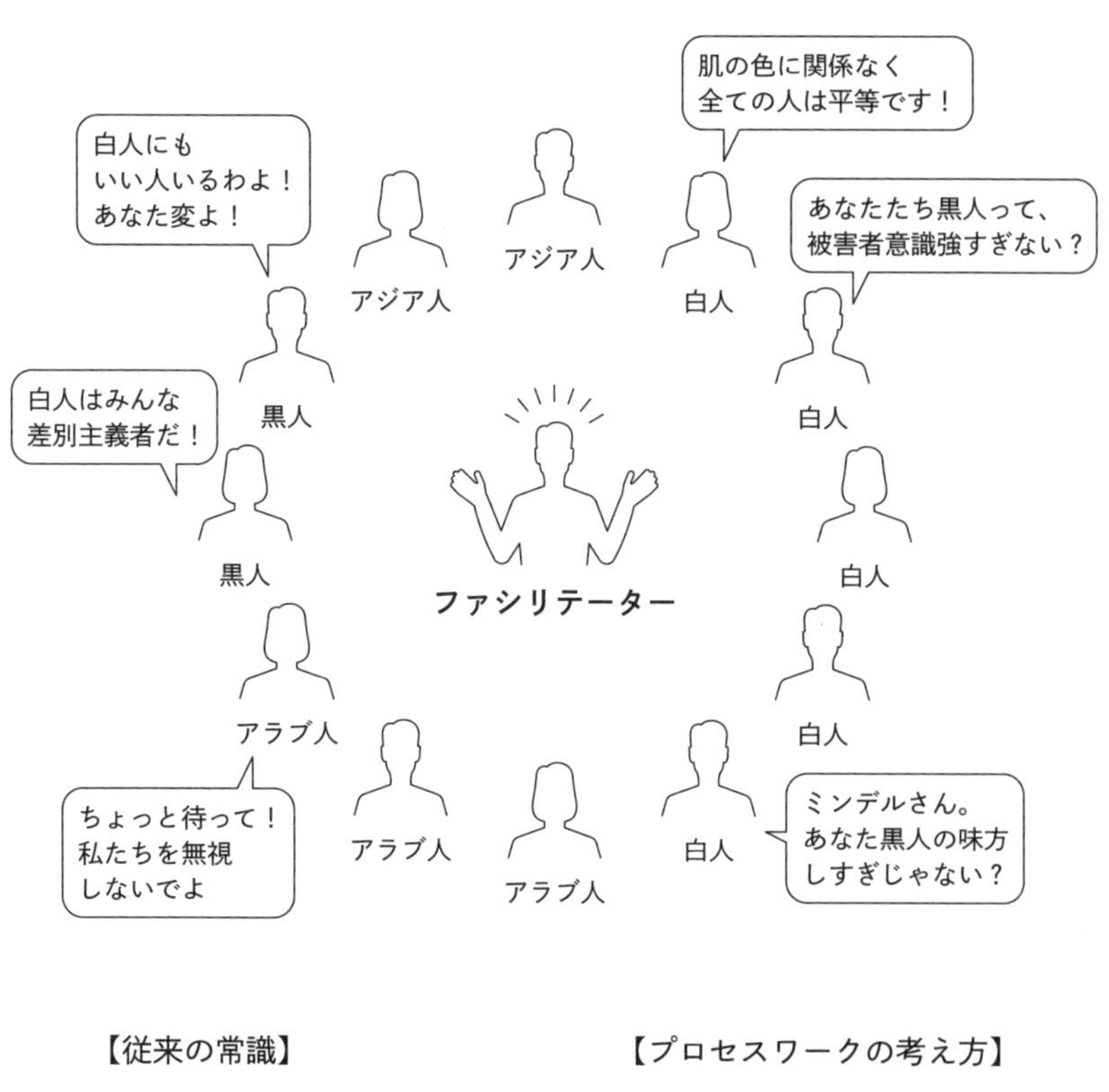

【従来の常識】		【プロセスワークの考え方】
混沌はコントロール不可能	⟺	Taoの流れに従えば、起こるべきことが自然に起きる
対立は悪	⟺	対立を通してのみ、真の相互理解が生じる
ファシリテーターは客観的な部外者	⟺	ファシリテーターも当事者

変化への「抵抗」を「力」に変える

変革が起きる条件「ベックハードの変革方程式」

次に組織を変えるため、すなわち変革を起こすための条件である**ベックハードの「変革方程式」**をご紹介します（図5-7）。リチャード・ベックハードは組織開発の大家であり、彼が提唱した変革方程式は欧米では有名なものです。ぜひこの機会に覚えて、使ってみてください。

方程式に登場する4つの変数の1つ**「R」**は**レジスタンス**の頭文字であり、**変革への抵抗**を表します。まさに**「対立」**と深くかかわる概念ですね。

留意点としては、この「数式」は、方程式として表されていますが、実際に何かの数字を掛け合わせて計算するわけではありません。抽象的概念の掛け合わせを示しているだけです。

図5-7　ベックハードの変革方程式

【方程式】

Beckhard Change Model (Equation)

$$D \times V \times F > R$$

D	V	F	R
現状に対する不満足≒危機感	変革へのビジョン	小さな第一歩	変革への抵抗

【R：変革への抵抗をつくり出す要因】

- 変革によって「価値ある何か」を失う不安
- 変革を主導する人たちへの信頼の欠如
- 変革後に必要となる知識が不十分だと感じている
- 変革に適応できない不安、変革によって居場所を失う不安
- 「提示されてる変革が組織にとって最良の手段ではない」と信じている
- 「変革を理解してコミットするには不十分な時間しか用意されていない」と感じている

では、中身を見ていきましょう。

不等号の左には**「D×V×F」**があります。DはDissatisfactionの頭文字であり、**「現状に対する不満足感」**です。自然な日本語としては**「危機感」**に近い概念です。

VはVisionの頭文字であり、**「変革へのビジョン」**、すなわち「変革が起きた結果にどんな素晴らしいことが起きるのかを、皆が描けているかを示します。

FはSmall First StepのFであり、**「小さな第一歩が踏み出せているか」**を示しています。

これらを掛け合わせたものが、不等号の右であるRすなわちResistance（変革への抵抗）よりも大きい場合に、変革が起きるとされています。

変革を主導するリーダーは、**D、V、Fを大きくし、Rを小さくする努力をする**ことになります。

しかし、図5-7の下部に示したように、変革への抵抗をつくり出す要因は様々なものがあり、いずれもその対処が一筋縄ではいかないものたちばかりです。

そこで役立つのが「ペイン・プレジャー・マトリクス」です。

抵抗勢力を味方につける設計図「ペイン・プレジャー・マトリクス」

組織を変革しようとした時に起きる対立には、様々なものがありますが、特に厄介なのは**「変革に反対してくる抵抗勢力」の存在**です。

彼らは、面と向かって反論してくる場合もあります。また、口では「わかりました」と答えつつも実際にはそれと反対の行動をとる「面従腹背」での抵抗を示す場合もあります。

こうした**抵抗勢力を味方につける**ことができたとしたら、変革の大きな後押しになるはずです。では、どのようにすればいいのか――そのヒントを与えてくれる設計図が**「ペイン・プレジャー・マトリクス」**です（図5−8）。

このマトリクスの左右は、**Pleasure（喜び）**と**Pain（痛み）**であり、上下は**「変わらない」**と**「変わる」**です。

必ずと言って良いほど起きる現象は、**「変革を仕掛ける側」**と**「変革を被る側」で見えている景色が違う**ことです。

「変革を仕掛ける側」にとっては、左上のチャンピオンベルトで表される**「変わる喜び」**と、右下の時限爆弾で表される**「変わらない痛み」**が大きく感じられます。

たとえばある企業の情報システム部長は、こんなことを語ってくれました。

「うちの現場では、膨大なデータ処理をエクセルで無理やりやっていて、分析結果が出るまでに10分間かかるなどと非効率なことをしているんです。今のままじゃダメですよね」

彼は、明らかに右下の時限爆弾、すなわち**「変わらない痛み」**を感じていました。そして「システムを開発すれば、作業時間を大幅に短縮できるし、各部署のデータが本部で一元管理できるようになる」という素晴らしい未来を描きました。左上のチャンピオンベルト、すなわち**「変わる喜び」**です。

しかし、**「変革を被る側」**には、違う景色が見えています。

右上のバンジージャンプで表される**「変わる痛み」**と、左下の昼寝するネコで表される**「変わらない喜び」**が大きく感じられます。

先ほど紹介した10分間かかるエクセルも、現場にとっては慣れた日常です。待っているあいだに別の作業をすれば良いので全く気になりません。**「変わらない喜び」**です。

「新しいシステムを使え」と、エンジニアに言われたとします。これは明らかに**「変わる痛み」**です。使い慣れたエクセルと違い、どのボタンをどう押せば何が起きるか、さっぱりわかりません。こんなシステムは、はっきり言って使いたくないでしょう。

このように、抵抗勢力は、既に誕生しているわけです。

図5-8　ペイン・プレジャー・マトリクス

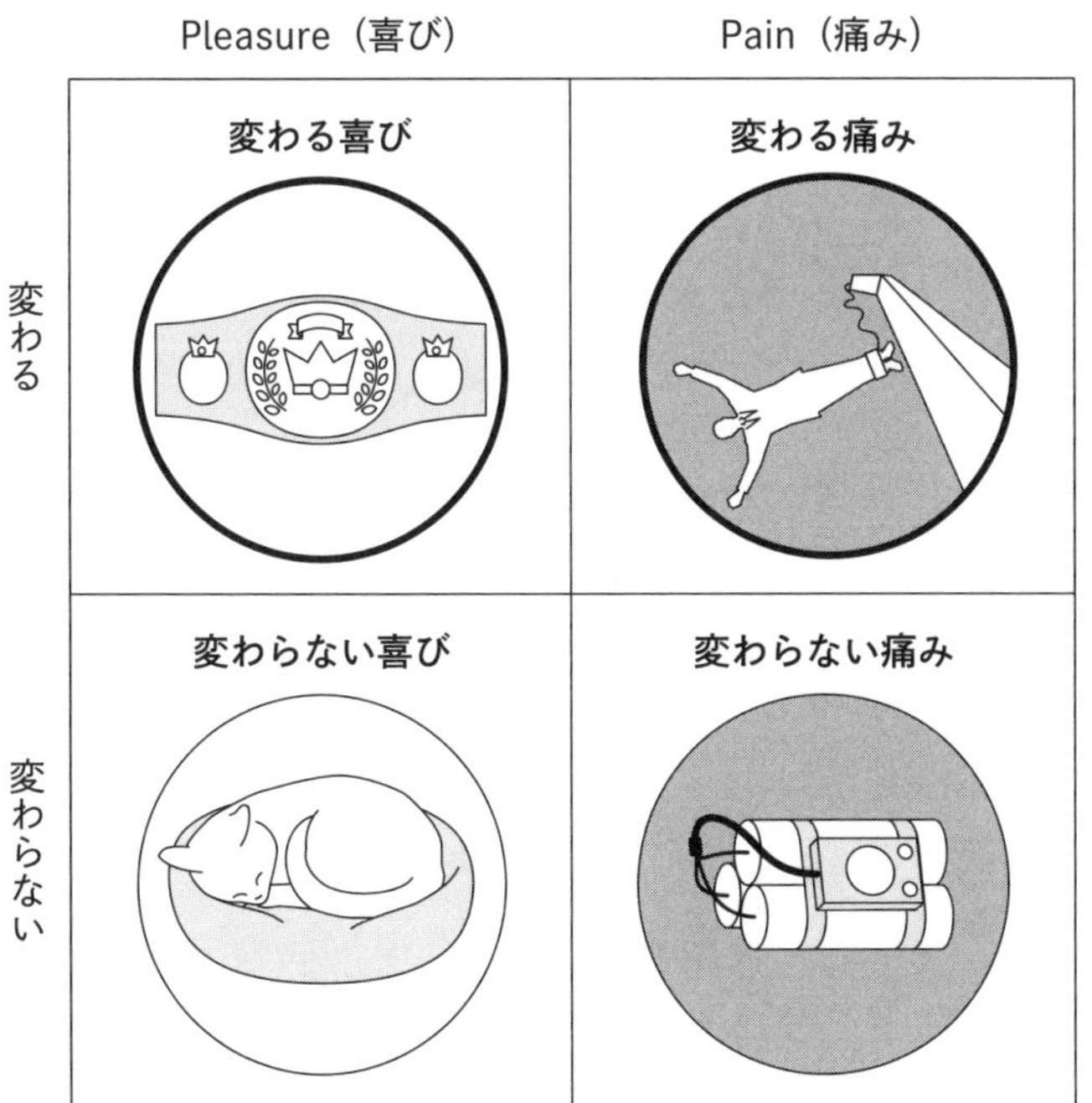

〈変化が起きるための条件〉

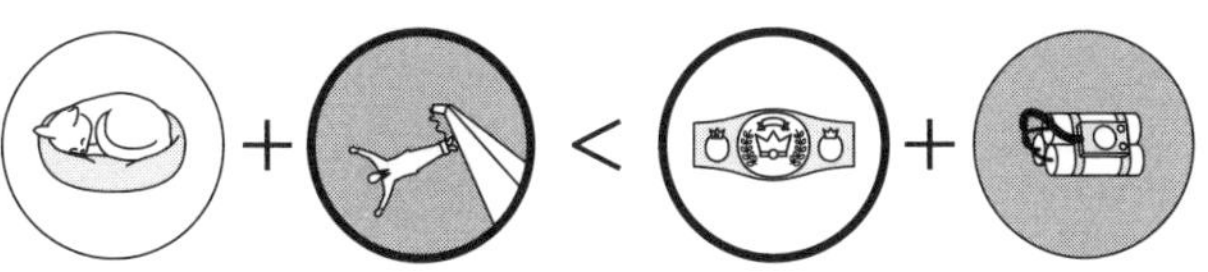

変革を仕掛ける側と、変革を被る側で
見えている景色が全く異なる

「抵抗勢力」を味方に変えるには？

ペイン・プレジャー・マトリクスを使いこなすポイントは、次の3つです。

1　変革を仕掛ける側と、変革を被る側では4つの象限の捉え方が大きく異なる

2　変革を起こすための設計図としては、変革を被る側の立場が重要

3　「変わらない喜び（昼寝ネコ）」＋「変わる痛み（バンジージャンプ）」＜「変わる喜び（チャンピオンベルト）」＋「変わらない痛み（時限爆弾）」の条件が整わないと変革が起きない

特に3つ目の条件が整えば、抵抗勢力を味方につけることができます。

変革がうまくいかない現場では、多くの場合「昼寝ネコ」と「バンジージャンプ」が大きく、「時限爆弾」と「チャンピオンベルト」は全くといって良いほど認知されていない状態となっています。

抵抗勢力を味方につけるためには、「変革を仕掛ける側」の思い込みを手放し、「変革を被る側」の気持ちをヒアリングすることが必要です。自分が持っている仮説（時限爆弾とチャンピオンベルトが大きいこと）を一旦忘れて、真摯に現場の皆さんの気持ちを聞かせてもらうのです。具体的には、次のように4つの象限を大きくしたり、小さくしたりするための施策を設計しましょう。

情報システムの導入を例に、具体的施策を挙げていきます。

①「変わらない喜び（昼寝ネコ）」を小さくする

例：個人のPCでの計算は中期的には禁止されることを伝える

②「変わらない痛み（時限爆弾）」を大きくする

例：個人PC上でエクセル計算を行うと、PCが故障したらデータが消えてしまうリスクがあることを伝える

③「変わる喜び（チャンピオンベルト）」を大きくする

例：情報処理効率化コンテストを開催し、優秀な成績を残した部署のメンバーには報奨金が出るようにする

④「変わる痛み（バンジージャンプ）」を小さくする

例：各部署に直接出向き、新システムの使い方を対面で伝える。実は簡単な操作で使えることを納得してもらう

第6章

「今、ここ」だけを抜け出し、正しい方向性を見出す施策

時間軸：「過去」へと広げる
企業の歴史からDNAを探る「年表ワーク」

「過去」から組織変革のヒントを探る

この章では、3章でご紹介した人の認知の限界（今、ここ）を抜け出して、広い視野、高い視座から自社の正しい方向性を導くための施策を紹介します。

最初にご紹介するのは、**時間軸を「過去」へと広げるための施策**です。**企業の歴史からそのＤＮＡを探る「年表ワーク」**（図6−1）に取り組みましょう。

ステップ0　事務局の事前準備

このワークを行う際には、事務局の準備が大切です。「模造紙」を準備し、既存の情報をもとに**「年表のたたき台」**を作成しておきましょう。

「たたき台」の出来が良ければ、それが参加者にとっての「呼び水」となり、さらなる情報が追加され、活発な議論が行われていきます。

事前に調べて「年表のたたき台」に記載しておきたいのは、次の3つの事柄です。

①外部環境

創業から現在までの世の中の主要な出来事を調べ、あらかじめ模造紙の一番上に記します（**外部環境**）。創業1980年の会社であれば、創業から現在までの約45年間の年表となりますし、もっと古い企業であれば、初期のころは5年刻みにしても良いでしょう。いくつかの年の主要な出来事を以下に例示します。

○記載内容例（**外部環境**）

1980年：ルービックキューブの流行。漫才ブーム
1985年：つくば万博。日航機墜落事故
1990年：湾岸戦争。ドイツ統一
1995年：阪神大震災。地下鉄サリン事件
2000年：西鉄バス乗っ取り。プーチン大統領誕生
2005年：JR福知山線脱線事故

2010年：日本航空が経営破綻
2015年：ISが邦人人質殺害
2020年：新型コロナウイルス感染症の感染拡大

これを目にした参加者は、「1985年って、つくば万博があった年なんだ。当時は関西に住んでいたけれど、つくばまで行ったよな」といった具合に、自分事として過去を振り返る準備が整います。また、時には「日本航空の経営破綻は、2010年かぁ。当時、JALの株を持ってたけど、紙切れになったんですよ」「えーっ！　そうなんですか？」「うちの家族もそうなんです」などといった参加者同士の会話が起きて、良いアイスブレイクになることもあります。

②数値データ

それぞれの年の「売上」「利益」「従業員数」などの**基本的な数値データ**も、あらかじめ記載しておきます。

数字は簡潔な情報ですが、参加者に強い影響力を与えます。たとえば次のような感想が出るかもしれません。

「この3年間で売上が3倍になっている。商品Xのヒットはすごい出来事なん

図6-1　過去に視野を広げる「年表ワーク」

- 事前準備：事務局が外部環境、内部環境、数値データなどの年表の土台を作成
- ワークショップ参加メンバー各自が、客観的事実を追加する
  →外部環境５枚／内部環境５枚
- ワークショップ参加メンバーの個人的体験を追加する
  →ハイポイント１枚／ローポイント１枚
- 数値データと内部環境への「人気投票」を丸いシールで行う

外部環境

	…	19@@	19@@	19@@	1990	199@	199@	2000	200@	200@	201@	201@	202@	2022
売上	…													
利益	…													
従業員	…													

内部環境

個人的体験

- 「そもそも我々は誰なのか」「そしてどのように変化していくのか」をメンバーで話し合う
- 社内の人通りの多い場所に貼り、ベテランと若手の対話を促進

だ！」

「この年は〇億円の赤字か……この危機を乗り越えてくれたおかげで今があるんだよな」

「30年前は、従業員数は10名程度だったんだ。今の1000名は当たり前じゃないんだな」

③内部環境

この場所には**「定性的な重要情報」**を記載します。プラスの出来事、マイナスの出来事の両方を扱います。たとえば次のようなものです。

・ニューヨーク支店開設
・広島工場閉鎖
・新商品「ステップ」がヒット
・米国ベンチャー「デジタル・ドルフィン社」買収
・創業社長　前田和夫氏　死去
・赤字対策で銀座本社を売却
・歴史上、初の女性社長が誕生
・電子部品事業から撤退（事業売却）

ステップ1　参加者による「外部環境」「内部環境」の追加

ここからは、いよいよ参加者の出番となります。一人ひとりが「12枚の付箋紙」を手にとります（大きめのものにします）。4種類の色を使い、それぞれ**5枚（外部環境）**、**5枚（内部環境）**、**1枚（ハイポイント）**、**1枚（ローポイント）**と分類しましょう。

事務局のたたき台に加えて、各々「外部環境」と「内部環境」を記入して、5枚ずつ模造紙に貼ります。

各自にとって重要な出来事は異なります。よって何が追加されるかは、参加メンバー次第です。たとえば、次のような出来事が追加されるかもしれません。

○外部環境　追加例

1988年：SMAP結成

2003年：曙対ボブ・サップ戦

内部環境に関しても、同様です。会社全体として重要性が低くても、その人にとっては大切な出来事があるはずです。**参加者にとって大切な「内部情報」を追加**してもらいます。

たとえば、次のようなものが出てくるかもしれません。

○内部環境　追加例

２０１５年：Ｚ事業が子会社として分社化される

２０１９年：Ｒ＆Ｄのトップとして、Ｘ電子の元研究所長がスカウトされる

ステップ２　参加者の「主観情報（個人的体験）」の追加

残り２枚のポストイットには、**個人的体験**を書いてもらいます。**「素晴らしい体験（ハイポイント）」**と**「残念だった体験（ローポイント）」**を、それぞれ１枚ずつ書いて模造紙に貼ります。

たとえば次のようなものが出てくるかもしれません。

○ハイポイント例

・新人ＭＶＰとして表彰される

・△△自動車から５０００万円の新規受注

・自分のアイデアが商品Ｗに採用される

○ローポイント例

・営業配属から初受注までに２カ月かかり、それまで「針のむしろ」のようだった

・お世話になった先輩Cさんの退職
・方針転換によって、自分のいた部署が別の部署に吸収されてなくなってしまった

この「個人的体験」の追加は、とても大切なプロセスです。

「年表ワーク」は、企業を客観的に分析するものではありません。**内部にいる当事者として、企業の歴史の中に存在する自分を味わうために行う**ものです。**個人的体験を表に出すことは「内発的動機」につながり、自分たちで会社の未来を創造していく推進力になっていく**のです。

ステップ3　社内の事実情報（「数値データ」「内部環境」）に対する投票

次に、参加者に直径1～2センチ程度の丸いシールを、5枚ずつ配ります（数は、参加者数に応じて調整可能です）。そして、**参加者各自が「これは重要だ」と感じる「数値データ」「内部環境」に投票**していきます。

なお、必ずしも「良い出来事」だけに限定しないよう促します。「A工場閉鎖」に強いインパクトを感じる人は、そこにシールを貼ってもらいます。

投票の結果、多くのシールが集まったものとそうでないものの違いが、明らかになります。

このようなプロセスを通じて、**「一般論としての企業史分析」**だけではなくて、**「ここにいるメンバーにとって何が重要なのか」を明らかにすることで、チームとしての主体性を育んでいきます。**このプロセスも、非常に大切なものとなります。

ステップ4　年表を眺めてのディスカッション

ここからは、参加者同士でのディスカッションを行っていきます。まずは少人数でのディスカッションを行い、その後、全員での話し合いへと移っていきましょう。

たとえば、参加者が20名いる場合は、最初は4人ずつのグループに分かれます。その後、そこで話した内容を全体の場で発表してもらう方法がおすすめです。

ここで話し合って欲しいのは、次のテーマです。

- **できあがった年表を眺めて感じること**
- **年表をしっかり見たうえで「そもそも、自分たちは誰なのか。私たちのDNAはどこにあるのか?」「私たちは、これからどのように変化していくのか」**

このように、徐々に話し合いを深めていけるよう、ファシリテーターは問いを準備しておきましょう。

ステップ5　ワークショップ終了後の活用

できあがった年表を、参加者だけで留めてしまうのはもったいないことです。社内の人通りの多い場所に設置し、通りがかった人にどんどん加筆してもらうことをおすすめします。

これが、社内のコミュニケーション活性化につながるかもしれません。しかも**「今、ここ」に留まらないコミュニケーションに発展していく可能性があります**。

たとえば、ベテラン社員が「商品Gの開発」と書いたとします。もし、その場に若手社員が居合わせたとしたら、そこから「商品Gってどんなものですか？　どんな経緯で開発されたんですか？」など、世代間を超えた会話につながるかもしれません。

また、事務局が、この年表を持って、全国の支店をまわるという取り組みをした企業もありました。さまざまな形での活用法を考え、実践してください。

時間軸：「過去」へと広げるキーパーソン・インタビュー①

キーパーソン・インタビューで組織の関係性の起源を紐解く

キーパーソンたちへのインタビューは、やり方によっては過去に遡り、その組織の持つDNAを紐解くきっかけになります。

まずは**「組織の関係性」を紐解くキーパーソン・インタビュー**の進め方を紹介します（図6－2）。

ここでのキーパーソンは、組織の創業にかかわった「社長」と「副社長」や、事業創出の立役者である「事業部長」と「事業部長の補佐」などが対象となります。そして、インタビューの様子を、社員や事業部メンバーがオブザーブしていきます。

ここでのポイントは、「インタビュー」という言葉の意味です。

通常のインタビューでは、インタビュアー（質問者）が何かを知りたいがためにインタビ

図6-2　過去：キーパーソンたちへの関係性歴史インタビュー

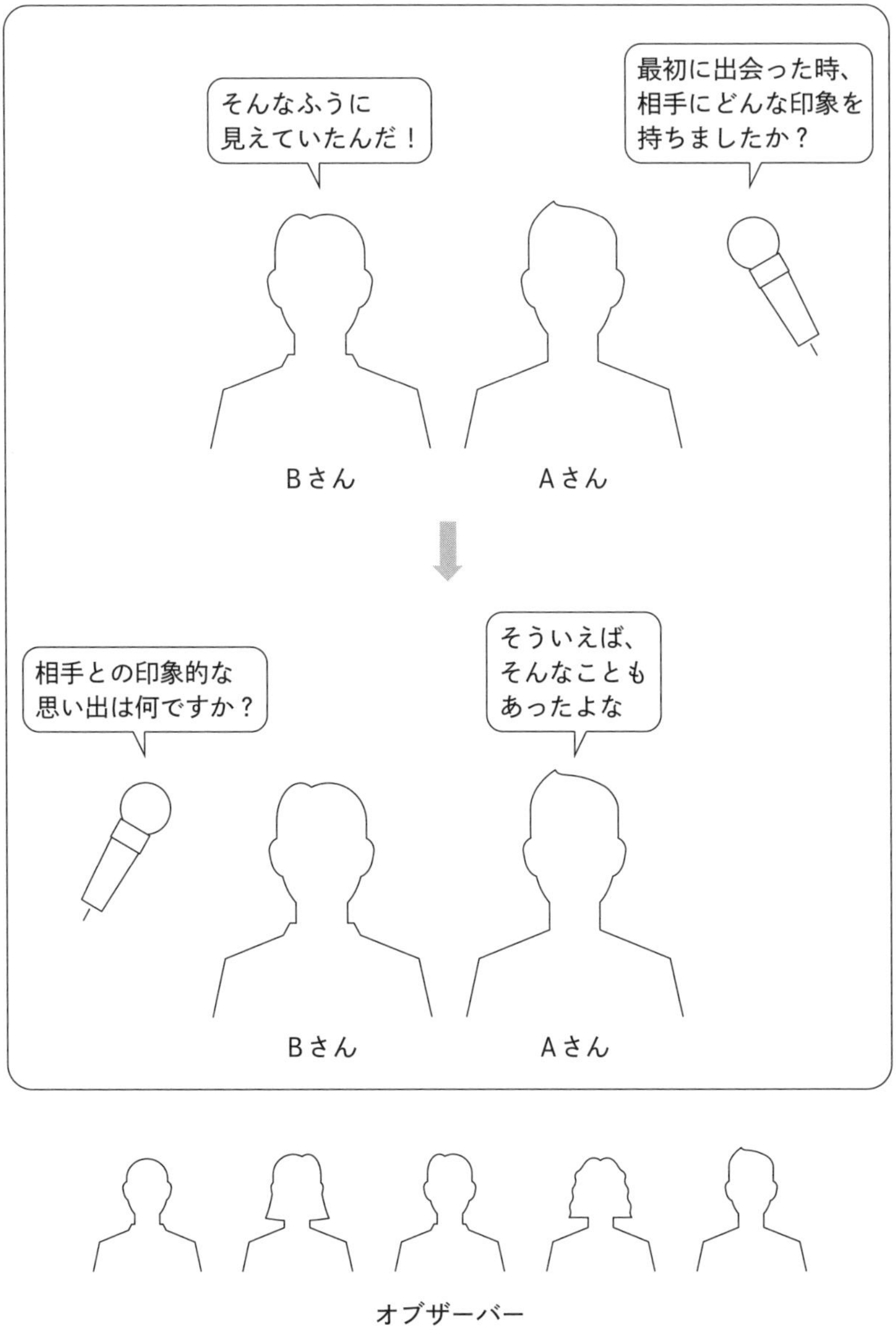

最初に出会った時、
相手にどんな印象を
持ちましたか？

そんなふうに
見えていたんだ！

Bさん

Aさん

相手との印象的な
思い出は何ですか？

そういえば、
そんなことも
あったよな

Bさん

Aさん

オブザーバー

ユーイー（回答者）に質問をして、答えてもらいます。

しかし、この施策は、別の目的を持っています。たとえば、「社長の回答」に耳を傾けて欲しいのは「副社長」です。「出会った当初は、社長からそんなふうに見えていたんだ」等と、副社長に気づいてもらうことが、目的です。

そのため**「関係性の起源」に遡ったインタビュー**を行えるよう、質問を工夫していきます。

また、オブザーバーたちにも二人の話に関心を持ってもらえるよう働きかけます。

ステップ1
一方にインタビューをする

たとえば、創業者である社長（Aさん）と副社長（Bさん）の二人がインタビューを受けるのを、社員たちがオブザーブしているという場面を想定して、手順を解説していきます。

誰かがファシリテーターとして「インタビュー役」を担当します。

まず、社長のAさんにファシリテーター（以下「ファシ」）がインタビューをします。

ファシ　**「最初に出会った時、Bさんにどんな印象を持ちましたか？」**

Ａさん　「やたら頑固な人でしたが、頑固すぎるところが逆に魅力だなと思いました」

Ｂさんは、その答えをすぐ横で聞いている状態です。

Ｂさんは黙っていても良いですし、思わず言葉が出てきそうな時は、我慢しないで話してもらってもいいでしょう。

たとえば、こんな感じです。

Ｂさん　「私ってそんなに頑固に見えたんですか!?」

Ａさん　「とっくにその印象はなくなったけどね（笑）」

周囲を取り巻くオブザーバーは、この場面では「発言しない」のがルールです。

集中して話に耳を傾けることで、この会社や事業が誕生した場面に思いを馳せていきます。

まずは、次のような質問を投げかけていきます。

○インタビュー項目例

・お二人は、どんなきっかけで、どのように出会いましたか？

・最初に出会った時、相手にどんな印象を持ちましたか？
・出会った当初の印象的な思い出や出来事は？
・相手との協力関係は、どのようにして生まれましたか？
・当時を振り返って、相手に感謝していることは何ですか？
・この組み合わせ（関係性）なら、どんなことが可能になると感じましたか？

ステップ2　もう一方に、同じ質問を投げかける

一通りAさんへのインタビューが終わったら、次は同じ質問をBさんに投げかけます。

Aさんに聞いた「どんなきっかけで出会ったか」等は、既にAさんに聞いているので不要のように思えますが、Bさんにもくり返し聞いていきます。

すると、次のような答えが返ってくることも珍しくないです。

Bさん「さきほどAさんが二人の出会いのきっかけを話されましたが、実はその半年前に業界の展示会でAさんにお目にかかってご挨拶しているんですよ」

Aさん「そうだったの？　それははじめて聞いたよ」

このように、相手に抱いた印象や記憶は、それぞれ異なります。そのため、同じ質問について、Bさんにも丁寧に聞いていきます。

人間は、過去の出来事を忘れる生き物です。困ったことに、私たちはそれに気づかずに「覚えている」つもりでいるのです。

多くの場合、組織のキーパーソンたちが出会った頃の**「生き生きとしたエネルギー」**は埋もれてしまっています。このインタビューを通じて、蘇らせることができれば、それを組織が未来へと進む原動力としていくことが可能となるのです。

番外編　キーパーソンが既にできあがったチームに参加した場合

ここまでは「創業からのキーパーソン」の二人を例に考えてきましたが、既にできあがった組織に、新たにキーパーソンが参加するケースもあります。

その場合は、次のような項目について聞いていくことをおすすめします。

〇質問項目例

- **あなたがこのチームに参加することになったきっかけは？**
- **チームに参加してすぐの頃に、印象に残っている体験は？**

- あなたが「このチームは素晴らしい」と最初に思ったのはどんなところでしたか？
- 何があなたをワクワクさせましたか？
- このチームには、どんな個性があるでしょうか？
- あなたはこのチームに何を持ち込みましたか？
- あなたはこのチームから何を得ましたか？
- このチームなら、これからどんなことが実現可能だと感じましたか？

こうしたインタビューを通じて、キーパーソン同士、あるいはチームと個人の関係性の起源を紐解き、それをオブザーバーである多くのメンバーに伝えることが可能になります。

それは、組織を変革し、未来へと推進する力になるものです。

時間軸：「過去」へと広げるキーパーソン・インタビュー②

リーダーの価値観の原点を探る「過去史インタビュー」

「組織のリーダーがどのような価値観を持っているのか」は、その組織のかじ取りに大きな影響を与えます。しかし、それが周囲に理解されている例は多くありません。

さらに言うと、リーダー本人でさえ、自分の心の奥深くに眠っている「価値観」や「信念」に気づいていないというケースも多く目にします。

そんな時に有効なのが、**リーダーへの「過去史インタビュー」**です（図6-3）。

この施策は、リーダーである**「当事者」**と、質問する**「インタビュアー」**、そしてその様子を見ている**「オブザーバー」**で構成されます。

ステップ1　最初の質問を投げかける

インタビュアーはこう投げかけます。

「あなたの今の行動・思考のパターン、価値観の形成に影響を与えた（ターニングポイントとなるような）経験、出来事、人物、環境等について話をしてください」

この問いについて「**3つの時期**」に分けて順番にインタビューをしていきます。

①幼少期〜小学生頃

まずは幼少期〜小学生頃の体験を聞きます。「プラス体験」「マイナス体験」どちらでもかまいません。

たとえば、次のような回答が返ってくるかもしれません。

「おばあちゃんっ子でした。とてもかわいがられて育ったので『周りの人たちはみんな親切だ』『この世界は僕を全面的に受け入れてくれる』という楽天的な性格が育まれたかもしれません」

「とても仲良かった友だちがいたのに、父の転勤で離れ離れになってしまったの

図6-3　過去：リーダーへの過去史インタビュー

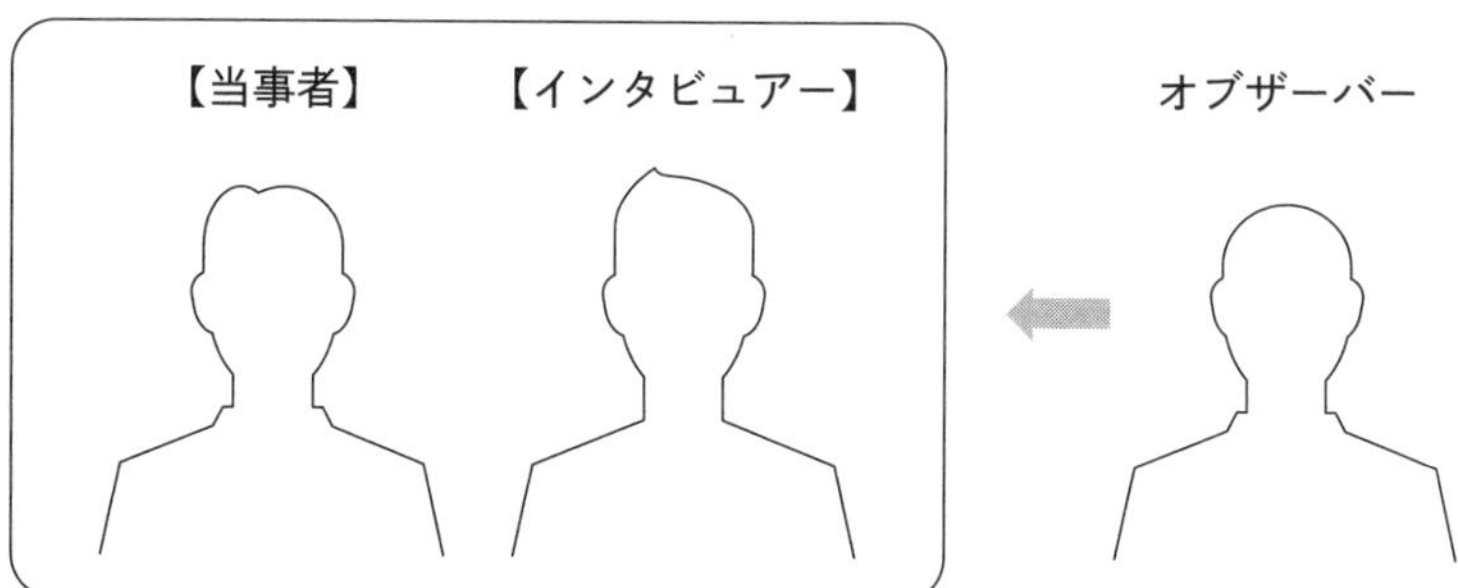

【インタビュー】

「あなたの今の行動・思考のパターンや価値観の形成に影響を与えた（ターニングポイントとなるような）経験、出来事、人物、環境等について話をしてください。」

＊以下の３つの時期それぞれについて聞いていく

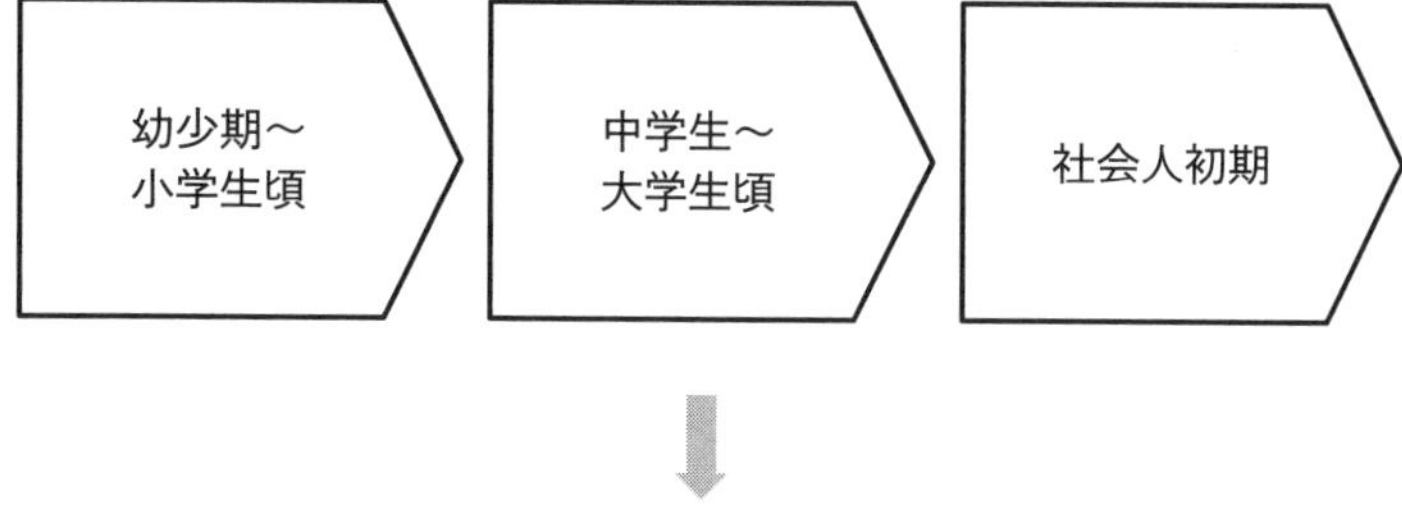

【振り返り】

インタビュー結果をもとに、過去の出来事が、今の本人にどのような影響を与えたかを、三者で話し合って推察してみましょう。そこから形成されたであろう思考のパターン（信念・価値観・動機）、行動のパターン、習慣は？

が悲しかったことを覚えています。『人生には自分の思い通りにならないことが起きるのだ』と、子どもながらに感じました」

「いちばん古い記憶は、親戚が沢山集まっている時のことです。私は、なぜか突然ステージのような場所に上がって歌い出したのです。大うけでした。人が喜んでくれると嬉しいなと感じました」

②中学生～大学生頃

次に中学生～大学生頃の体験を聞きます。たとえば、次のような回答があるかもしれません。

「野球は下手なのですが、サッカーのゴールキーパーが向いていたみたいで名キーパーとして皆に褒めてもらいました。相手のフォワードと1対1になってもゴールを守り切った経験が何度もあって、その時の緊迫感と全能感は今も覚えています」

「12歳の時にガンで母を亡くしました。とても悲しかったのですが、いつかガンにかかった人を助けるような職業に就きたいと決意しました」

「私はどんなスポーツでも器用にこなしていたのですが、バスケットボールだけはそうはいきませんでした。そのせいか、逆にはまってしまい、毎日何時間も練習をしました。その結果、レギュラーの座を得て、地区大会で優勝することもできました。その経験から『努力する醍醐味』を知ったように思います」

③社会人初期

次に社会人初期の体験を聞きます。たとえば、次のような回答があるかもしれません。

「仕事の成果が出ずに苦しい時期が続きました。でもその逆境をいったん超えると、『目標があるから過程が楽しい。クリアしていくのが楽しい』と思えるようになりました」

「必死で営業活動しても全く業績につながらない苦しい時期が1年続きました。ところが、翌年になってから、続々と受注。がんばりと成果にはタイムラグがあることを学びました。すぐに成果があがらないからといって努力を止めてはいけないことが身に沁みました」

「たくさんの失敗しました。でもそのおかげで成長できて、今の自分があると思います」

ちなみにこのワークでは、「社会人初期」以降から現在に至るまでの出来事は、あえて聞きません。**この3つの時期こそが、その人の骨太な価値観が形成されるタイミングだか**

らです。単に「出来事」を聞くのでなくて、**価値観が形成された時期に絞ってインタビューを行っていく**のがポイントです。

ステップ2　振り返りのディスカッション

一通りのインタビューが終わったら、振り返りのディスカッションへと移っていきましょう。

インタビューを受けたリーダー（当事者）、インタビュアー、そしてオブザーバーも混ざって、**「これらの経験を通じて、どのような価値観や信念が形成されたのか」**を話し合います。

なお、ここまでの回答例は、本人がある程度価値観・信念に踏み込んだ発言を挙げていますが、実際は、単なる出来事について話されて、そこにどんな価値観・信念があるのか、すぐには解釈・判断できないケースもあります。

たとえば「お父さんが雷親父で怖かった」といったエピソードが語られた場合**「それをどう思ったのか」「どう乗り越えたのか」**などの追加質問をすることで、**リーダーの氷山の水面下の部分が、どのように形成されていったのかのヒントを得ることができます。**

また、同じエピソードを聞いても、「努力は報われるということですね」と解釈する人がいる一方で「勝利すること自体が大切なのですね」と解釈する人もいます。

このように、**様々な角度からリーダーの「らしさ」を探究するディスカッションは、とても有意義なものとなる**でしょう。

インタビューを通じて、リーダー本人も気づいていなかった「その人らしさ」が意識されるようになるかもしれません。すると、**リーダー行動が活性化され、その方が統率する組織は、自ずと変わり始めます**。

また、組織のメンバーが、リーダーの内面を理解していることは、**リーダーとメンバーの関係性強化**につながります。また、**組織の「意思決定」の際に重要視している「価値観」やマネジメントにおける「こだわり」がわかると、メンバーは仕事が進めやすくなる**はずです。

さらには、違う価値観が求められたり、こだわりを捨てることが必要な場面で、反対意見が出しやすくなるでしょう。

「過去」を振り返る施策の価値

ここまで3つの施策をご紹介してきましたが、いずれも「過去」へと時間軸を広げる取り組みでした。

なぜ「過去」へと視野を広げる必要があるのか、その本質を確認しておきます（図6−4）。

安定した時代の未来の創り方としては、「過去」を振り返り、氷山の水面上に表れたもの（行動とその結果）を連続的につなげることで「未来」を創造することができます。

危機が訪れるまでのＩＢＭは、まさにそのようにして「過去」を振り返り「ダークスーツと白シャツを着る」という「過去」の行動をそのまま継続し続けたわけです。

そのやり方が、通用した時代もありました。

しかし、現在は、著しく変化の激しい時代です。かつてとは似て非なる態度で「過去」を振り返る必要があります。

それは、**氷山の水面下を探求し、「個人」と「組織」の内面（信念、価値観、動機、組織文化等）を連続的につなげ、そして「現在」の外部環境に適合した、具体的な「未来」の取り組みへと落とし込む**必要があるのです。

これは、**過去からの継続ではなく、過去からの創造**です。

ＩＢＭで行われた「ガースナーの白シャツ禁止令」（１６８ページ）を思い出してください。

彼はジョージ・ワトソンJrの時代に遡り、「ダークスーツと白シャツを着る」という行動の水面下には**「顧客と同じ服装をし、顧客満足を追求する」**という価値観・信念が、古き良きＩＢＭにあったことを見出しました。

図6-4　過去から「未来」を創造する

【安定した時代の未来の創り方】

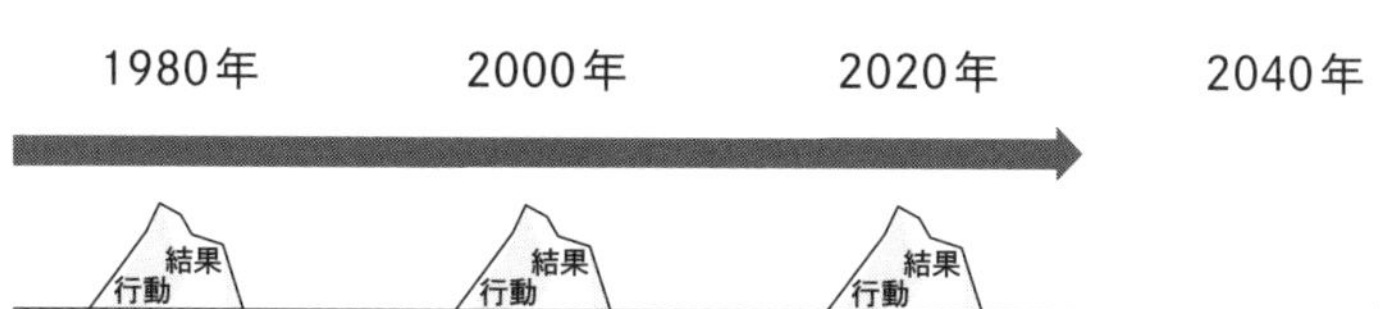

●氷山モデルの水面より上の部分（行動とその結果）の過去を振り返り、連続性のある未来を創造する

【VUCAの時代の未来の創り方】

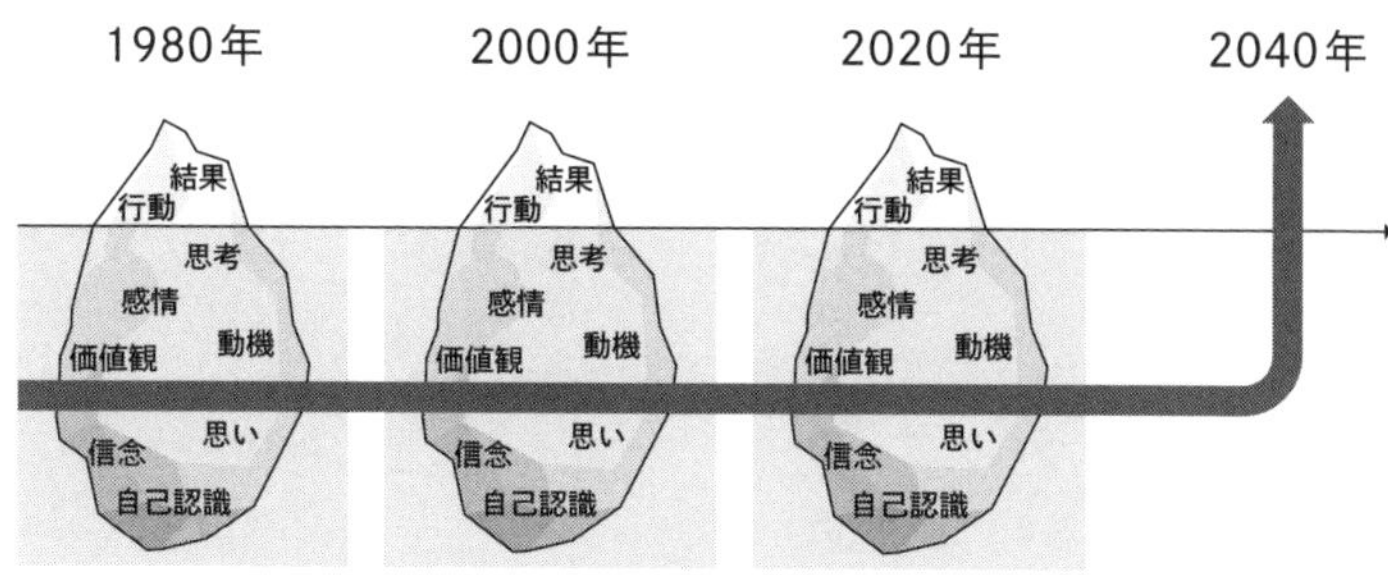

●個人と組織の内面（信念、価値観、動機、組織文化等）の過去を振り返り、その連続性を保ったまま水面上に浮上して未来を創造する

その価値観を現在に持ち込むと、もはや顧客はダークスーツと白シャツを着ていないという事実が見えてきます。それが「白シャツ禁止令」という有名な施策につながったわけです。

別の事例を考えてみます。

Aさん　「1980年代、当社の最初の海外進出はアメリカだったよね。これがわが社のDNAだ。だから次の海外工場も、やっぱりアメリカにつくるべきだよ！」

これは、安定した時代の発想で、今は逆効果となる場合がほとんどです。過去から創造をしたいのであれば、氷山の水面下の部分に対する質問をするべきでしょう。

「最初の海外進出がアメリカだったのは、どんな価値観から来たのでしょうか？」

すると、異なった景色が見えてくるはずです。

Aさん　「たぶん一番大きな市場で、大きな勝負をしたかったからではないでしょうか」

この答えが返ってきたら、次の質問も見えてきますね。

「では、今、一番大きな市場はどこですか。大きな勝負は、どの場所でなら行えますか？」

このように、**過去からの連続性（組織にとってのDNA、価値観、願い）に基づき、その連続性の上にありながらも、今の時代の現実に適応する方法を考えることこそが、混沌とした時代の未来の創り方**なのです。

時間軸：「未来」へと広げる
未来についてのワールドカフェ

ワールドカフェで、未来についてのブレーキを外す

次に未来を探求するワークを2つご紹介します。

まずは、**「未来」をテーマにしたワールドカフェ**です（図6−5）。

「ワールドカフェ」自体はよく知られた手法です。そのため、詳しい進め方は、他の書籍やWebサイトなどを参照してください。

大まかに言うと、テーブルに座ったメンバーを数十分で構成される「ラウンド」ごとにシャッフルし、3ラウンド程度の対話を行うものです。皆が、カフェでリラックスしながら話すような雰囲気で行うという意味合いを込めて「ワールドカフェ」と名づけられています。

通常の組織開発では、以下のような問いを各ラウンドのテーマにしています。

図6-5　未来：未来テーマのワールドカフェ

ラウンド１：30年後の日本（世界）はどうなっているか？

ラウンド２：30年後のわが社はどうなっているか？

ラウンド３：上記を見据えて、今から取り組むべきことは何か？

○通常のワールドカフェのテーマ例
ラウンド1：自分たちの組織の良いところは何か？
ラウンド2：自分たちの組織の残念なところは何か？
ラウンド3：自分たちの組織が良くなるために何から始めると良いか？

「未来」についてのワールドカフェのテーマ

一方、未来を探求する目的で行うワールドカフェでは、以下のラウンド構成がおすすめです。

○「未来」についてのワールドカフェのテーマ例
ラウンド1：30年後の日本（世界）はどうなっているか？
ラウンド2：30年後のわが社はどうなっているか？
ラウンド3：上記を見据えて、今から取り組むべきことは何か？

私たちは神様ではありません。なので、ラウンド1とラウンド2で、未来を正確に言い当てられるわけではありません。

とはいえ、**そこで出てきた「既存の枠を超えた発想」をラウンド3に持ち込む**ことが、

ここでのポイントなのです。それによって、筋の良い打ち手が生まれることがあるのです。

たとえば、次のような議論が生まれたことがありました。参考までにご覧ください。

〇出てきたアイデア例

ラウンド1：30年後には、平均寿命が120歳になっているのでは？

ラウンド2：30年後のわが社では20歳から90歳までの多様な年齢の人たちが働いている

ラウンド3：様々な年齢帯（20歳〜70歳）の従業員で構成されるフラットなチームを、試行してはどうだろうか

時間軸：「未来」へと広げる「未来」からのバックキャスト・コーチング

「未来」から「現実」をつくる

未来をテーマにした施策の2つ目は、**「未来からのバックキャスト・コーチング」**です（図6―6）。

組織のリーダーやキーパーソンは、理想の未来を描いてくれます。そしていずれは、理想の未来をあきらめます……身も蓋もない表現をしましたが、皆さんの組織にも起きていることではないでしょうか。

実際のところ理想の未来に向けて、どんな障害があろうともブルドーザーのように進んでいくリーダーに会うことは、多くありません。**「理想はあるが、あきらめてしまう」。優秀なリーダーであっても、そうなってしまうのです。**

では、どうすればよいか。

図6-6　「未来」からのバックキャスト・コーチング

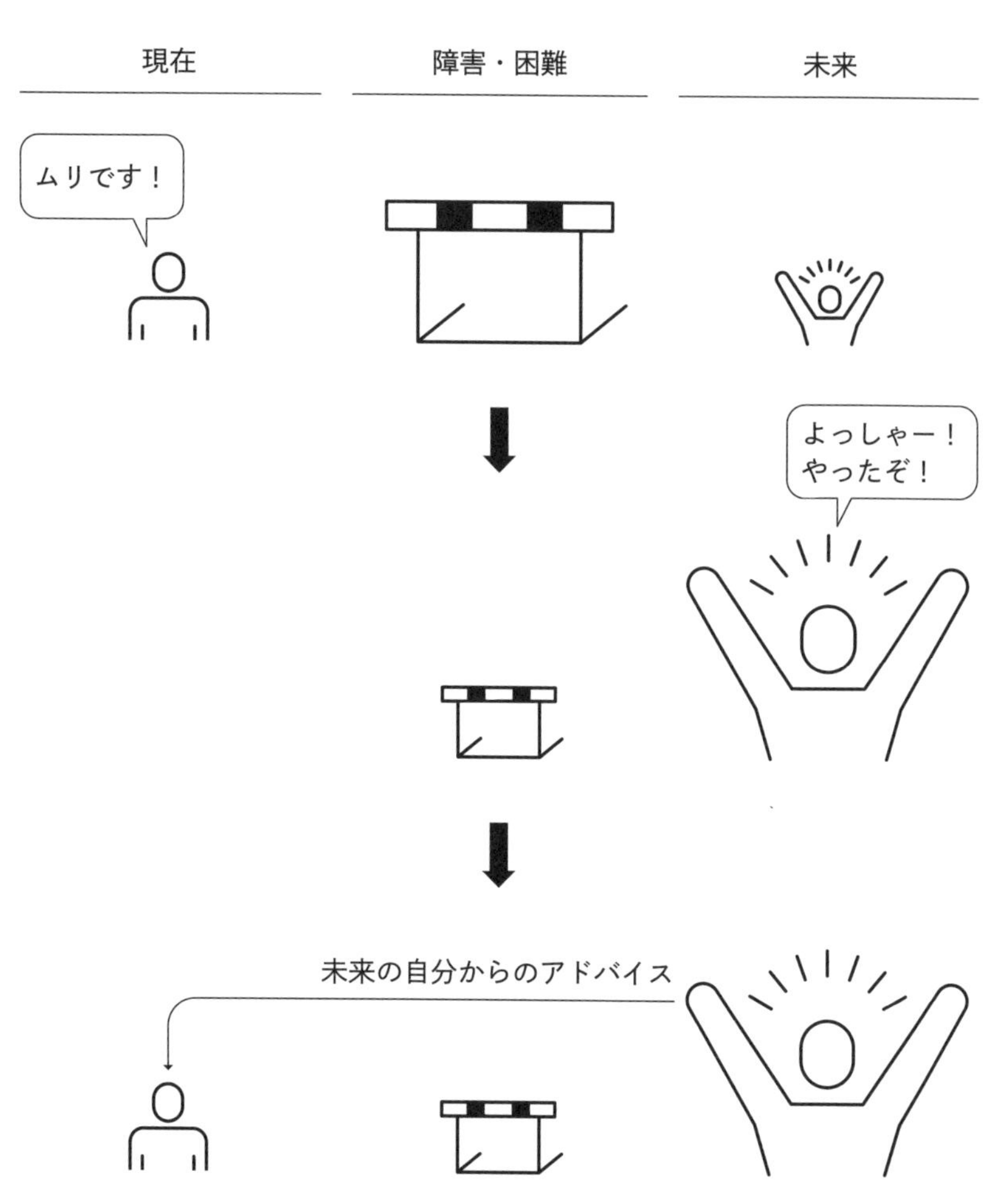

そんな時におすすめしたいのが「未来」からのバックキャスト・コーチングです。

ステップ1　未来の成功イメージを膨らませる

この施策は、リーダーやキーパーソンに対するコーチングとして行います。

たとえば、Cさんというリーダーが「わが社は中国に進出すべきだ」と思いついたとしましょう。国内市場が縮小し続け、欧米諸国の市場が飽和状態だとすると、中国進出は、合理的な発想です。

ただし、この時点での「中国進出」は、小さくてかすかなイメージとしてあるだけです。Cさんの目の前には、障害や困難が大きく立ちはだかって見えるでしょう。

「そもそも自分は中国語がしゃべれない……」

「欧米にも未だ進出できてないのに、いきなり中国か……」

と冷静に考えていくと「正直に言うと、無理だな」と帰結することでしょう。しかし、このままでは組織は変わっていくことができません。

よって、コーチは、次のように働きかけます。

コーチ　「Cさん、○年後の未来の中国に時間と空間のトンネルを潜り抜けて行ってみませんか？　Cさん。未来の中国に着きました。ここでは、あなたは中国事業を立ち上げて、既に大成功していますよ。素晴らしいですね！」

コーチの意図は、**「未来での成功イメージをより膨らませてもらうこと」**です。
たとえば、次のようにやり取りします。

コーチ　「大成功とのことですが、中国での年間売上は円で言うと、どれくらいですか？」
Cさん　「約500億円です」
コーチ　「従業員数は？」
Cさん　「中国で1000人が働いています」
コーチ　「素晴らしいですね。もはや大企業と言っても良い規模ですね！」

ステップ2　氷山の水面下に入っていく

そして徐々に氷山の水面下に入っていく質問をします。以下のようなものです。

・今、何が見えていますか？

・今、何が聞こえていますか？
・社員の皆さんは何と言っていますか？
・お客さんの声が聞こえますか？
・今、身体感覚はどんな感じでしょうか？

ステップ3　未来の自分からアドバイスを受ける

頭と心の両方で、未来の成功体験を味わってもらったら、コーチングの最後の段階に入ります。

コーチ「Cさん、中国で大成功したCさんのままでいてください。そして、部屋の片隅に、今、中国進出を思いついたものの、『やっぱり無理』とあきらめかけているCさんが見えると思います。彼にアドバイスをしてあげていただけますか？」

成功者モードのCさんは、こんなアドバイスをするかもしれません。

「20××年のCさん。失敗することももちろんあるよ。でも失敗したら、もう一度チャレンジすれば良いだけじゃないか！」

ステップ4　今の自分として、今後の行動を考える

そして最後に、現在の自分に戻って来てもらい、コーチはこう尋ねます。

コーチ　**「さきほど未来で大成功されているCさんからアドバイスをもらいましたね。それを聞いてどう感じますか？」**

多くの場合は「確かに未来の自分が言う通りだと思います。失敗するのが当然ですよね。でも失敗したら、またチャレンジすれば良いだけのことだと気づきました。明日から早速動き始めます」などの反応が返ってきます。

こうして、現在の「行動」が変わっていくのです。

この施策の良いところは、外部からのアドバイスではなく、自分が自分に教えた——つまり**自分で気づいて、行動を変えていける点**にあります。

人は、他者から押しつけられたアドバイスよりも、自分の中から湧き上がってきた「内発的動機」に基づいた行動である時、成果・結果が伴いやすくなります。単に他者にアドバイスをする以上の効果があることをご理解ください。

空間軸を広げる
新しい場所を見に行く
「ステークホルダーインタビュー」

ステップ1　「誰に」インタビューするか

ここまでは「時間軸」について見てきましたが、続いて**「空間軸」を広げる施策**を2つ紹介します。まずは、**「ステークホルダーインタビュー」**です。この場所だけに留まらずに「新しい場所」を見に行くために、ステークホルダーにインタビューを行っていきます。

具体的な手順を解説するにあたって、以下では、ある食品メーカーD社で実施した例を紹介していきます。

まずは**「誰に」インタビューをするか**です。

食品メーカーであるD社のステークホルダーを、洗い出していきます。顧客や社外の取引先はもちろんのこと、社内の様々なメンバー（工場、グローバル社員、若手社員）、また可能であれば競合他社や有識者にもインタビューを行っていきます。

D社のケースで言えば、次のような方々にインタビューを行いました。

○インタビュー対象例

- 大型店舗
- 直営店の店員
- 自社工場
- 末端消費者
- グローバル社員
- 社内（20代若手）
- 競合
- 有識者（「日経ＭＪ」の編集者等）
- 退職者
- 創業メンバー

ステップ2　「何を」インタビューするか

次に**「何を」インタビューするか**です。

ここで「D社の良い点は？」といった抽象的な質問をすると「良い商品をつくっている」等、答えも抽象的なものが返ってくることになります。これでは、「空間」を広く探求することにつながりません。

では、どうすれば良いのでしょうか。

以下では、D社が行ったインタビュー対象ごとの質問例を紹介します。

○質問例

・大型店舗

「D社商品はどんな位置づけか？」

「D社商品を売りたい理由／売りたくない理由は？」

「顧客が求めるのはどんな食品か？」

・直営店の店員

「来場客の変遷は？」

「誰をターゲットにしたいか？」

「顧客の喜びの声は？　顧客の要望は？」

「なぜD社の商品を買ってくれるのか？」

「店舗スタッフとして、D社としての誇りと喜びは？」

・自社工場
「D社商品のこだわりと誇りは？（例：○○をしているのは世界でもD社だけ）」

「営業担当者に言いたいことは？」

・消費者
「なぜD社商品を購入するのか？」

「D社商品の何が好きなのか？」

「D社の何が響かないのか？（アンチの声は？）」

「どんな時に食べるのか？」

・グローバル社員
「世界の中でのD社の強み・弱みは？」

・社内（20代若手）

「『これからの時代もっとこうしたらいいのに』と思うことは?」

「企業として、もっと取り組んだほうがいいと思うことは?（SNSやSDGs等）」

・競合
「D社のどのような部分に脅威を感じる?」

「D社のどのような部分には、勝てると思う?」

・有識者（「日経MJ」の編集者等）
「D社に『こうしたらいいのに』『もったいないな』と思うことは?」（期待と諦め）

・退職者
「どんな夢を持っていた?」

「どうしてあきらめたのか?」

・創業メンバー
「今、そしてこれからのD社への想い」

なお、これらの質問は、あくまでファシリテーターからプロジェクトメンバーに提供する最初のヒントです。**適宜、メンバーたちに追加してもらうことをおすすめします。**

ステップ3　インタビューに出向く

インタビューは、プロジェクトチームで行っていきます。

プロジェクト全体をいくつかのサブグループに分け、**「誰に聞きに行くのか」を自発的に決めてもらう**ようにします。

そして、ステークホルダーに対して何を聞くのかについては、ステップ2を参考にしながら、サブグループメンバーに自発的に決めてもらい、インタビューを行っていきます。

空間軸を広げる
どこで対立・分断が起こっているのかの「対立・分断マップ」

対立・分断は至るところに存在している

2章や5章で見てきたように、「対立」や「分断」は、実は組織の様々な場所で起きています。また、対立を「不整合」と言い換えると、それは人間同士だけでなく、しくみ・ルール、起きている症状、成功事例、企業の歴史といった様々な概念のあいだにも存在しています。

そこで、ここでは、そうした**「対立」「分断」「不整合」を包括的に見立てる「対立・分断マップ」**（図6-7）を紹介します。

たとえば、経営陣、ミドル、そして現場の三者に考えや思いの違いがあるのは、どのような組織にも見られることです（①②③）。

図6-7　空間：対立・分断マップ

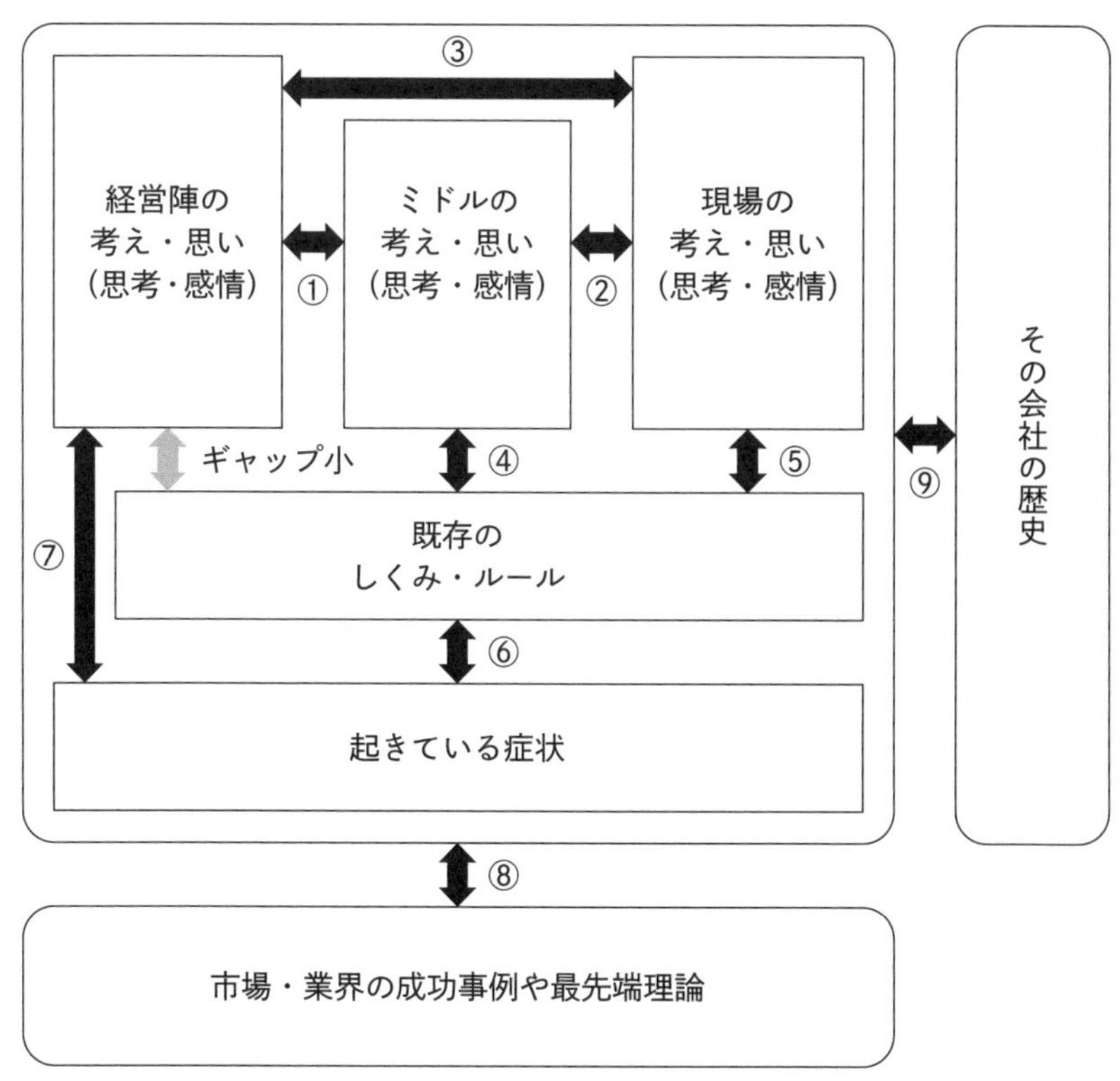

また、既存のしくみ・ルールは経営陣がつくったものなので、彼らの考え・思いとのギャップはほぼありません。しかし、ミドルや現場の考え・思いとは不整合になっていることもあり得ます(④⑤)。

今あるしくみ・ルールは、今、組織の内外で起きている現象に対処可能なものでしょうか。もしかしたら、そこには不整合があるかもしれません(⑥)。経営陣の考えや思いは、はたして自分たちが直面している現象を、真正面から見つめたものでしょうか(⑦)。

また、こうした会社の中で「今、起きていること」と「外にある要素、外部環境」とのあいだにも、分断があるかもしれません。たとえば、今の会社の体制やしくみは、市場・業界の成功事例や最先端理論と整合しているでしょうか。組織変革に取り組み、体制やしくみを変える時、その解決策が自分たち視点や自己満足に陥っていないでしょうか(⑧)。またそれらは、その会社が紡いできたDNAとマッチしているでしょうか(⑨)。

この「マップ」を使ってチェックすることで、これから何を修正すべきなのかを、包括的に見立てることができます。

第7章 社内の「内発的動機」を育む施策

個人の深い内発的動機を育む「プロセスワーク・コーチング」
～理論編～

内発的動機を引き出す施策の王道は「コーチング」

この章では、**組織内メンバーの内発的動機を育む施策**について解説していきます。

そのための王道の手法は「コーチング」です。コーチングにおいては、ティーチングとは異なり、より良い手段や正解を教えません。コーチは的確な質問をし、クライアントがそれに回答する様子を深く傾聴することで、当人が自ら解決への道を発見する手助けをします。

このコンセプトは、組織開発の手法としては、既によく知られています。

なお、「コーチング」という言葉が若干異なるニュアンスで用いられることもありますが、私たちは、国際コーチング連盟（ICF）の考え方に準拠した考え方を「コーチング」

と呼ぶのが適切であると考えます。

個人の変容を促す「プロセスワーク・コーチング」

この本が目指すのは、**組織変革の実現**です。そのためには、組織のリーダーをはじめとした**メンバー一人ひとりの「自己変容」**が求められます。**人が同じ状態に留まったままで、組織だけが変革することはあり得ない**のです。

そして、プロセスワークは「変容」を扱うことを得意とする心理学です。ここでは、ICFの考え方に完全に準拠しながらも、一歩踏み込んで「プロセスワーク」を活用した個人の変容を扱うコーチング、すなわち「プロセスワーク・コーチング」をご紹介します(図7-1)。

プロセスワークの6つの基礎概念

プロセスワークについての基本的な解説は、巻末にまとめています。詳細を学んだうえで実践法を知りたい方は、まず巻末資料をご覧ください。まず手法の概要を知りたいという方は、このまま読み進めていきましょう。

図7-1　プロセスワーク・コーチングの基本コンセプト

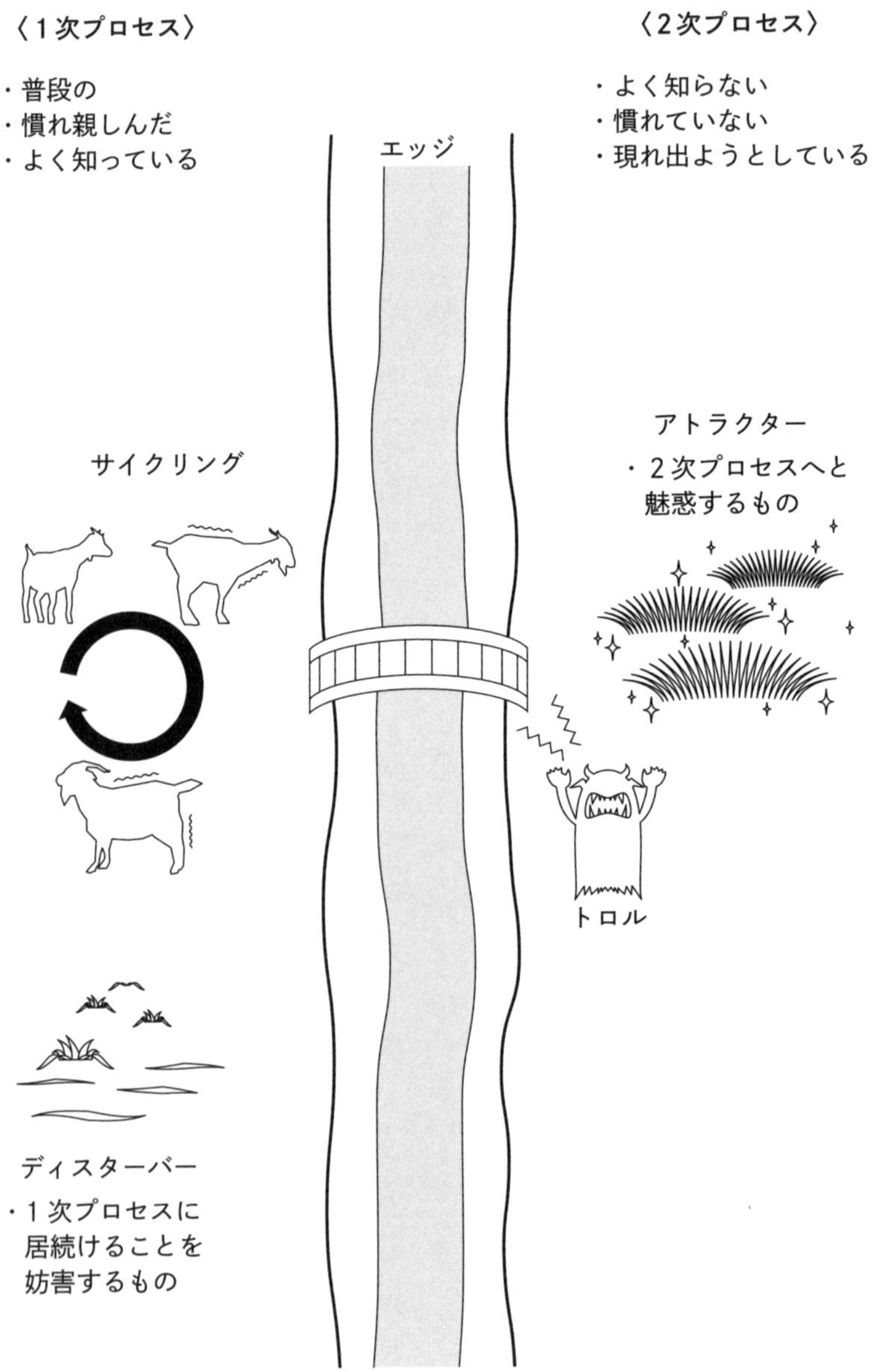

〈1次プロセス〉

・普段の
・慣れ親しんだ
・よく知っている

〈2次プロセス〉

・よく知らない
・慣れていない
・現れ出ようとしている

エッジ

サイクリング

アトラクター
・2次プロセスへと
魅惑するもの

トロル

ディスターバー
・1次プロセスに
居続けることを
妨害するもの

プロセスワークには、いくつかの大切な基礎概念があります。それは**「1次プロセス」「2次プロセス」「エッジ」「ディスターバー」「アトラクター」「サイクリング」**の6つです。

これらはやや難解なので、よく知られたおとぎ話「3匹のやぎのがらがらどん」を比喩に解説します。

まずは、おとぎ話の要約です。

昔々あるところに3匹のやぎが住んでいました。慣れ親しんだ場所で楽しく暮らしていたのですが、困ったことが起きました。食べ物である牧草が枯れてしまったのです。

この場所には長くはいられそうもありません。

ふと遠くに目をやると、おいしそうな牧草がたくさん生えている土地に気づきました。でも、今いる場所とその場所のあいだには川が流れていて、やぎたちの移動を阻んでいます。

彼らは、川に橋がかかっているのを見つけました。

やぎが橋を渡ろうとすると、橋の下にはトロルという化け物が住んでいて「おまえを食ってやる！」と脅します。怖くなったやぎたちは、あわててもとの場所に戻ります。

この話では**「お腹が空いた」↓「川の向こうにおいしそうな牧草を見つける」↓「橋を**

渡ろうとする」→「トロルが出現する」→「怖くなってもとに戻る」というステップを、何度もくり返します。

これ以降で、やぎたちにとってのハッピーエンドが待っているのですが、おとぎ話のこまでのストーリーを使って、プロセスワークの基本コンセプトを解説しましょう。いったんやぎの話で解説した後で、292ページ以降で、ビジネスの場面での解説をつけ加えます。ここでは、ストーリーを例に、大まかな意味合いをつかんでください。

①「1次プロセス」——普段の、慣れ親しんだ、よく知っている状態

普段の、慣れ親しんだ、よく知っている状態を「1次プロセス」と呼びます。

かつての超一流企業、そして2012年に倒産してしまったコダックを例にとると、「1次プロセス」は、銀塩フィルムの生産販売と現像サービスに相当します。

「プロセス」というと、通常は「AがBになり、それとCが結びついて」などという時系列の変化を意味しますが、ここではいったん「その意味ではない」と割り切ることをおすすめします。「プロセス」の意味が気になる方は日本プロセスワークセンターなどのセミナーに参加したり、入門書を読んだりしてみると良いでしょう。

②「2次プロセス」——よく知らないけれど、現れ出ようとしている何か

よく知らない、慣れていないけれど現れ出ようとしている何かを「2次プロセス」と呼びます。やはりコダックを例にとると「2次プロセス」は、新たに始まろうとするデジタルのビジネスや、フィルム生産に使われる要素技術を使っての新規事業に相当します。

1次プロセスと同様に、プロセスという言葉には時系列変化の意味はないと、いったん割り切りましょう。

③「エッジ」——変容を阻む見えない壁

1次プロセスから2次プロセスへの変容を阻む「見えない壁」を**「エッジ」**と呼びます。

流れている川、そして橋の下に住むトロルがエッジです。コダックは手をこまねいていたわけではありません。デジタル化などの様々な努力をしてきたのです。しかし「変容を阻む見えない壁」、「エッジ」を乗り越えることができずに倒産してしまいました。

④「ディスターバー」——変容を促進するもの

「ディスターバー」を直訳すると**「妨害するもの」**。

「妨害」は、通常は良くないものです。でも、ここでの「ディスターバー」は**変容を促進する重要な要素**です。なぜなら**「ディスターバー」は、当事者が1次プロセスに留まることを妨害するから**です。

コダックでは「デジタルカメラの出現」が「ディスターバー」であったはずなのですが、これと真剣に向き合うことができませんでした。

おとぎ話では、食べ物である牧草が枯れてしまったことが「ディスターバー」に相当します。

⑤アトラクター——魅惑するもの

「アトラクター」を直訳すると**「魅惑するもの」**。**「2次プロセス」に存在し、当事者を「2次プロセス」に惹きつける存在**です。

コダックにおける「アトラクター」は、新天地を切り開く躍動感のようなものであり得たのですが、ありありと味わうことができなかったようです。

おとぎ話では、川の向こうに見えるおいしそうな牧草が、「アトラクター」に相当します。おいしそうな牧草たちの存在に惹きつけられて、川を渡る。やぎたちを、エッジ（橋）を超えて2次プロセス（川の向こう）へ進ませるからです。

⑥サイクリング――堂々めぐり

「変容」には「サイクリング」がつきものです。

当事者は、「2次プロセス」へと変容しようと途中まで行くのですが、またもとの「1次プロセス」に戻ってしまうことがあります。それが**堂々めぐりのように、ぐるぐると何度も起こる**ことを**「サイクリング」**と呼びます。

コダックは1993年に「デジタルマン」の異名を持つジョージ・フィッシャーを初の外部人材CEOとして招聘してから2012年までの約20年間、何度もデジタル化の試みを行い、いずれも中途半端なまま終焉を迎えました。まさに「サイクリング」が起きたのです。

おとぎ話では、橋を渡ろうとしてトロルが怖くて戻ってきてしまい、空腹を覚えてまた橋を渡ろうとするやぎたちの振る舞いが「サイクリング」です。

個人の深い内発的動機を育む「プロセスワーク・コーチング」
〜実践編〜

組織変革に「プロセスワーク・コーチング」を活かす

前のページまででは、自己変容を加速する方法論としての「プロセスワーク・コーチング」の基本となるコンセプトをご紹介しました。プロセスワークの手法を活用することで、個人の変容をモデル化し、整理することで、加速させていくことができるのです。

では、組織変革の場面では、どのように実践できるのでしょうか。

事例をもとに解説していきます（図7−2）。

以下では、創業社長である父親と共に働く鈴木専務（仮名）に「プロセスワーク・コーチング」を行ったと仮定します。

なお、ここで紹介する内容には、実際のケースに脚色を加えています。

ちなみに、**実際のプロセスワーク・コーチングの進み方は、100回行えば100通りに違うものとなります。コーチングは「生き物」とも言えます。**

よってこれからご紹介するコーチングが進む流れ（ステップ）は、一例にすぎないことをご留意ください。また「1次プロセスは？」といった文言が出てきますが、これはクライアントに「あなたの1次プロセスは何ですか？」と質問するという意味ではありません。**コーチがプロセスワーク・コーチングの枠組みに照らして、会話の流れを「見立てる」**ことを意味します。

①「1次プロセス」——慣れ親しんだ状況は？

鈴木専務にとって慣れ親しんだ状況は、父である社長が司会し、だらだらと長く続く中期経営計画の会議でした。「何とかしなくてはならない」という使命感と、「とはいえ、どうにもならない……」というあきらめの両方の気持ちに板挟みになり、彼はコーチングを受けることを決意したのです。

②「2次プロセス」——変容の可能性は？

続いて、この状況の中で、不慣れではあるものの現れ出ようとしているものは何かを確認します。鈴木専務の例では、次のような質問を通じて、それを探っていきました。

コーチ　**「中期経営計画の会議がどうなると良さそうですか？」**

この問いに対して、鈴木専務は「社長には司会役を降りてもらい、自分が仕切る効率の良い会議」をイメージして語ってくれました。

このようなやり取りを通じて「2次プロセス」のイメージが、少しずつ明らかになってきました。

③サイクリング（1回目）――変容はまっすぐには進まない

とはいえ、変容は一気に進むわけではありません。変容に「サイクリング」（堂々めぐり）はつきものです。

鈴木専務の場合は、次のようなサイクリングがありました。

コーチ　「では、次回の中期経営計画の会議はどうされますか？」

鈴木専務　「でも私は製造担当の役員だから、中期経営計画には直接は関係ないのです」

図7-2　プロセスワーク・コーチング 実践例

〈1次プロセス〉　エッジ　〈2次プロセス〉

・社長が司会し、だらだらと続く中期経営計画会議

エッジ

・自分が司会する効率の良い中期経営計画会議

サイクリング

・私は製造担当だから直接関係ない
・自分がしゃしゃり出たら社長の顔がつぶれる

アトラクター

・単に効率が良いだけでなく売上・利益向上につながる中期経営計画会議

トロル

ディスターバー

・いつも理不尽に矢面に立たされる社員Aが辞めてしまうかもしれない

「2次プロセス」が見えてきたところですが、サイクリングをし、もとの「1次プロセス」に戻りました。

④ディスターバー――現状に留まることを阻むものは？

とはいえ、**変容の兆しは、すでに生じています。**そこで、ここでは**慣れ親しんだ現状である「1次プロセス」に留まり続けることを阻害するもの**を、クライアントと共に探求していきます。

コーチ　「このままの中期経営計画会議が続いたら何が起きますか？」

この問いに対して、鈴木専務は次のように答えました。

鈴木専務　「いつも理不尽に矢面に立たされている社員Aという人物がいるのですが、その人が辞めてしまうかもしれません……」

この回答によって、鈴木専務は「このままでは、まずい」という思いを再確認しました。そして、「やはり中期経営計画会議の進行は、自分がやらなければ」と思い始めたのです。

⑤サイクリング(2回目)

ここで、もう一度、③と同じ質問を投げかけます。

コーチ　「もう一度同じ質問をしますね。次回の中期経営計画の会議はどうされますか?」

変容はまっすぐに進むわけではないと述べましたが、この事例においてもそうでした。ここで、2回目のサイクリングが起きました。

鈴木専務　「でも……自分がしゃしゃり出たら、父である社長の顔がつぶれます」

⑥アトラクター──変容した先にあるものは?

ここで、コーチは「**2次プロセス**」にある「**アトラクター**」(**魅惑するもの**)をクライアントと共に探求していきます。

コーチ　「色々なハードルはあると思いますが、この会議を鈴木専務が司会進行するようになったとしましょう。どんなことが起きますか?」

このような問いを通じて、**変容後の様子をイメージしてもらいます。**そこには、**今のまま（1次プロセス）では感じ得ないような魅惑的な体験（アトラクター）**があるはずです。クライアントに、それを探求してもらい、語ってもらうのです。

鈴木専務の例で言えば、次のようなイメージが「アトラクター」となりました。

鈴木専務　「自分が司会することで、当初思っていた会議効率の改善だけでなく、売上や利益の向上につながる効果的な意見交換が起きるかもしれません」

このように、鈴木専務は活性化した会議の場を、生き生きと想像し始めました。

⑦エッジ――変容を阻む見えない壁を乗り越える

ここまで見えてきたところで、コーチは、変容を阻む見えない壁（エッジ）を乗り越える手助けをします。

このケースでは、もう一度、③と同じ質問を投げかけました。

コーチ　**「また同じ質問をしますね。次回の中期経営計画の会議はどうされますか？」**

この問いに対して、鈴木専務は、次のように回答しました。

鈴木専務　「私が司会をします」

このように、力強く答えたのです。
これは、鈴木専務が、目に見えない壁（エッジ）を超え、自らの内発的動機により自己変容を決意した瞬間でした。

外発的な動機づけを行おうとすれば、簡単にできます。「こうしなさい！」「できたら報奨金を差し上げます」「できなかったら降格だ」等です。でもこの方法の効果が限定的なのは、既に実感されているはずです。

内発的動機づけを外部から行うことは、そもそも困難です。そして、内発的動機を育むのには、時間と手間がかかります。「こうしなさい」と言えないのですから。
方法としては、**的確な質問をして傾聴する。そして何かを行ったり行わなかったりしたらどうなるかをイメージしてもらう。**まさにコーチングの出番となります。
変容のためのモデルをしっかりと持っているプロセスワーク・コーチングを活用することが、個人や組織の変容に向けた内発的動機を育むうえで有効なのです。

「シグナル」から深い内発的動機を育む

あるエグゼクティブ・コーチングの事例

まずは、あるエグゼクティブ・コーチングで起きたエピソードをご紹介しましょう。

なお、プライバシー遵守のため、個人名・役職名・ビジネスの状況には、若干の脚色を加えています。

大倉常務は新規事業を担当していました。

どの会社でも起きることですが、新規事業はそう簡単には成功しません。大倉常務も同様に悪戦苦闘をしていました。

その状況を見た会長は「常務がよくがんばっているのはわかる。ただ、新規事業は、そう簡単にうまくいくものではない。それに、今、既存事業のAに成長の兆しが見えている。だから、新規事業ではなく既存事業Aを担当してみないか?」と助け船を出しました。

この状況で、何を選択すればいいか迷った大倉常務は、コーチングを受けることにしました。

コーチは、大倉常務に「どのような選択肢があるのか」と「それぞれのメリット・デメリット」を洗い出してもらいました。以下が、大倉常務が整理した状況です。

選択肢1　今まで通り新規事業のみを担当する
メリット:新規事業にこれまでかかわった責任を果たせる
デメリット:これまでと同様の苦労が続く

選択肢2　新規事業に加えてA事業を担当する
メリット:新規事業への責任を果たしつつ、A事業で成果も出せる
デメリット:2つの事業を同時に担当するとどちらも中途半端になるリスクがある

選択肢3　新規事業の担当をはずれ、A事業のみを担当する
メリット：成果を出せる可能性が高く、自分のリソースを十分に割くことができる
デメリット：新規事業を途中で投げ出すことに無責任さを感じる

このように選択肢の整理がなされたのは良かったのですが、どれにもメリットとデメリットがあり、かえって選べなくなってしまいました。
そこで、コーチは以下のように大倉常務を誘っていきました。

コーチ　「お手元にペンが2つありますね。それぞれを右手と左手に持ってみてください。一方が新規事業、もう片方がA事業です。それぞれどっちですか？」
大倉常務　「右手が新規事業、左手がA事業です」
コーチ　「それぞれの事業を感じてみてください。重さ、固さ、表面の質感などです」
大倉常務　「うーん。なるほど（何かをつかんだ様子）」
コーチ　「それぞれをどう持ちたいですか？　片方が上だとか、片方が自分に近いとか。自由に動かして、持ちたいように持ってみてください」

次の瞬間、驚くべきことが起きました。2つのペンの持ち方を様々に試してみた大倉常務は、最後には左手に持っていたペン（A事業）をポンっと机の上に投げ捨てたのです。

コーチ「今どんなことが起きていますか？」

大倉常務「私は、A事業は担当しません。苦しくても、新規事業一本で進めます」

合理的に考えても解決しない状況において、確固とした内発的動機が形成された劇的な瞬間でした。念のためにくり返すと、これは、実際に起きたエピソードです。

無意識が顕在化する「4つのチャンネル」

このエピソードでは、一体何が起きたのでしょうか。ここで理論を解説していきます（図7－3）。

プロセスワーク創始者のアーノルド・ミンデルは、**「4つのチャンネルからシグナルがやってくる」**と理論づけました。具体的には、**「視覚」「聴覚」「身体感覚」「動作」**の4つです（正確には、あと2つのチャンネルがあるのですが、ここでは割愛します）。

図7−3　シグナルがやってくる４つのチャンネル

1　視覚チャンネル

2　聴覚チャンネル

3　身体感覚チャンネル

4　動作チャンネル

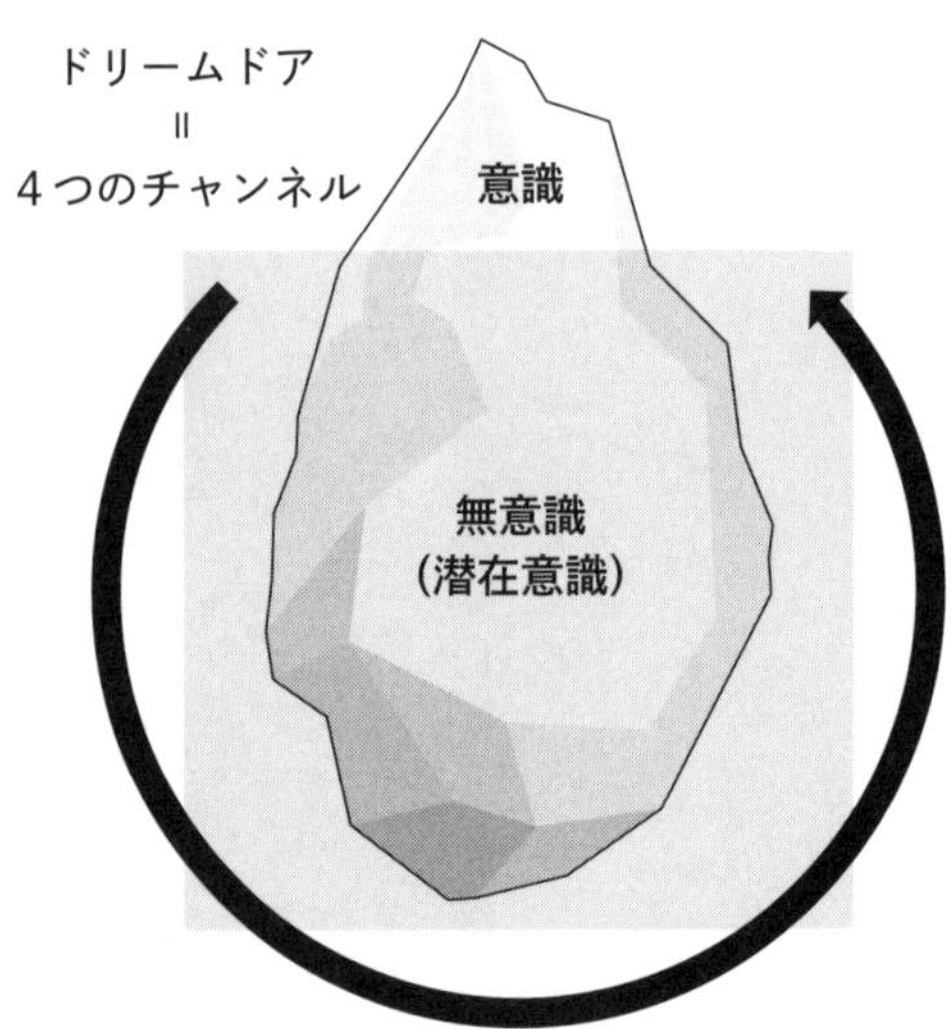

大倉常務のエピソードには4つのうち3つがかかわっています。

まず、彼は自分がペンを持っている様子を目にしました（**視覚チャンネル**）。そして、その重みや質感を味わいました（**身体感覚チャンネル**）。さらには、それを動かしてみた感じを味わった後に、左手のペンを机の上に投げました（**動作チャンネル**）。

これらのシグナルは、どのように役立つのでしょうか。それは、**無意識的な深奥の願いを顕在化させる**ことです。

大倉常務の場合、まず自分に与えられている「選択肢」と「それぞれのメリット、デメリット」を整理しましたが、整理しただけでは決断できませんでした。大倉常務は、メリットとデメリットのがんじがらめになってしまい、答えが出ない状況に陥っていたのです。

しかし、答えが出せなかったのは、顕在化した意識の中での話です。実は、**無意識（潜在意識）には、より深い知恵が眠っています。**そこで、**無意識の中にある答えに、アクセスしようと試みたのです。**

しかし、ここで、コーチが次のように働きかけたとしても、どうすればいいのかわかりません。

コーチ　「無意識にアクセスしてください」

一方で、次のように問いかけると、どうでしょうか。

コーチ　「何が見えますか？　何が聞こえますか？　どんな感覚ですか？　どんな動きが出てきますか？」

このほうが答えやすいのではないでしょうか。また、このように**チャンネルを通じて、感覚の解像度を高めていくことで、結果として無意識（潜在意識）の世界に入ることができるのです。**

プロセスワークでは、このような**水面下の無意識の部分**のことを**「ドリームランド」**と呼んでいます。そして**「ドリームランド」への入り口である4つのチャンネルから来るシグナル**を**「ドリームドア」**とも呼びます。

無意識の知恵へと誘う4つの質問

大倉常務のエピソードでは、コーチが4つのチャンネルから来るシグナルを味わうことへ誘いました。しかし、他にもやり方があります。

たとえば、クライアントの様子を観察し、それに対してコーチが質問をしていくのです。

何を観察するのかといえば、クライアントに表れている「シグナル」です。

たとえば、次のような質問をすることができます。

○視覚チャンネル　例：クライアントが右上を見上げている時

コーチ「ずっと右上を見上げていらっしゃいますが、何かが見えていますか？」

○聴覚チャンネル　例：クライアントの話の中に自分以外の登場人物が出てきた時

コーチ「そのもう一人の自分は、あなたに何と言っていますか？」

○身体感覚チャンネル　例：クライアンが、身体で何かを感じているように見える時

コーチ「先ほどから肩をすぼめて考え込むような姿勢をとられていますが、体の中にどんな感じがしていますか？」

○動作チャンネル　例：クライアントが何かしらの動作をしている時

コーチ「先ほどから手を縦に振るジェスチャーが出てきていますね。もっと大きく、早くやってみることができますか？」

このように動作を増幅した後、**「その動きをたとえてみると何ですか？」「その動き自身**

になってみましょう。その動きはあなたに何を伝えようとしていますか？」といった追加の質問をして無意識の知恵を引き出します。

無意識の知恵が、深い「内発的動機」を引き出す

こういったコーチのアプローチは、潜在意識に眠る「深い知恵」への気づきを、クライアントに起こさせます。潜在意識には、普段意識していなかった自分が存在しています。たとえば、自分自身が大切にしている**「信念」**や**「価値観」**が眠っていることもあれば、**「こうしたいんだ！」という深い願い**が埋もれていたりすることもあります。普段は、あまり意識することはないかもしれませんが、これらは、**私たちの人生を根底で動かすもの**なのです。

そうした**潜在意識の知恵を探求し、それに気づいていくことが、深く確かな内発的動機へとつながっていく**のです。

組織の「本気」に火をつける「変容ロードマップ」

ここまでは個人の内発的動機を育むための、プロセスワークを活用した施策を解説してきました。

ここから紹介するのは、同様にプロセスワークを活用しながら**チームや組織に働きかける手法**です。まずは、**「変容ロードマップ」のワーク**です（図7-4）。

「変容ロードマップ」の準備

基本的な構造は「3匹のやぎのがらがらどん」と同様です。

たとえば、5メートル四方のマットを、図7-4のような状態にします。そして「**1次プロセス」「2次プロセス」「エッジ」「ディスターバー」「アトラクター」などの上に、人が立てるようにします**。それが、この施策の要点です。

マットがなければ、会議室の床をガムテープなどで仕切ったり「ディスターバー」や

「アトラクター」を示すシンボル（オブジェやぬいぐるみなど）を置いたりするのも良いでしょう。

以下では、例を挙げながら手順を解説します。

タイムマシンで過去に遡り、米国コダックが直面しているデジタル改革をテーマに、経営陣約10名で「変容ロードマップ」を作成したとしましょう。

ステップ1　現在の状態「1次プロセス」を味わう

まず**慣れ親しんだ「1次プロセス」を味わいます。**

コダックの例で言えば、世界最高峰の銀塩フィルムの技術と、米国中に張りめぐらされた現像所ネットワーク、そして粗利は9割近く――とても居心地が良い状態でしょう。

ステップ2　現状に留まることを阻む「ディスターバー」を味わう

次に「ディスターバー」を味わいます。

「ディスターバー」は、**現状に留まることを阻むもの**であり、たとえば突然降ってきた雨のようなものです。

図7-4　変容ロードマップのマットワーク

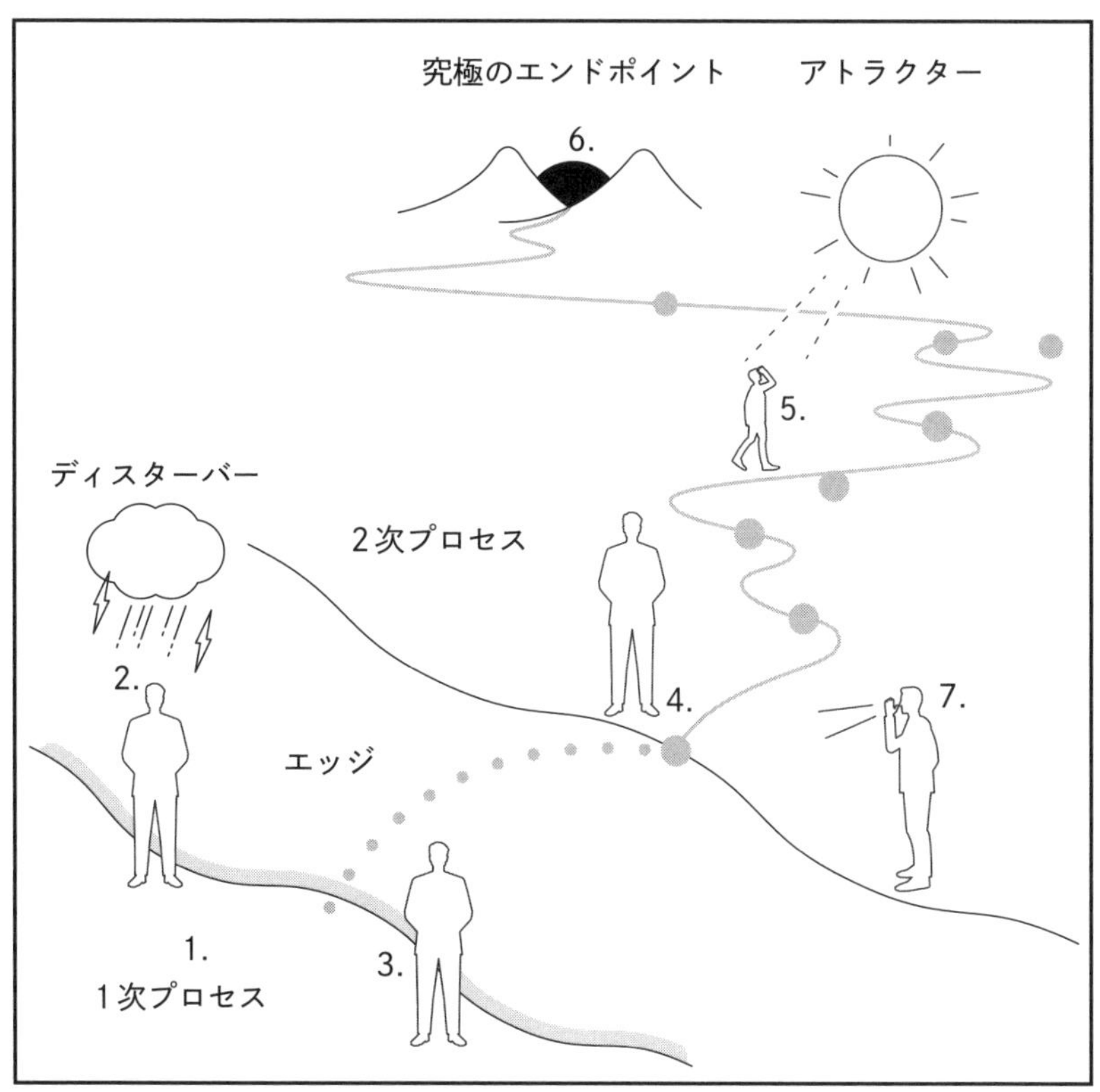

【基本的な進め方】

1．「1次プロセス」に立ってみて、慣れ親しんだ感を味わう
2．しかし、雨が降ってきて、もうここには居られない感じを味わう
3．向こう岸への移動を阻む「エッジ」を感じる
4．「エッジ」を超えて「2次プロセス」に渡ってみる
5．明るい太陽の「アトラクター」を感じる
6．「2次プロセス」というゴールの向こうにある「究極のエンドポイント」を味わう
7．まだ1次プロセスにいる人たちに声をかける

コダックの例で言えば、フィルム市場がデジタルに置き換わろうとしています。その流れに乗ったソニーなどの日本企業は、デジタルカメラを開発し、攻勢をしかけています。

もうこの場所には居続けられないことを、味わってもらいます。この「もうここには居続けられない感覚」を、ポーズや動きで表してもらいます。「デジカメよ、こっちに来るな！」という、両手を前に突き出したポーズをとる人がいるかもしれません。

ステップ3　変容を阻む「エッジ」を味わう

次に、**変容を遂げた組織の姿と、今の組織のあいだに存在する「エッジ」**に近づいてもらいます。これは時に、変容を阻む崖のようなもので、グランドキャニオンのような峡谷として描かれることもあります。

コダックの例で言えば、デジタル化の流れは止められないでしょう。とはいえ「エッジ」である渓谷をのぞき込むと、「デジタル化するなんて絶対無理！」「誇りある世界ナンバーワンのフィルム事業を見捨てられない」といった気持ちが起きてくるかもしれません。

それで良いのです。**「変革」への恐怖心に蓋をするのではなく、それを正直に味わうことが大切です。**

ステップ4・ステップ5　変容した姿「2次プロセス」を味わう

ただし、変革への恐怖を味わい続けるだけでは何も起きませんので、次のステップへと誘います。

具体的には、**まず何人かに「2次プロセス」の場所へ移動**してもらいます。そして、図7-4の明るい太陽で表されている**「アトラクター」**のエネルギーを味わってもらいます。

この場には**「現れ出ようとしている何か」**があると仮定します。

コダックの例で言えば、デジタル化を遂げたコダックかもしれませんし、富士フイルムのような化粧品会社の姿かもしれません。それは、頭で考えてもわかりません。「何としてもデジタル化を実現するんだ」なのか「全く新しい企業として生まれ変わるんだ」なのかは「2次プロセス」の場所に立ったメンバーの「身体」が知っています。

300ページでご紹介した両手にペンを持った大倉常務のエピソードを思い出してください。自然とわいてくるポーズや動作をとるうちに具体的な洞察が生まれます。

ステップ6　ゴールの向こうにある「究極のエンドポイント」を味わう

さらに、ゴールの向こうにある**「究極のエンドポイント」**も味わってもらいます。

コダックの例で言えば、こんなことを言う経営メンバーもいるかもしれません。

「アナログかデジタルかはどうでもいい。お客さんの大事な思い出を画像で残すことが私たちのミッションなのだ！」

ステップ7　変容後の姿「2次プロセス」からのメッセージ

最後に「2次プロセス」にいるメンバーから、まだ「1次プロセス」に立っているメンバーに、声をかけてもらいます。

コダックの例で言えば、次のような声がかかるかもしれません。

「おーい。こっちにおいでよ。銀塩フィルムはのんびりと幸せだったけど、こっちはハラハラドキドキで大興奮だよ！」

超優良企業であったコダックが倒産してしまった当時に、もしプロセスワークを活用することができたら、歴史が変わっていたかもしれません。

組織文化（マインド）を変える「行動への介入」

組織変革における「組織文化」の重要性

この章は内発的動機を育む施策を解説するものですが、組織変革を実現するうえで「組織文化」も、関連づけて扱っていきます。

なぜならば、組織文化の多くは、経営者から「〇〇の組織文化を持ちなさい」と命令されてできるものではなく、自然発生的につくられているものだからです。

さらに**組織文化は、組織の構成要員の行動を無意識のうちに左右する影響力を持ちます。**

組織文化は、暗黙の行動規範なのです。つまり「Aを達成したらボーナスを与える」といった**外発的動機づけは、組織文化の前に最も簡単に敗北してしまう**のです。

このような事態に、リーダーたちも既に気づいているのでしょう。

そして**「組織文化を変えることが、内発的動機につながるのだ」**と考え、組織文化に取り組もうとします。

組織文化にアプローチするには、どうすればいいか

この発想は、素晴らしいものです。

しかし、問題が起きるのは、その後の施策の部分です。

多くの企業やリーダーは、組織文化を直接変えようとします。たとえば「お客さま第一主義」といった「標語」をフロアに貼り出したり、「○○十則」を毎朝朝礼で唱和したり、「私たちのミッション」といったハンドブックを配布したりするなどです。

いかがでしょうか。

皆さんの組織、あるいは皆さんが知っている組織文化は、本当にこのやり方で変わったでしょうか。ほとんどの場合は「変わらなかった」はずです。

とはいえ、こんな反論があるかもしれません。

「楽天の三木谷氏の『スピード!! スピード!! スピード!!』のように、外から組織文化を与えて成功した事例があるじゃないか」

その通りです。しかし、組織文化を直接変えるという手段は、三木谷氏のような圧倒的

な権力を持つ創業経営者、あるいはそれと同等の圧倒的支配力を持つリーダーだけに許された手段なのです。166ページでご紹介したＩＢＭの改革を行ったガースナーでさえ、この方法はとりませんでした。

組織文化を変えるシンプルな方法

では、どうすれば良いのでしょうか。あるいは、ガースナーはどうしたのでしょうか。それをお伝えする前に、**組織文化には、それを自己増強するループがまわっている**という点に注目してください。

組織の構成要員は、半ば無意識のうちに、組織文化によって規定された行動をとります。組織文化が環境に適合している場合は、その行動の結果として良いパフォーマンスが出ます。その結果、「この文化は素晴らしいじゃないか」と組織メンバーが捉え、文化はさらに強化されていきます。

このループは、ぐるぐるとまわります。

組織文化を変える際は、この構造を利用するのです（図7−5）。

「組織文化変革の正解」は、半ば強引にでも行動を変えさせることです。どのように行動させるのかについては、図6−4でご紹介した「ＶＵＣＡ時代の未来の創り方」を再度参

図7-5　組織文化（マインド）を変える：行動への介入

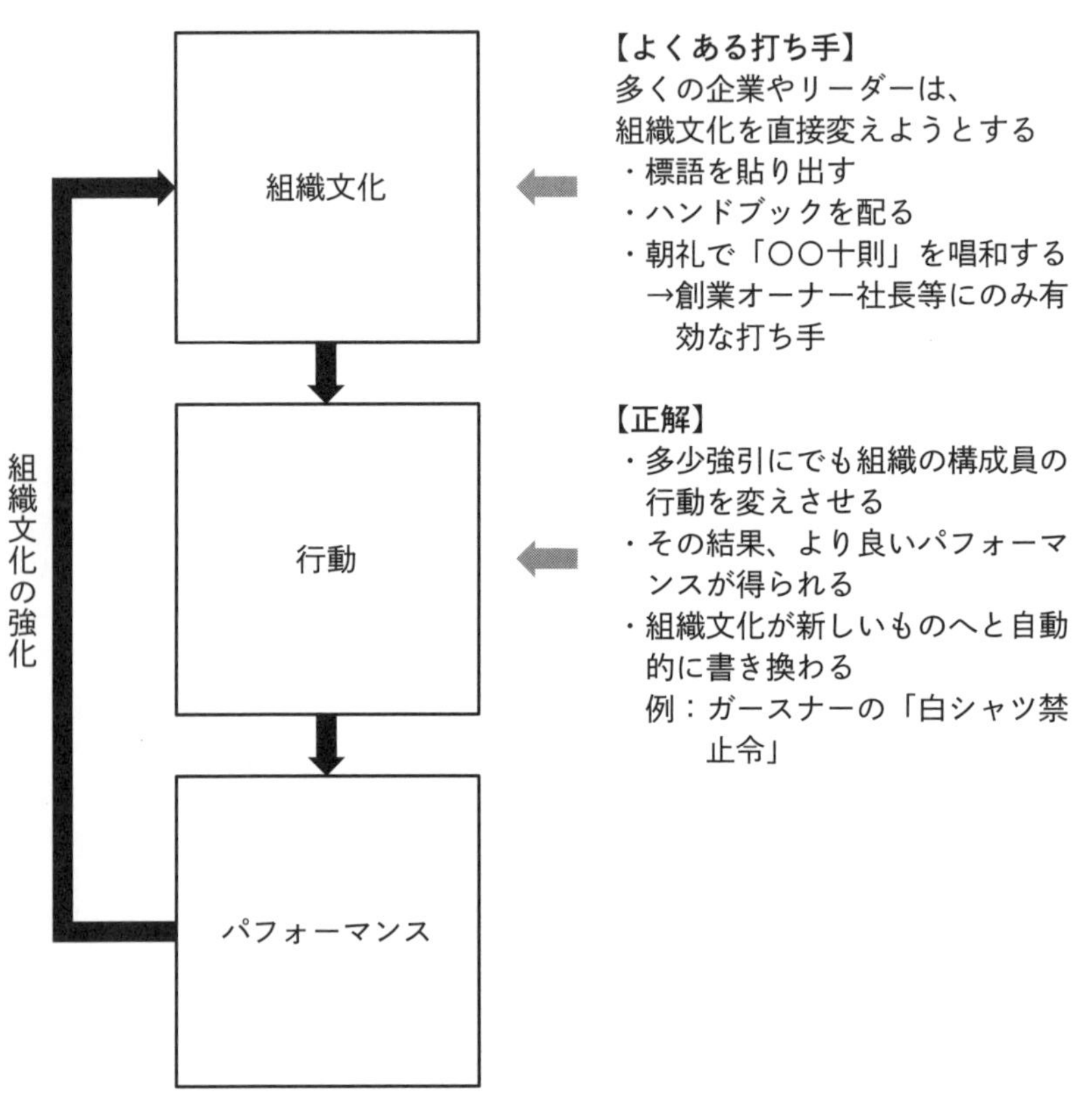

照してください（320ページに再掲します）。

まず過去を遡り、**氷山モデルの水面下にある大切な信念や価値観を探求**します。次に、それが**今の時代にどんな行動を意味するのか**を水面上に浮上して考えれば、**どのように行動すべきか**についての答えが得られることでしょう。

その行動が新しい環境に適合しているのであれば、今までより良いパフォーマンスが得られます。

その様子を、メンバーは意識、無意識の両面で捉えます。

「なんだ。新しい行動のほうが良いのか。次からはそうしよう！」とメンバーが感じることを通じて、組織文化は書き換わっていくのです。


4章でご紹介したガースナーの「白シャツ禁止令」（168ページ参照）を思い出してください。

これはまさに、半ば強引に行動（どんな色のシャツを着るか）を変えさせたと捉えられます。その結果、ＩＢＭがほぼ失っていた「顧客満足度の最大化」という組織文化を取り戻すことができました。それがさらに「顧客が望むなら、競合製品も扱うし、それを保守もする」という大胆な戦略へとつながり、Ｖ字回復が起きた——このエピソードは、既に述べた通りです。

このように、ガースナーの「白シャツ禁止令」は、単にユニークな打ち手なわけではあ

図7-6　過去から「未来」を創造する（再掲）

【安定した時代の未来の創り方】

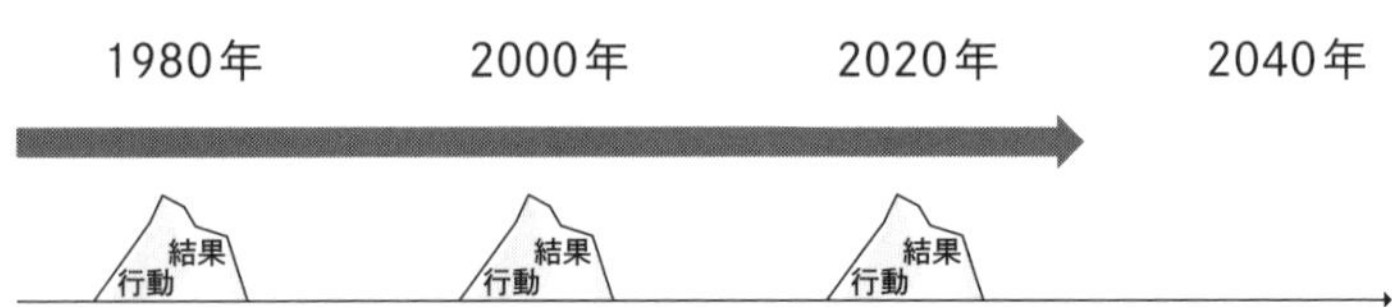

●氷山モデルの水面より上の部分（行動とその結果）の過去を振り返り、連続性のある未来を創造する

【VUCAの時代の未来の創り方】

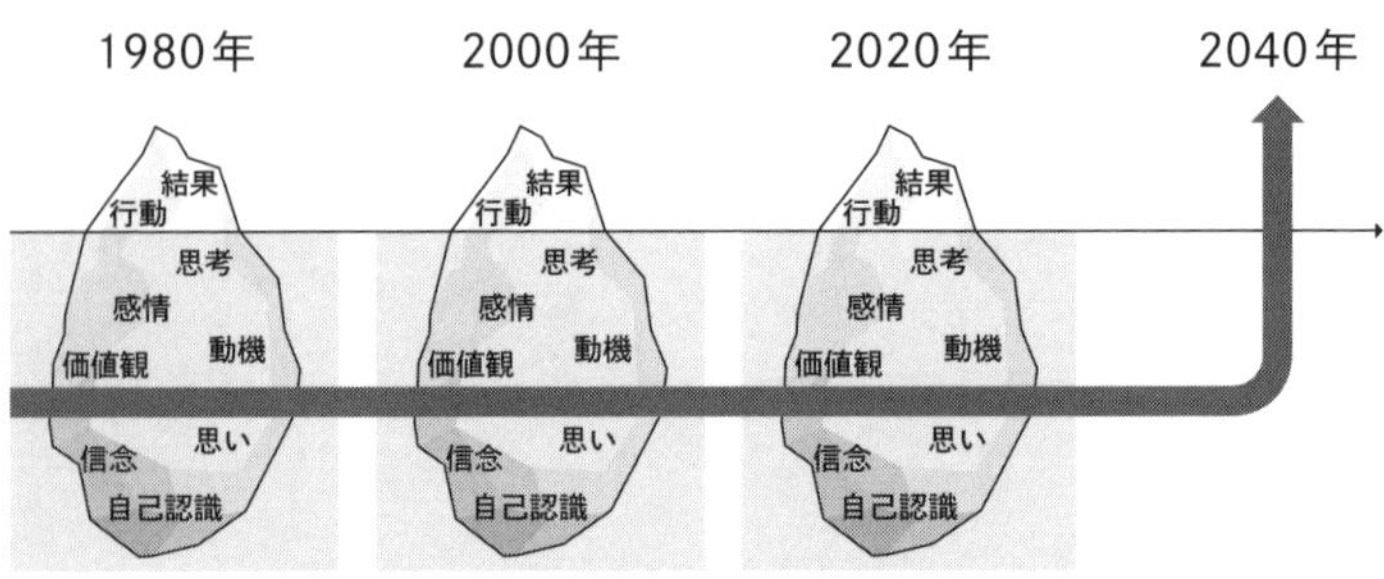

●個人と組織の内面（信念、価値観、動機、組織文化等）の過去を振り返り、その連続性を保ったまま水面上に浮上して未来を創造する

りません。組織文化の刷新のために、考え抜かれた施策であったのです。

ガースナーは、経営戦略の天才なのではなく、戦略的組織開発のパイオニアだったと言えるでしょう。

内発的動機を持ったリーダーを育成する——成人発達理論の活用

リーダーシップの2つの機能——PM理論

4章の後半で、ロバート・キーガンの「**成人発達理論**」における「**環境順応型知性**」と「**自己主導型知性**」についてご紹介しました。この考え方に準拠した360度リーダーシップ・サーベイがあるとしたら、**自己主導型知性を持つ（＝内発的に動機づけられた）リーダーを育成する**ために有用です。

たとえば「こんなリーダーシップ・サーベイがあったら素晴らしい」と私たちが考えているものを、図7-7にまとめます。

まず、どんなリーダーシップ・サーベイも、必ずと言って良いほど2つの機能の対比が含まれています。それは、古典的かつ今も輝きを放ち続ける**「PM理論」**から来るものです。

Pは**「パフォーマンス」**の頭文字であり、**「目標達成行動」**を指します。たとえば「絶対に目標を達成するぞ！」と集団を鼓舞するような推進力です。

Mは**「メンテナンス」**の頭文字であり**「集団維持行動」**を指します。たとえば体調の悪そうな部下がいたら、「お疲れのようだな。あとは他のメンバーに任せて、今日はゆっくり休んでください」などといった働きかけを指します。対人関係にアンテナを張っているリーダーの行動とも言えます。

この「PM理論」とキーガンの「成人発達理論」を掛け合わせると、図7-7のようなリーダーシップ・サーベイができあがるはずです。

4つの象限でリーダーシップを測定する

図7-7では、4つの象限のどこが強く出ているのか、どこが弱く出ているのかを、上司、自分、部下の三者で数値化することになりますが、4つ象限の意味は以下です。

・左下：M環境順応

人間関係を大事にするM機能が「環境順応型知性」で扱われるとどうなるか

図7-7　リーダーシップ・サーベイの４つの象限

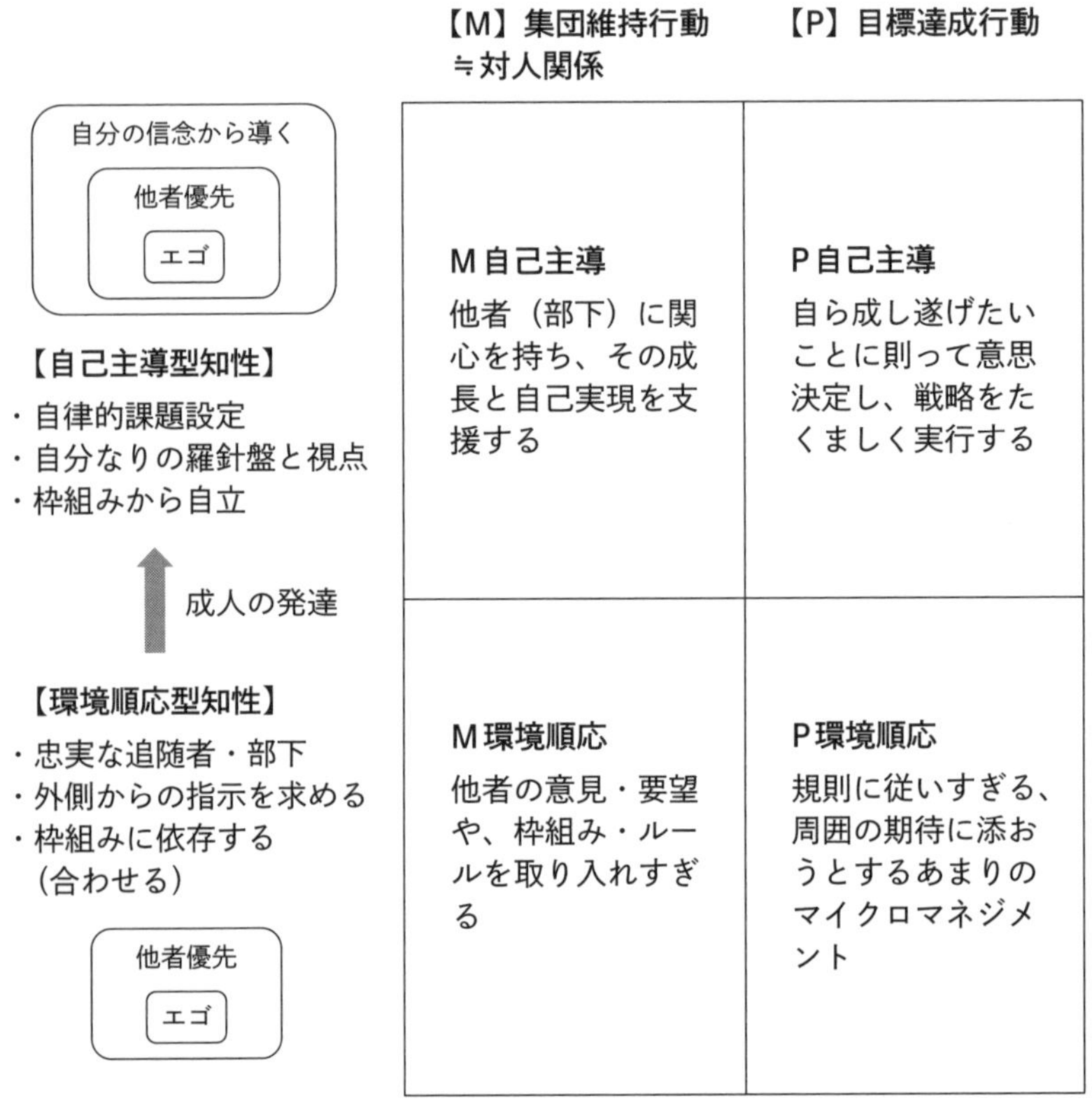

自分の信念から導く

他者優先

エゴ

【自己主導型知性】

・自律的課題設定
・自分なりの羅針盤と視点
・枠組みから自立

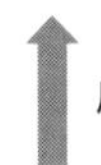

成人の発達

【環境順応型知性】

・忠実な追随者・部下
・外側からの指示を求める
・枠組みに依存する
（合わせる）

他者優先

エゴ

【M】集団維持行動≒対人関係	【P】目標達成行動
M自己主導 他者（部下）に関心を持ち、その成長と自己実現を支援する	**P自己主導** 自ら成し遂げたいことに則って意思決定し、戦略をたくましく実行する
M環境順応 他者の意見・要望や、枠組み・ルールを取り入れすぎる	**P環境順応** 規則に従いすぎる、周囲の期待に添おうとするあまりのマイクロマネジメント

（例：他者の意見・要望や、枠組み・ルールを取り入れすぎる傾向）

・左上：M自己主導

人間関係を大事にするM機能が「自己主導型知性」で扱われるとどうなるか

（例：自らの意志で部下とのかかわりを持つことで、部下に関心を持ち、その成長と自己実現を支援する等）

・右下：P環境順応

パフォーマンスに関するP機能が「環境順応型知性」で扱われるとどうなるか

（例：規則に従順なリーダー、周囲からの期待に沿うことを重視しすぎるあまりのマイクロマネジメント等）

・右上：P自己主導

パフォーマンスに関するP機能が「自己主導型知性」で扱われるとどうなるか

（例：自ら成し遂げたいことに則り、戦略をたくましく実行する姿等）

実は、こうした私たちの期待どおり、もしくは期待を上回る特徴を備えたツールが存在します。それは、リーダーシップサークル社による**「LCP（リーダシップサークルプロファ**

イル）」です。

このアセスメントの詳細については、私たちが所属するバランスト・グロース・コンサルティング株式会社が翻訳した『成長する組織とリーダーのつくり方：データで解明された持続的成果を生み出す法則』（中央経済社）を参照してください。

変革期な組織学習を促す「ダブルループ学習」

「シングルループ学習」と「ダブルループ学習」

この章で今までご紹介してきた5つの施策やツール、すなわち「プロセスワーク・コーチング」「シグナルへの働きかけ」「変容ロードマップ」「組織文化へのアプローチ」「リーダーシップ・サーベイ」のいずれもが、ある重要なコンセプトで集約することができます。そのコンセプトとは**「ダブルループ学習」**です(図7–8)。

組織を取り巻く環境が安定している時代は、「シングルループ学習」が適しています。よって、この章でご紹介した様々なツールは、必要ありません。

まず組織やそのリーダーには、価値観や信念といった「メンタルモデル」があります。それに準拠して「意思決定ルール」が定められ、そのルールに基づいて「実際の決定」がなされます。

図7-8　変革期の組織学習「ダブルループ学習」

【シングルループ学習】

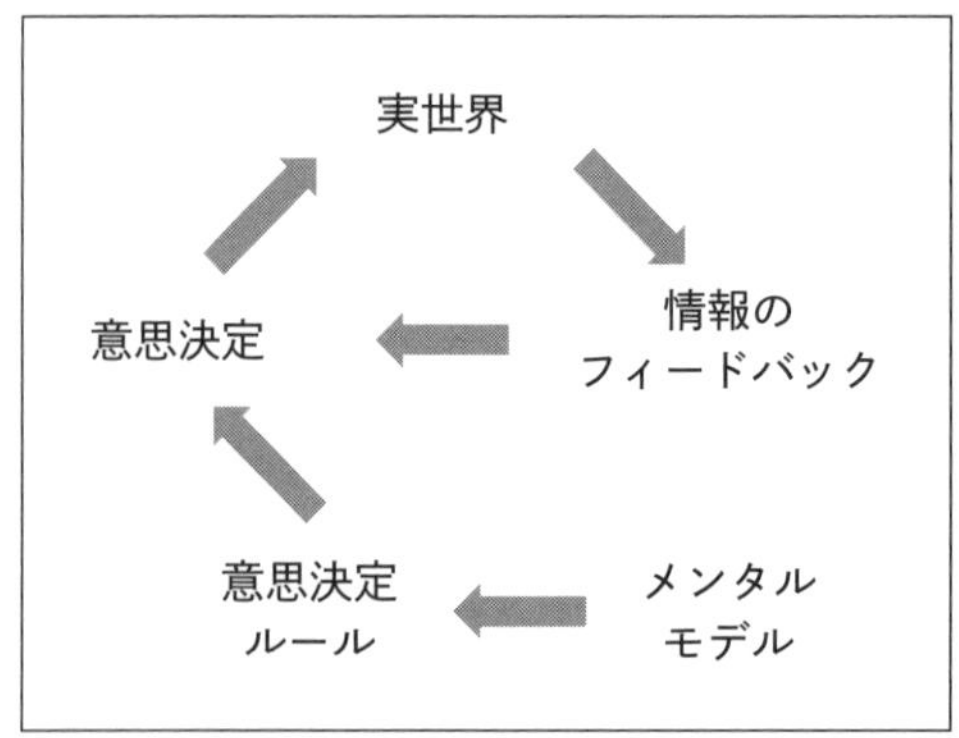

【ダブルループ学習】

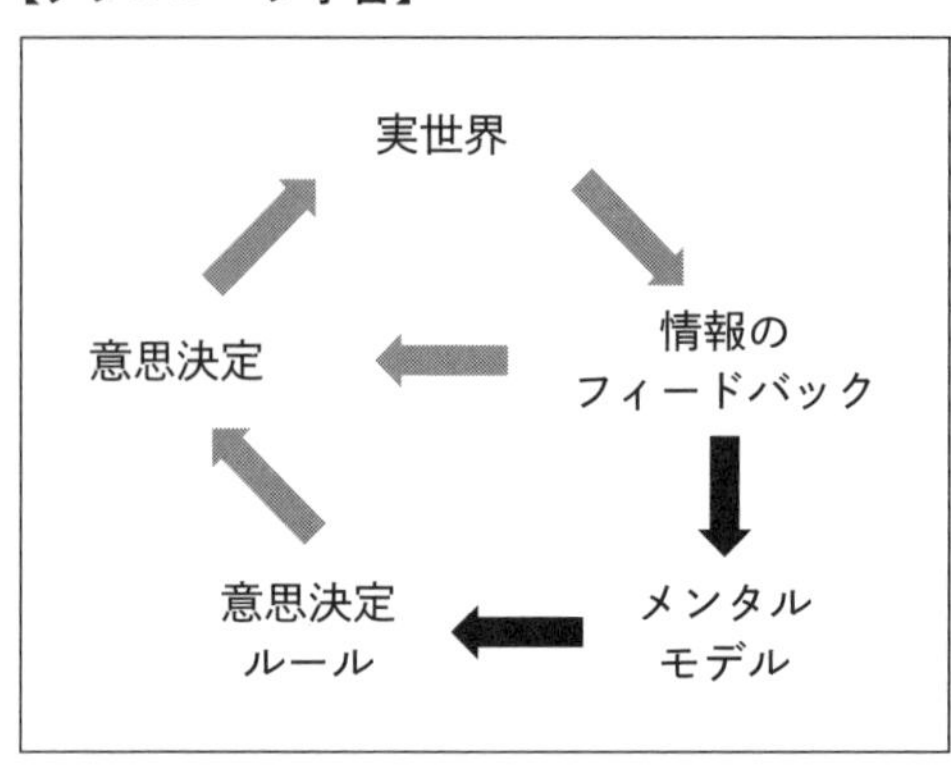

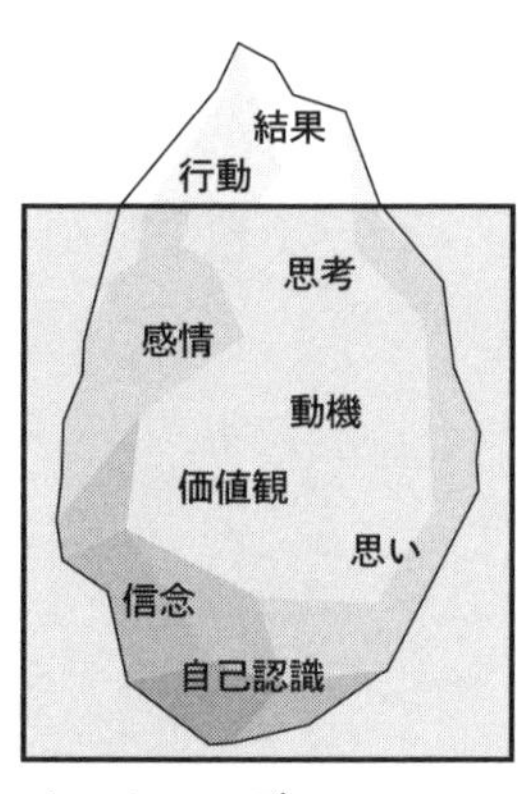

メンタルモデル

その決定が、現実的な出来事に直結し、実際にどのような結果を得られたのかがフィードバックされる——このようなループに基づいて、**意思決定ルールと、今、何が起きているのかを鑑みたうえで、次の意思決定が行われていく**のが**「シングルループ学習」**です。

このコンセプトの提唱者であるクリス・アージリスは、サーモスタットの例を用います。意思決定ルールとして「温室を25度に保つ」があったとします。フィードバックされた情報として、今の気温が「23度」だとすると、サーモスタットは電源を入れる意思決定をします。あるいは、フィードバックされた情報として、今の気温が「今27度」だとすると、サーモスタットは電源を切る意思決定をします。

このような意思決定により、温室は25度に保たれるのです。

組織変革時に不可欠な「ダブルループ学習」

しかし、環境変化の激しい現代——特に、企業が自らを変革していこうとするタイミングは、シングルループ学習では、対応し切れません。

安定の時代に培われた「信念」や「価値観」に疑問を持つことなく、相変わらず同じ「意思決定ルール」に基づいた組織運営をしていては、衰退の一途をたどるばかりです。

ここで登場するのが、**「ダブルループ学習」**です。

たとえば、賢いサーモスタットがいたとします。

「この温室には以前は胡蝶蘭が育てられていたので25度で良かった。でも今はシンビジウムが育てられているので、23度の設定にすべきではないだろうか」

つまり、**情報のフィードバックをもとに「メンタルモデル」を書き換え、さらには書き換わった「メンタルモデル」をもとに「意思決定ルール」まで見直すような学習が、組織変革には必要**なのです。

この章でご紹介してきた5つの施策は、いずれも組織や組織を率いるリーダーたちの「メンタルモデル」を、主体的に書き換えることをサポートするものです。書き換えられたメンタルモデルをもとに、「意思決定ルール」を見直し、決断・行動の質を変えていく――その連鎖を通じて、組織変革を現実のものにしていきましょう。

第3部 事例編

第8章

戦略的組織開発の実践事例

事例の背景

事例の概要

私たちは、組織変革（戦略的組織開発）のための企業支援、人材開発支援を行っています。8章では、**これまで紹介した考え方・やり方を統合させた戦略的組織開発型の実践事例**をご紹介します。

なお、ここでの事例は、実際の支援をベースにしています。しかし、事例に登場する方々は、今も組織変革を継続している真っ只中です。守秘義務等への配慮から、ここではよく似た業態・組織文化の2つの組織をハイブリッドし、登場人物等に多少の脚色を加えた形でご紹介します。

しかし、施策の進め方などは、可能な限り実際に近い内容でご紹介します。

組織の概要

D社E事業部は創業90年の典型的な日系の伝統的製造業であり、売上1000億円、従業員数1600人規模の、完成品の部材を提供している事業部門です。

組織変革に取り組む前は、典型的な「トップダウン」型のマネジメントで、上意下達やいわゆる「体育会系」の名残の強い組織文化でした。

E事業部の主な市場は、グローバルで伸長し続け、過去20年間の年平均成長率は6・0%にのぼります。そんな市場成長率にもかかわらず、E事業部は売上、利益共に5年連続で横ばい。ある部材分野で世界1のシェアを持つ製品を保有するにもかかわらず……という状態でした。

戦略的組織開発着手時の悩み

戦略的組織開発に着手する前のE事業部・事業本部長は、次のような点に悩んでいました。

- **メンバーは一生懸命に取り組んでいるが、5年前から何も変わっていない。** 業績もずっと横ばい
- 経営チーム（事業本部長、マーケティング本部トップ、開発本部トップ、営業本部トップ、生産本部トップ）は、経営コンサルティングを受け、戦略やしくみを変えたり、組織構造にもメスを入れたりしてきた。しかし、**一時的な成果はあっても、大きな変化にはつながらない**

ままだ

・経営コンサルティングを受けたものの**「そもそも戦略とは何か？」**が、**腹落ちしていない。**一人ひとりの中で「当事業部門の戦略とはこれだ」という明確な実感を持てていない

・トップから現場までの**一貫性を持った「戦略」「戦術」「行動」が具体化できていない**

・メンバーからは、今までと違うやり方・発想が出てこない。「やり方」が悪いのか、それとも「視点」を持っていないのか、**自ら気づいて行動に移していって欲しいのだが、それができていない**

・先日行った**「エンゲージメント・サーベイ」の結果が驚くほどに悪かった。**担当した人事部からは「フィードバックはしましたので、各事業部で何とかしてください」と言われたが、何から手をつけたらいいのやら……

・「期待できる」と思っていた**若手の離職も増えている。**特に製造業の根幹を担う開発本部からの離職が多い

・3年前から自分たちなりに**「組織風土改革」**を進め、インセンティブ・アワード制度もつくったが、**効果を実感できていない**

このような事業本部長の悩みを起点に、2年間の戦略的組織開発のプロジェクトがスタートしました。

この組織が変われなかった3つの理由

この組織は、なぜ変われなかったのでしょうか。これまでに取り組んできた変革は、なぜうまくいかなかったのでしょうか。

2年間というプロジェクトを経た今だからこそ、その理由がよくわかります。

ここでは、D社E事業部が変われなかった根本的な原因・問題を、本書でこれまでも紹介してきた3つの観点から見立てていきます。

理由1 「対立」を力に変えられていない

この組織には、**「経営チーム」と「ミドル（部課長）以下」の分断**がありました。

具体的には、事業成長期にはうまくいっていた「トップダウン」型のマネジメントが、文化として根づき、今では「当たり前」のものとなっていました。そのような環境下では、**ミドル以下の問題意識の高い社員に「新しい発想」が生まれても、なかなか経営チームには届きません。**「経営チームの力には勝てない」という経験を積み重ねる中で、徐々に「あきらめの感覚」が生まれ「思考停止」状態へと陥り、**「自分たちが会社を変えよう」という意欲は、ますます小さくなっていきました。**

その結果、現場から距離のある「経営チーム」は、市場環境や顧客ニーズの変化を迅速にキャッチすることができず、後手を踏む経営に陥っていったのです。

しかも、**このような分断は、「対立」として顕在化しているわけではありません。**そのため、**経営チームは分断があることさえ認知できていない**のです。

理由2　「今、ここ」しか見えていない

D社E事業部に根づいていたのは、**典型的な短期思考。事業を変革・改善しようとしても、習慣化された「今」「自分たち中心」（内向きの思考）でしか議論できない状態**になっていました。このように、染みついた習慣から脱せない状態になっていたのです。

経営チームとしては「今、ここ」を脱しようとして、トップダウンで方針変更を指示したり、外部のコンサルタントの力を借りたりすることもありました。しかし、それが積み重なると**「今、ここ」以外の答えは、上司や外部のコンサルタントから提示されるものだという受け身の体質が、無自覚のままにつくられてしまいます。**

経営チームの中にも、「答えを提示するのは自分たちの役割で、ミドル以下は、指示されたことを遂行すべきだ」という考え方を無意識のうちに持っていました。

理由3　実行するメンバーの内発的動機づけができていない

このようにD社E事業部は、強力なトップダウン文化が根づいた組織でした。経営チームやコンサルタントが提示する戦略・戦術は、コンサルタントと経営チームでは、熟慮してきた議論のプロセスで共通認識を持ったものでした。しかし、それは、**ミドル以下にとって「ＷＨＹ（なぜやるか）」、「ＷＨＡＴ（何をやるか）」に関する相互理解がほとんどないまま、「ＨＯＷ（どのようにやるか）」を中心に指示されたもの**です。ミドル以下は、そこから「有無を言わせぬ強制力」を受け取り、「やらされ感」がつくり出されていたのです。**「やらされ感」からは「当事者意識」や自律的な思考・行動が生まれません。**そして、結局、指示された「ＨＯＷ」を実行することが目的化される状態に陥っていました。

このように、**組織変革における３つの致命的なポイントに、大きな問題を抱えていたの**です。この状態にどのようにアプローチしたのかについて、以下で見ていきます。

戦略的組織開発プロジェクトの全体像

「まずはトップが変わってください」というアプローチの限界

このような組織の状態の中、経営チームとプロジェクト計画の検討を始めました。計画にあたって、私たちが大切にしたことがあります。それは、**トップにどうアプローチするか**という点です。

この組織では、**組織文化にアプローチする必要があるのは明らかでした**。そして、多くの組織において、**組織文化の問題点は、経営者や事業部の責任者などのトップの考え方に原因があることがほとんど**です。

この時、トップに対してどのようなアプローチをとるべきでしょうか。

「あなたたちが変わらなければ、組織は変わりません。まずはあなたたちが変わってくだ

さい」

そうトップ層にアプローチしていくのも、1つの方法です。それを聞き入れて自ら変わろうとするトップ・幹部がいる組織は、とても素晴らしいです（もしくは、苦言を受け入れざるを得ないほど、危機に瀕している……という可能性もありますが）。

しかし、多くの組織においては、そうはいきません。

「まずは、トップであるあなたたちが変わってください」という苦言を、聞き入れられる方は少ないのが実情です。なぜならば、それは本人の誇りやプライドを置き去りにして、否定し、傷つける方法だからです。

人は「否定」からは変われません。変わってほしいのであれば、傷つけてもいけません。**「否定」や「傷」は、「対立」や「分断」を大きくする**からです。

経営層の力を変革に活かす

会社や事業部門を変えるためには、トップが持つ影響力が必要です。

ある部門だけ、あるチームだけなど、ボトムアップで行う変革は、とても大切なものです。しかし、大きな変革に結びつけていこうとすると、それは時に既存の組織文化や、その組織文化をつくってきたトップ層の「習慣」の前に、飲み込まれてしまうことがあるのです。

私たち、そしてD社E事業部が恵まれていたのは、トップからの組織変革に着手できたことです。トップの合意を得た状態で始めることは、組織変革を奏効させる大切な要素と言えます。

とはいえ、いくら経営チームに問題があったとしても、「あなたたちが原因だ」「あなたたちから変わるべきだ」と責任を追及するのが適切でないのは、前述の通り。そこで私たちは、**責めるのではなく、経営チームに自ら気づいてもらうようなアプローチをとっていきました**（詳しくは346ページ参照）。

戦略的組織開発の8つのステップ

このような考え方を前提として、D社E事業部変革で取り組んだ戦略的組織開発の手順は、次の通りです。

なお、変革の軸・核になるのは、本書でくり返し述べてきた「組織が変われない3つの理由」という組織変革を阻む根本的な要因です。それぞれの手順・アプローチが、この要因のどれに関連しているのかについても、あわせて示します。

図8-1　戦略的組織開発の全体像

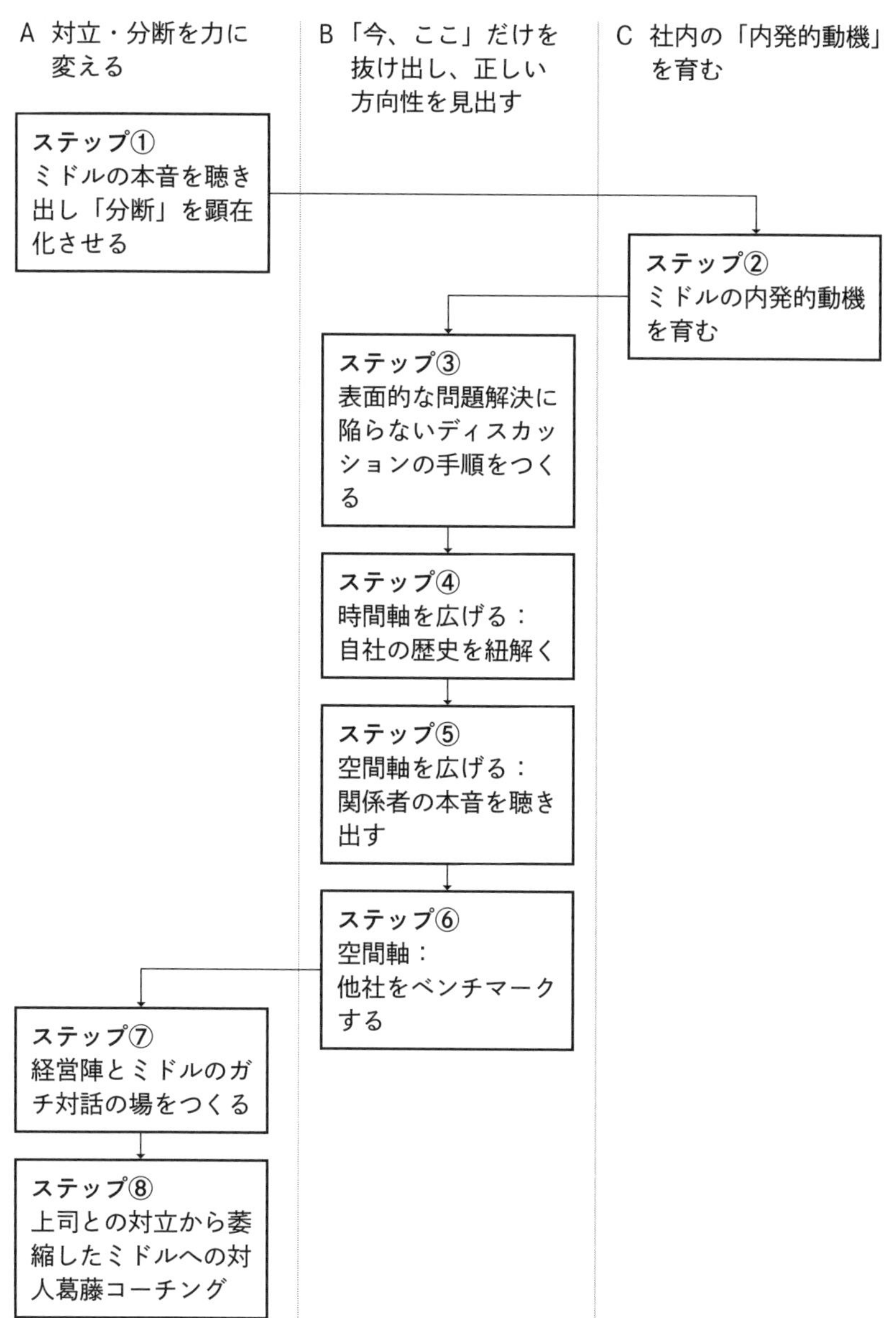

ステップ①
ミドルの本音を聴き出し「分断」を顕在化させる

ミドルの「生々しい声」を拾うには

プロジェクトで最初に取り組んだことは、**「エンゲージメント・サーベイ」では語り切れない「生々しい声」を拾う**ことでした。

具体的には、アンケートを通じて行っていくことになりました。対象は、ある程度の仕事経験を積んだ層（部長、課長、チームリーダー、マネージャ職には就いていないがそれと同等の経験を積んだメンバー）で合計120人程です。

ここでの目的は「生々しい本音」を拾うこと。私たちは、**彼らの生々しい本音の中にこそ、変革の種が眠っている**と考えたのです。

しかし、実際にそれを行うのは簡単ではありません。

この組織は、長いトップダウン文化の中で、あまりにも「自分の不満」を押さえること**が当たり前になっています。**あるいは、私たちが抱いている仮説自体が誤っている可能性もあります。もしかしたら、組織文化に問題があると思っているのは私たちだけで、D社E事業部のメンバーたちは、今の文化・状況の中でうまく仕事をしていて、問題が起こっているとは認識していないのかもしれません。

とはいえ、**社員たちの「本音」を引き出さないことには、何も見えてきません。**まずは、**本音を引き出せるような工夫**として、次のような取り組みを行いました。

本音を引き出す工夫

本音を引き出すために、アンケートに際して行った工夫は、次の4点です。

【アンケート実施に際して工夫した点】

①事業トップからの「メッセージ」をつける

②記入者がわからないWebツールを使って匿名性を担保する

③回答を受け取るのは、社外の私たちとする

④経営チームへは個人が特定されない（想像されない）形に加工してフィードバックするこ

とを事前に約束する

なお、アンケート項目は下記の通りです。

【アンケート項目】

1. うまくいっていることは？
2. うまくいっていないことは？
3. 「短期的に」取り組むべき最大の課題と機会は？
4. 「中期的に」取り組むべき最大の課題と機会は？
5. 必要な変化を起こすにあたって最も手ごわい障壁は？

一部、補足をしておくと、D社には、事業トップが事業部メンバーに対して、丁寧にメッセージを打ち出す習慣がありませんでした。そのため、事業トップからの「メッセージ」をつけ加えることで、インパクトを与えると共に、「これまでの事業経営の反省と変革への本気度」を示し、真摯にメンバーの声を聞きたいという意図を伝えることにしました。ここには**「経営から変わる」というコミットを打ち出す目的**もありました。

ミドルから出てきた生々しい本音

結果、非常に豊富な（豊潤と言っていいほどの）生々しいエピソードが含まれたコメントが寄せられました。

ここでは、特に声の多かったものを中心に、サマリーとして紹介します。

【結果サマリー】

・ビジョン、戦略が不明確。自分たちがどこに向かっているのかわからない
・上層部や上司に相談しても「もっと考えろ」「私はそうは思わない」ばかり。相談にならず一方的に考えさせられるだけ
・常にトップダウン。その意向に沿うためにいつも時間に追われている
・いつも今期の売上の話ばかり
・チャレンジしない、させない。「失敗しないこと」を重視する

アンケートの結果は、3割は「私たちはうまくやっている」「製販研の連携がうまくいっている」といったもの。残りの7割は、右に挙げたような生々しい本音や不満の数々でした。

「うまくいっていること」と「うまくいっていないこと」の割合は3：7程度。もしこの

数字が逆転していたとしたら（事実としてうまくいっているのか、それとも経営チームに忖度をして本音が吐き出せていないのかいずれの場合だったとしても）、このプロジェクトは、この先に進んでいなかったかもしれません。

しかし、そうはなりませんでした。**アンケートを通して寄せられた「不満」の数々は「この機会に今まで言えなかったことを伝えよう」「言ってきたが受け止めてもらえなかったことを改めて伝えよう」という熱の現れ**でした。

メンバーたちの中には、変革に必要な「熱」がある――私たちはこの結果を、そのように受け止めました。**その熱が、プロジェクトの原動力として欠かせないもの**だったのです。

現場の生々しい声を経営チームにフィードバックする

とはいえ、次は新たな課題が発生します。

こうした**「不満」「要望」などが含まれた現場の「生々しい本音」を、経営チームは受け止めてくれるだろうか。**これらの本音を、自分たち（経営チーム）の問題ではなく、メンバーたちの問題だと捉えないかどうか――。

こうした不安を抱える中で、まず経営チームに**「生々しい本音」を受け止めるための心構えの機会**をつくることにしました。

具体的には、経営チームには事前に「ＡＧＣ社の両利きの経営ケース*」を活用したケースタディに取り組んでもらいました。自社の置かれた状況に似た企業（今回の場合、グローバル展開している日本の大手企業であり同じ製造業）をケーススタディの材料として選定し、自社に置き換えて考えやすい状態をつくったのです。

このステップは、**経営チームを傷つけないための配慮**によるものです。社員たちの本音は、経営チームにとってはショッキングな内容が含まれます。しかし、それを自分事として受け入れてもらわなければ、変革を次のステップに進めていくことはできません。そこで、**経営チームが無意識のうちに「自己防衛」を起こすことなく、フラットに結果を受け止められるように、ケーススタディの学びを通じて、変革に向けた心構えをしてもらいました。**

結果として、この工夫は奏効しました。経営チームは、アンケートの結果を真摯に受け止めてくれたのです。

生々しい本音から課題を見立てる

経営チームと私たちは、この結果から、次のような問題点を見立てました。

＊スタンフォード大学経営大学院「AGC Inc. in 2019: "Your Dreams, Our Challenge", Japanese Version」

○アンケート結果から見立てた課題

- **経営チームは、ミドル以下の問題意識や実態、心理的状況について、想像していた以上に認識できていなかった**
- **経営チームとそれ以下に大きな分断がある**

なお、この事業部門の場合は、部長と課長間や課長とチームリーダー間の大きな分断は見られませんでした。

「診・証・療」アプローチ

過去の施策は、基本的に経営チームの問題意識や課題が変革のスタートになっていました。しかし、今回は、私たちが大切にしている**「診・証・療」アプローチ**をとっています。

つまり、「診断」して(診)、問題症状を見立てて(証)、治療する(療)という、**問題症状を引き起こしている組織の中の「対立」「分断」を見立ててから治療するアプローチ**です。

なお、ここで紹介したような、「診」から始めるアプローチを通じて、次のような組織の状況が見えてきます。

・**「経営、マネジメントの意図がどこで途切れているのか」**がわかる
・**「経営、マネジメントが意図できていなかった、社員や部下が求めていること」**がわかる

D社E事業部では、アンケートを通じて「診」を行った結果として、345ページのような問題症状が見えてきました。このような「対立」「分断」にどのように取り組んでいったのか、変革の次のステップへと歩みを進めていきましょう。

ステップ②　ミドルの「内発的動機」を育む

「ミドル」に組織変革を託す

アンケート結果を受け止めた経営チームと対話、議論して意思決定したのは、次のことです。

「組織変革をミドルに託す」

これは、ある経営者から聞いた言葉の受け売りですが、**「任せる」とは自分でもできることを他者に頼むこと**であるのに対し、**「託す」とは自分ではできないことを他者に頼むこと。**

今回経営チーム内で合意したことは「託す」です。

この意思決定のもと、E事業部の責任者である事業本部長、そして各部門（マーケティング本部、営業本部、開発本部、生産本部）トップから事業部のメンバーにメッセージを発信しました。

主な内容は、以下のものです。

- **アンケートへの協力のお礼**
- **「自分たちは現場が見えていなかった」ことへの反省**
- **「市場や顧客に近い、現場感覚のある皆さんに経営課題解決をお願いしたい」**という依頼
- **「これまでのプロジェクトのような指名制はやめる」**という約束
- **「私たちと一緒に、変革の中心となってくれるメンバーを募集したい」**という募集

「立候補」したメンバーで、組織変革を実現できるのか

ここで**「立候補制」をとることは、社員たちの内発的動機を引き出すうえでとても重要**なポイントです。

しかし、このケースにおいて「立候補制」をとるうえでは、次の2点が争点となりました。

・本当に立候補してくれるのか

・経営課題の解決ができるメンバーが立候補してくれるか

特に2つ目のポイントは、経営チームが大きな懸念を示した点です。

このプロジェクトの肝は、ミドルに組織変革を託すこと――つまり、ミドルを経営者化することです。しかし、**立候補制にして、この目的が実現できるかどうか**が議論の争点となりました。

事業本部長からは「本当にできるのか？」という疑問が、営業本部トップからは「ミドルの経営者化を目指すのであれば、自分たちが経営者化するメンバーを指名したほうがいいのではないか？」という意見があがりました。

特に、営業本部トップの主張は強く、私たちの提案とのあいだに対立が発生しました。「これまでのやり方、自分の価値観を強く押し出すやり方だからこそ、これまで変わらなかったのではないか？」と言いたくなる気持ちはありました。しかし、責めても防衛反応が強くなり、より提案が受け入れづらくなるだけです。

そこで、個別面談を設けて、営業本部トップの意見を全て聴いたうえで、私たちの考えをあらためて説明し、**結論としては「立候補制＋締め切り後の推薦」の形をとることで決着**しました。

営業本部トップが推薦するメンバーが立候補をしなかった場合、彼らに私たちが直接声をかけて意思確認をして参加してもらう……このような結論に至ったのです。

現場の力を組織変革に活かす——創発的戦略

立候補の結果は、どうなったのでしょうか。

事業本部長、各部門トップからのメッセージを受け、立候補したのは18人のメンバーです。

その多くは、経営チームが思い描いたメンバー（部課長クラスのミドルたち）でしたが、中には意外なメンバーが含まれていました。たとえば、事業経営とは距離が遠いと思っていた営業サポート職の女性や工場でローカル採用された製造現場の班長です。

少し先の話になりますが、実はこの2人が、チームに大きな貢献をすることになります。

まず、営業サポート職の女性は、**部課長レベルでは見えていなかった営業と開発のあいだにあったコミュニケーションギャップが、組織全体に影響している**ことを指摘し、解決のためのアイデアを積極的に提案していきます。

また、製造現場の班長は、このプロジェクトでの取り組みに刺激を受け、これまで避けてきたビジネス書を読むようになり、学んだことをプロジェクトに還元したりするようになりました。また、経営チームへの最終報告会では、経営チームに対して、**これまでいか**

に経営チームのプレッシャーが組織全体に悪影響を及ぼしていたか、経営チームにどう変わってほしいのかを伝え、「共に変わりましょう」という力強いメッセージを発することになります。

ヘンリー・ミンツバーグは**「創発的戦略」**を提唱しました（図8-2）。

意図した戦略の中から熟慮された戦略のみが、実際に実行される。そして、意図した戦略にはなかった「実践」から生まれた戦略が実行される。つまりは、**実行される戦略とは熟慮された戦略と実践から生まれた戦略**であり、それ以外の意図した戦略は実行されないというのが、彼の主張です。

私たちなりに解釈してお伝えすると、**経営トップが中期経営計画等で打ち出した戦略のうち、ミドルが理解し自分事として自分の言葉で語り始める戦略こそが、実行される戦略**です。

VUCAが加速する時代においては、市場や顧客ニーズの変化が激しく、経営陣の過去の経験・成功法則が活かしづらくなっています。そんな時代だからこそ、現場が感じ取るセンサーを「ミドル」が活かし、経営陣と対等に対話できることが重要です。

「現場力」を活かしながら、経営陣と対等に対話できるようになるためには、ミドルが経営者の視座・視点とマインドを持つことが必要なのです。

図8-2　創発的戦略とミドルの経営者化

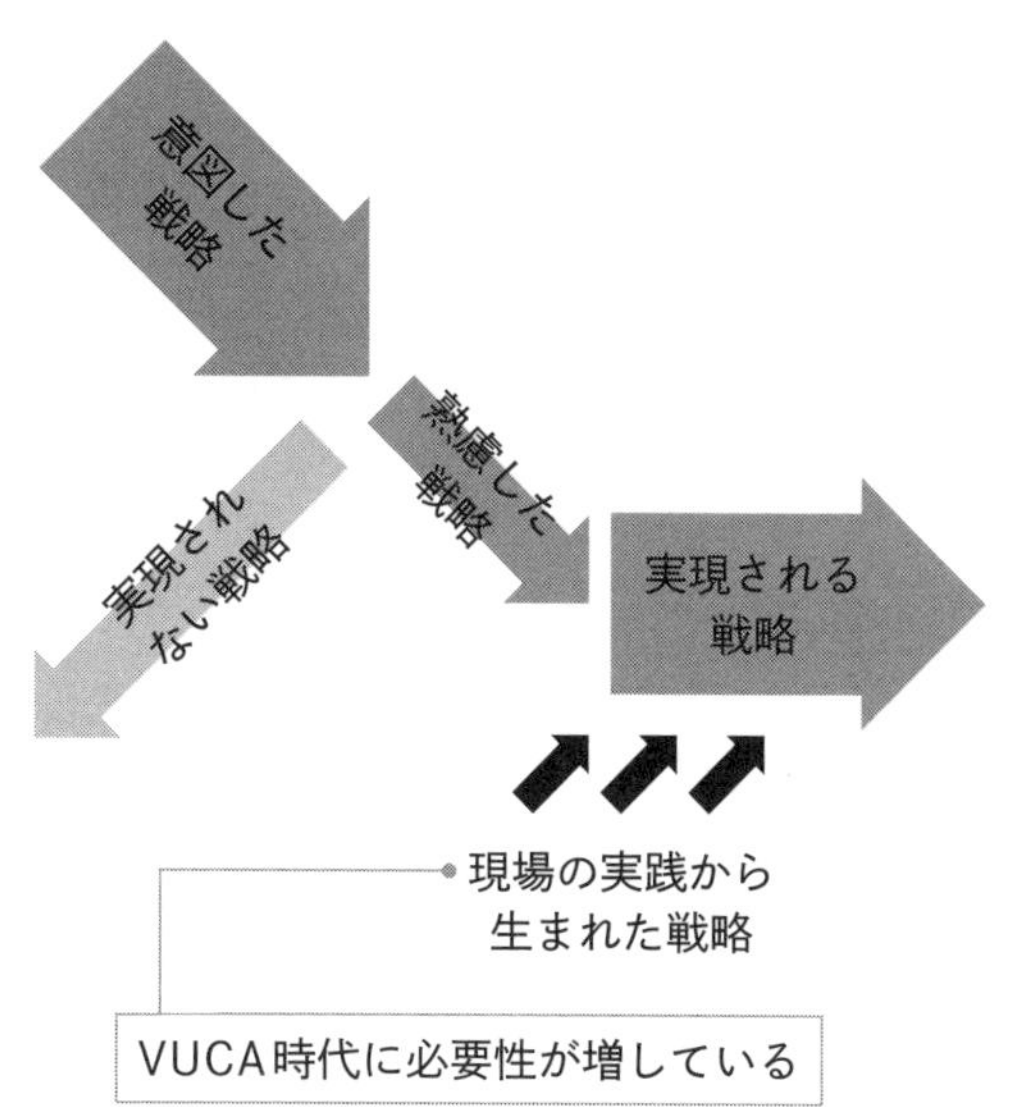

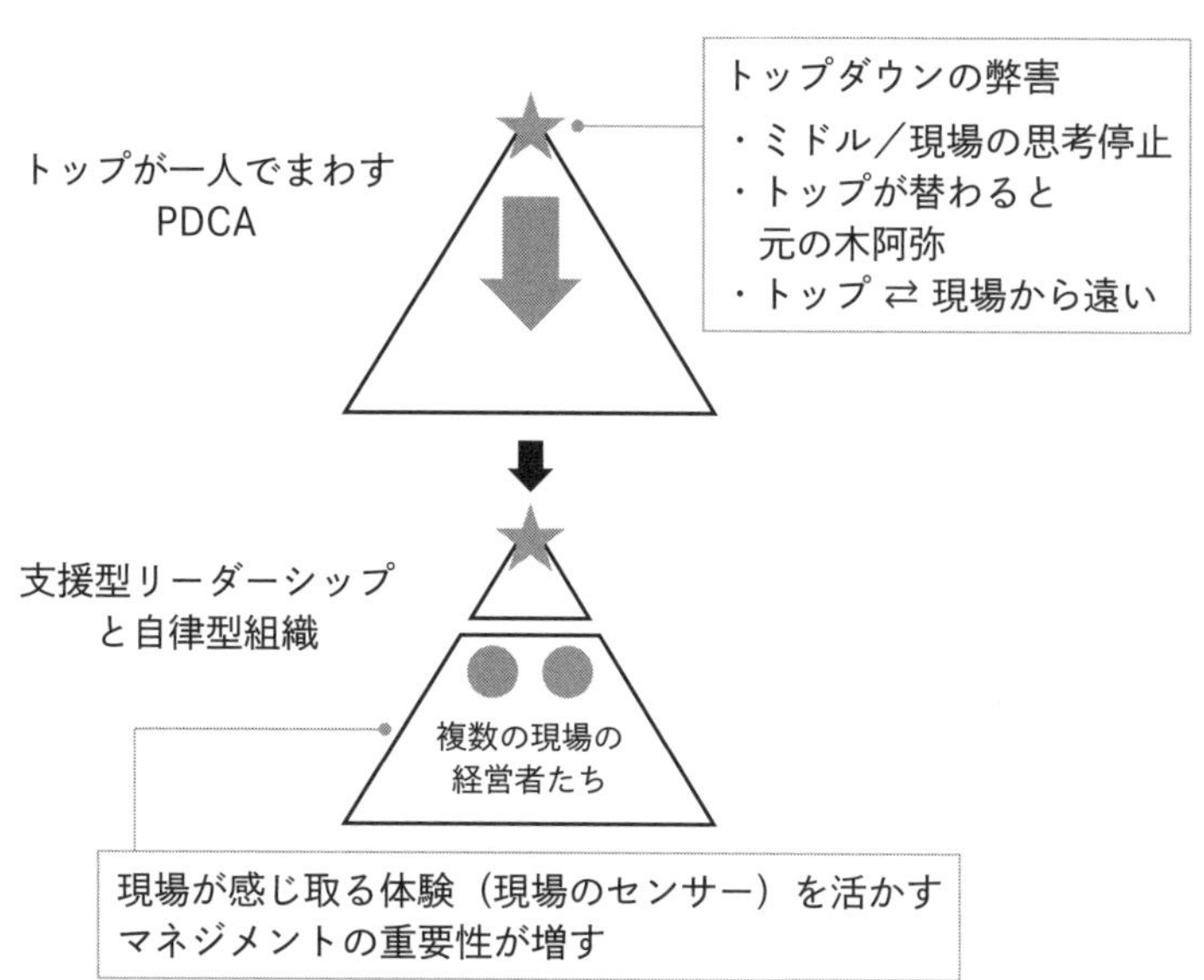

「意志」があるところから、変革は始まる

過去の取り組みは、いつもトップが主導するものでした。もちろん、メンバーを巻き込んだプロジェクトも行われていましたが、そこに加わるメンバーは、トップによる指名によって決まります。過去、トップから指名されてきたメンバーの多くは、普段からトップと会話をしている人たち――つまり、**これまでは同じような問題意識を持った、同質性の高いメンバーが変革プロジェクトを担っていた**のです。

しかし、今回は、立候補制を通じて、トップとは異なる視点、視座を持ったメンバーがプロジェクトメンバーに加わっています。中には、今の事業経営に不満を持つメンバーもいました。

しかし「不満の裏には必ず願いがある」のです。

変革が始められるのは、いつも「意志」のあるところからです。

意志（願い）のあるところから変革を始めれば、変革のための「意識改革」や「動機づけ」をスキップすることができます。

そして、**強い意志（願い）があるからこそ、これまで経営陣では見えていなかった現場の感覚に沿った戦略・戦術が立ち上がり、それを自ら実行していくことができるのです。**

ステップ③ 表面的な問題解決に陥らないディスカッションの手順をつくる

ディスカッションの手順を整備する

表面的な問題解決に陥り、一見正しそうに見えた改革案は実行されなかった。あるいは、**実行されたとしても結果につながらなかった……**長いコンサルティング経験の中で、ありがちな失敗パターンです。

たとえ強い意志（願い）を持っていたとしても、このような状況に陥ってしまうリスクがある――そのため、プロジェクトメンバーが決まり、実際に動き出すにあたって、私たちは、ディスカッションの手順を整備しました。

具体的には、以下の3つのディスカッションの手順をつくることで**「表面的な問題解決に陥らない」方法で、ミドルたちが自らのエネルギーを活用しながら思考を深め、解決策**

をアウトプットできるよう整備していったのです。

以下では、その中身を見ていくことになりますが、これから紹介するやり方・考え方は、既によく知られている「なぜなぜ分析」「真の原因を捉えて手を打つ」等のアプローチと似ている点があります。**異なるのは、見えづらい点にも焦点を当てていくこと**です。

図8-3を見てください。一般的な分析では、主に結果や行動といった見えやすいこと（氷山モデルの水面上）に焦点を当てていきます。**しかし、ここでの3つの手順では、それに留まらず見えにくいこと（氷山モデルの水面下）にも焦点の当て、組織や個人の内にある感情や習慣・文化・思想に踏み込んでいくことを目指しています。**

ディスカッション手順1
問題意識を共有し、テーマを選定する

この手順1は、さらに3つの手順に分けられます。

①メンバーの問題意識を共有する
②プロジェクトで取り組みたいテーマを設定する
③それぞれのテーマについて検討するチームをつくる

図8-3　表面的な問題解決に陥らない ディスカッション・ルートをつくる

[手順1] 問題意識の共有
⇒テーマの選定

●参加メンバーの問題意識の共有

●外側のボトルネックを見つける

●悪循環をどこで断つのか？
⇒テーマを決める

氷山モデルの上側の問題を明確にする
(下側に逃げない)

[手順3] 解決プランの企画

●症状（外）と構造・思想（内）を変える
ためのしくみ・体制を考える

●要は何を何に変えるのか？

●経営チームに伝わるロジックで

解決策を意識・マインド・スタンスに
逃げない

①
■問題の症状は何か？
そのレベルは？

■問題が引き起こしている
コスト（インパクト）は？

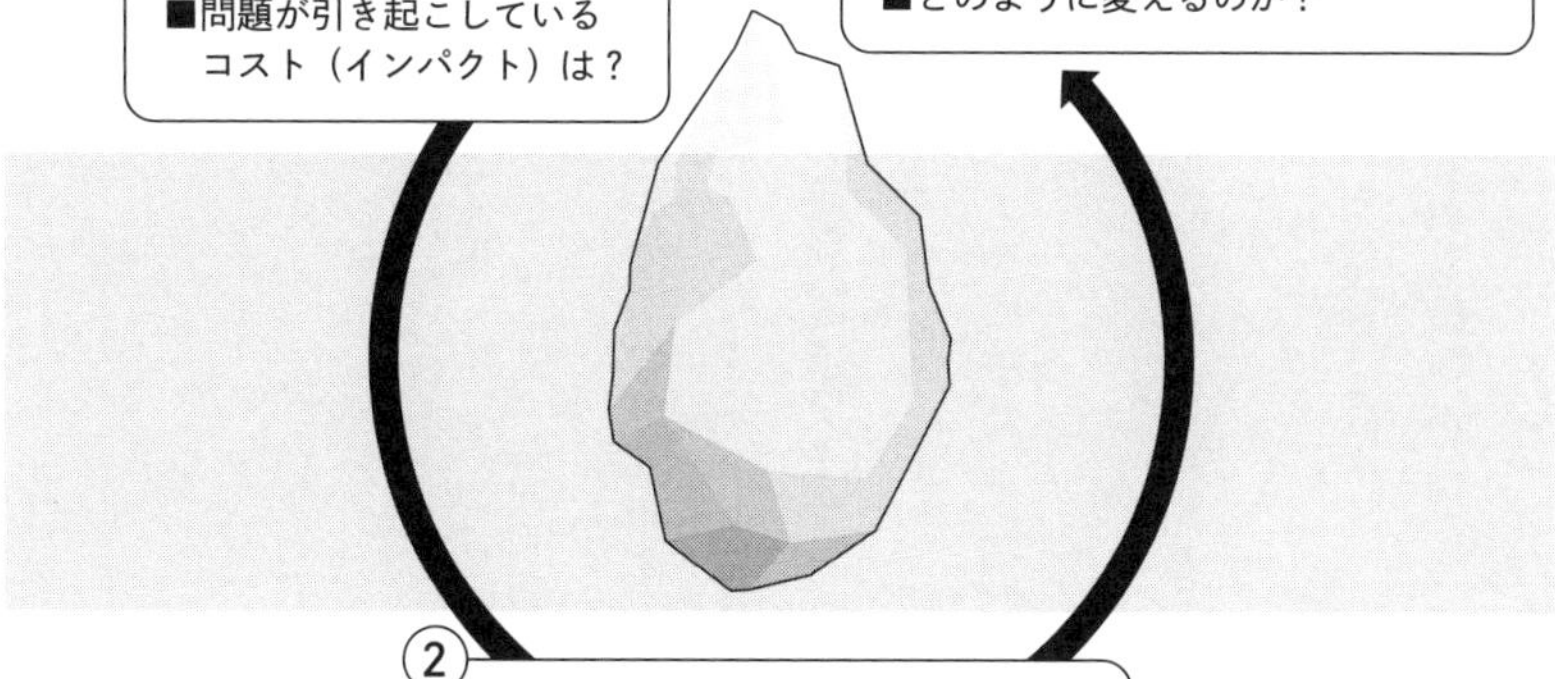

②
■起きているメカニズム（構造）は？

■背後にある思想は？

③
■何を何に変えるのか？

・どんな事象・数値に変えるのか？
・どんなメカニズムに変えるのか？
・どんな思想に変えるのか？

■どのように変えるのか？

[手順2] 問題の再定義　真の問題の探索

●問題症状が起こるメカニズムを探求する

●さらにその背景にある思想に潜る
＝組織にある感情まで扱う

●真の問題をテーマにする

氷山モデルの上側の問題解決に走らない
(上側の安易な解決に逃げない)

①メンバーの問題意識を共有する

プロジェクトのスタートは、18人のメンバーが、それぞれの問題意識を共有することから始まりました。

「事業部門にどんな問題症状があるのか？」「その問題が引き起こしている影響は？」を考えていきます。

具体的には、次の手順で考えていきます。

- **氷山モデルの水面上、見えている部分でのボトルネックを見つける**
- **悪循環をどこで断つ必要があるか、そのポイントを決める（仮説でOK）**
- **いくつか抽出されたポイントを、課題解決テーマとして設定する**

重要なことは、この段階では**氷山モデルの水面下に逃げない（組織文化、チームワーク、関係性に逃げない）**ということです。

本プロジェクトでアウトプットされた悪循環の構造を図8-4にまとめます。

②プロジェクトで取り組みたいテーマを設定する

「この悪循環の構造のどこにメスを入れればいいか？」、この視点からメンバーが取り組みたいテーマを設定します。実際には、次の4つが挙がりました。

図8-4　悪循環の構造

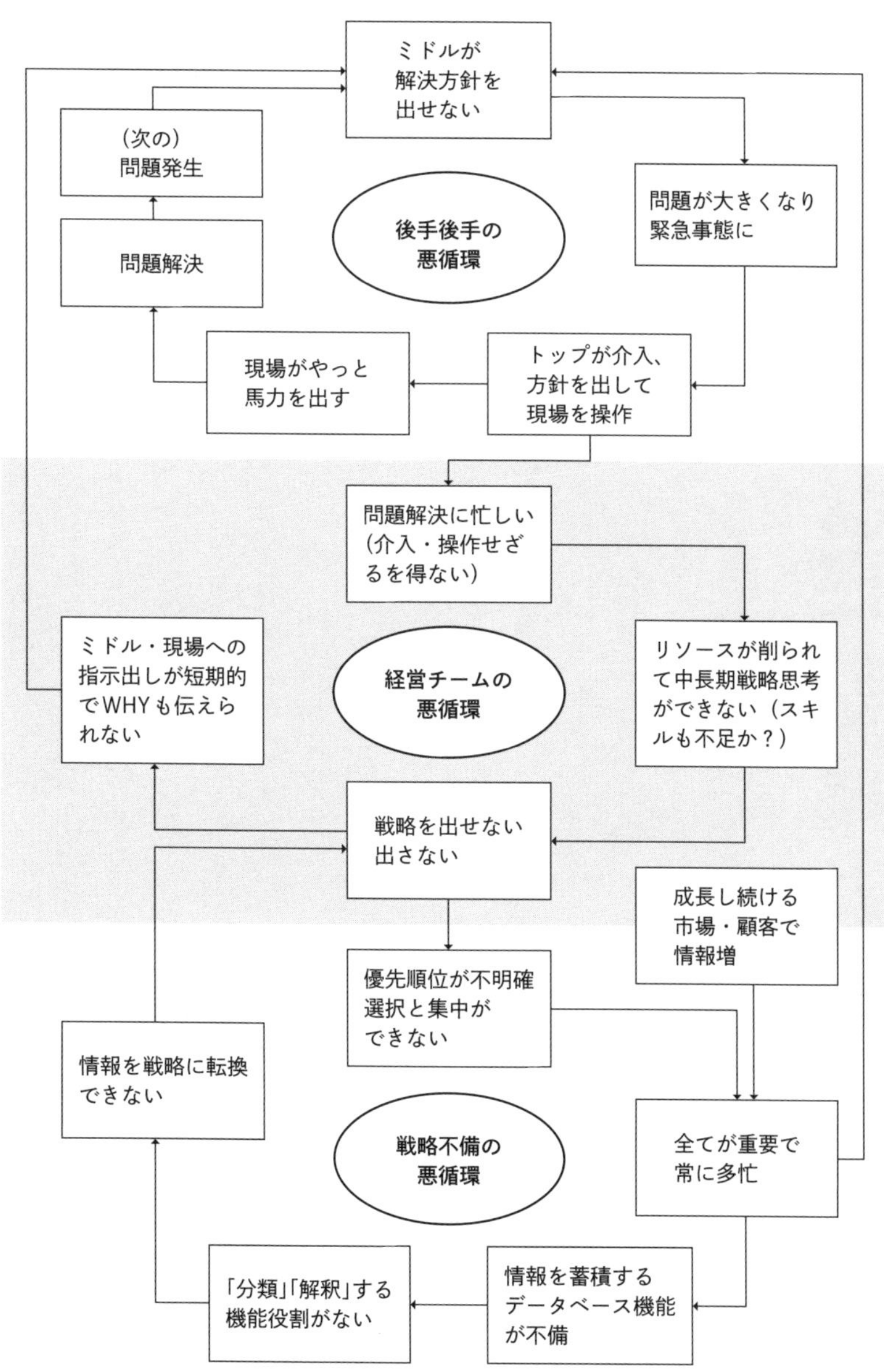

ミドルが
解決方針を
出せない
(次の)
問題発生
問題解決
後手後手の
悪循環
問題が大きくなり
緊急事態に
現場がやっと
馬力を出す
トップが介入、
方針を出して
現場を操作
問題解決に忙しい
(介入・操作せざるを得ない)
ミドル・現場への
指示出しが短期的
でWHYも伝えら
れない
経営チームの
悪循環
リソースが削られ
て中長期戦略思考
ができない(スキ
ルも不足か?)
戦略を出せない
出さない
成長し続ける
市場・顧客で
情報増
優先順位が不明確
選択と集中が
できない
情報を戦略に転換
できない
戦略不備の
悪循環
全てが重要で
常に多忙
「分類」「解釈」する
機能役割がない
情報を蓄積する
データベース機能
が不備

・テーマA：「戦略がないのはなぜ？」
・テーマB：「次の事業の柱になり得る新製品が過去10年間、生まれないのはなぜ？」
・テーマC：「製造部のシステム化・機械化目標が達成されず、そのうえ、品質問題が多発しているのはなぜ？」
・テーマD：「情報共有・情報連携に時間がかかり、全事業部員が忙しすぎるのはなぜ？（ITシステムが脆弱すぎるから？）」

テーマを設定する際は、次の2つが大切です。

・論理的なつながりを重視しすぎないこと
・メンバー自身の問題意識や「取り組みたい！」という思いを重視すること

実際に、図8−4に示した悪循環の構造図と設定テーマは、論理的にはつながらないものや、論理がジャンプしているように見えるところがあります。

実を言うと、このテーマを見た時、私たちはメンバーの基礎的な論理構築力・展開力に疑問を感じたのは事実です。

しかし、**ここで論理性を追求しすぎて、「正しさ」を迫ると、彼らの意志**（内から湧き出るエネルギー、内発的動機）**が小さくなり、「やらされ感」さえ芽生えるリスクがあります。**それでは、元々あったトップダウン文化へと逆戻りです。

ここでは、経営課題、事業課題視点を大きく外していなければ（テーマが小さすぎることがなければ）**、メンバーの意志を尊重しましょう。**

たとえば、テーマDが選定された時には、疑問を感じました。「ITに関する知識・スキルがないメンバーで議論することはできるのか？」といった疑問や「全社のシステムにかかわる問題（事業部門の枠組みを超えた問題）を扱えるのか？」といった懸念が生まれたのは、事実です。これは、私たちのコンサルタントとしての仕事のアウトカムや評価にかかわる大きな問題です。

しかし、私たちも、勇気を持って彼らの意志・選択を尊重しました。そして、結果としては、私たちの心配は解消されていくことになります。

③それぞれのテーマについて検討するチームをつくる

テーマが選定された後、それぞれの検討を行うチーム分けを行います。

ここで大切なのは次の2点です。

- **一人ひとりが問題意識の高いテーマに取り組む**
- **可能な限り1つのチームに異なる部門のメンバーをバランス良く配置する**

そのため、18人を4テーマに4等分するのではなく、**基本的にはそれぞれの意志を尊重します**。とはいえ、部分最適を避けて、全体最適を目指していくため、**1つのチーム内にマーケティング、営業、研究、生産等異なる部門のメンバーが配置されるようメンバー内で調整してもらいました**。

結果として、このプロジェクトでは「Aチーム（テーマAについて検討）：5人、Bチーム（テーマBについて検討）：6人、Cチーム（テーマCについて検討）：4人、Dチーム（テーマDについて検討）：3人」という構成になりました。

ディスカッション手順2
問題症状が起こる構造・思想を探求する

ここからは、チーム別に活動を行っていきます。

テーマとして掲げた問題の構造やその背景にある思想にまで視野を広げて、検討していきます。つまり、

- **問題症状の背景で起きている構造はどのようなものか？**
- **その背後にある組織に根づいた思想は何か？**

このような問いに答えていくことです。

ここでの目的は「本当に解決すべき問題はどこにあるのか」を見つけることです。1つの問題を入り口として深掘りをしていくと、組織の中にある暗黙のルール・行動基準、関係性、組織や個人の中にある感情にまで検討を進めていくことになります。すると、**最初に設定したテーマとは異なる深層的な「問題」と出会うことができる**のです。

この段階で大切なのは、**氷山モデルの水面上――問題の対策（しくみづくりや組織体制・組織機能の変更等）――に逃げないこと**です。

ここでの検討は、容易ではありません。このプロジェクトにおいても、それは同様でした。

362ページで、プロジェクトメンバーの思考力やスキルに不安を感じたと申しましたが、実際に起きたのは、**取り組みに対するあり方（姿勢・マインド・覚悟）の問題**です。

たとえば、最初の2ヶ月間でAチームの中から「戦略は私たちが考えることではない」という思いがあることが浮き彫りになってきました。今ある戦略をブラッシュアップするつもりはあるものの、自分たちが選んだ「今、自分たちの組織には戦略がない」という根本的な問題からは逃げていたのです。

その背景には**「戦略は経営チームが考えるものだ」「経営チームがやるべきことを、な**

ぜ自分たちが考えなければならないんだ？」といった思いがありました。

さらには、プロジェクトメンバーの中からは、こんな本音も透けて見えてきました。

「組織でうまく立ちまわるために、立候補してプロジェクトの中に入って様子を見ておきたい」


3ヶ月目、著者（山碕）は、ついにメンバーに対してこう伝えました。

「根本問題に取り組まないのであれば、今までと何も変わらないので、この取り組みはやめましょう。経営チームには私から謝ります。お金も返します」


正直なところ、メンバーの取り組みにイライラしていた気持ちもあります。しかし、それ以上に、組織の貴重なリソースが無駄になるならば、やめるのも重要な選択だと考えていました（もちろん、私たちの売上という意味では、恐れを持っての発言でしたが……）。

そんな私の発言に対するプロジェクトメンバーの反応は「えっ、そんなつもりじゃなかったのに……」。

メンバーは、愚痴・文句しか言っていなかったことに気づいてなかったのです。

そして、中には「私も根本問題から逃げていると思っていましたが、皆の前では言えませんでした」等の発言も出てきました。そして、そこから「なぜ自分たちが立候補したのか？」という最初の問題意識に立ち返り、その後、根本問題への取り組みにシフトしていきました。

このような紆余曲折を経ながら、各チームは、それぞれの検討結果をまとめていきます。実際は、ステップ④⑤⑥（375ページ以降）を活用しながら検討していくことになりますが、ここでは先に各チームが再定義した問題の概要を示します。

○チームA：戦略がないのはなぜ？

・戦略は存在していたが、経営チームから説明される戦略は数字中心。それ以外の要素は、経営チームは理解しているものの、ミドル以下が理解できるレベルのものとして共有されてはいない

・市場、顧客、現場から遠い経営チームでは見えない事実・実態としての環境変化があり、より良い戦略は、私たちミドルが立案すべきである

・自分たちが立案した戦略を経営チームに提案し、対話を通じてより良いものにブラッシュアップしていく必要がある

○チームB：次の事業の柱になり得る新製品が過去10年間、生まれないのはなぜ？

・新製品開発の問題は、拙速なトップダウン文化にある
・有望な商品開発のタネが出てくると、構想段階から石橋を叩くような横槍が入る
・一度、有望なテーマとして認識されると、意思決定を覆すことが難しくなり、やめることができない（たとえ、そのアイデアについての可能性が危ういことがわかってきたとしても）
・そのため、新しいアイデアを持っていても出さない（出せない）
・「アイデアを考えないほうが安全」という思考習慣が根づいている
・開発プロセスのしくみ・ルールはあるものの20年以上前に作成されたもので、実際は、機能していない

○チームC：製造部のシステム化・機械化目標が達成されず、そのうえ、品質問題が多発しているのはなぜ？

・頻発する品質問題、そこへの緊急対策に工数をとられ、自動化・機械化といった未来のための取り組みが後回しになっている
・品質問題が起こらない構造をつくらないと、生産本部は衰退し続ける……
・根っこの原因は、生産本部トップから工場長、工場長から部長への権限委譲がなされていないこと
・「顧客に迷惑をかけられない」「取引停止への恐怖」ばかりが先行し、マイクロマネジ

メントが横行している

・その結果、部下は、問題そのもの（顧客に品質保証すること）に向き合わず、上司の顔色に向き合い、思考停止してしまっている

○チームD：情報共有・情報連携に時間がかかり、全事業部員が忙しすぎるのはなぜ？

・ITシステムが充実して、必要な情報が必要な時に誰でも見れることが実現できたとしても、そもそも事業部門内に自分がつかんだ情報を「発信する」「自分の意見を言う」ことへの恐れがある

・「発信する」「意見を言う」習慣がないことで「考えない」習慣が根づいている

・恐れを感じさせない環境としくみをつくり、新しい習慣をつくり出すことが必要だ

ディスカッション手順3　解決プランの企画

最後は、症状（外）と構造・思想（内）を変えるために組織の外側を変えることです。

外側とは**「戦略」「しくみ」「しかけ」「ルール」「体制」「配置」「リソース配分」「マネジメント方法」「会議体」**といったものを指します。

ここでの問いは、主に次のものです。

・「何」を「何」に変えるのか？（端的に）
・どんな事象・数値に変えるのか？
・どんな構造に変えるのか？
・どんな思想に変えるのか？
・それを実現するために、どのように変えるのか？

これらの問いに答える「アウトプット」を出していきます。

ここでのポイントは、**チームワーク、マインドセットといった氷山モデルの水面下に逃げないこと**です。水面下に逃げ込むと、今の組織文化、習慣、思想にあっという間に飲み込まれてしまうので注意してください。

本プロジェクトでのアウトプットのサマリーは、次の通りです。

〇チームＡ：戦略がないのはなぜ？

・戦略仮説の立案・更新は、選定された営業・開発の部課長クラスの役割とし、（本取り組みに参画したメンバーを中心に）「戦略検討会議」を新設する

・戦略仮説を経営チームと議論・合意形成するための「新・戦略会議」を設立する（これまでの「戦略会議」は廃止する）

・ボトムアップの戦略座談会を不定期で開催する
・「新・戦略会議」「戦略検討会議」「戦略座談会」のコミュニケーション循環ルールを見える化する
・各会議のグランドルールで参加するためのマインドセットを明確にし、経営チームメンバーも遵守する
・新しい会議体を循環させるために必要な個人スキルを明確にし、そこに絞ったコンサルティング、外部研修、内部研修を受ける
・ファーストステップとして、このチームから戦略仮説(30点レベル)を提示する

○チームB：次の事業の柱になり得る新製品が過去10年間、生まれないのはなぜ？

・先進事例を取り入れた「新・開発ステージゲート」と「次のステージに進むか？　やめるか？」の基準を見直す
・各ステージのグランドルールを設定し、「出してほしい問い」「出してはいけない問い」を規定。経営チームもメンバーも、それらを遵守する
・新しいアイデアのタネを増やすために、結論を出さない「座談会」を不定期開催する
・ファーストステップとして、一番のボトルネックになっている構想企画ステージ「アイデアからの開発テーマ化」をこのチームメンバーが今あるアイデアのタネから選び、実践しながら進め方のガイドラインをつくる

○チームＣ：製造部のシステム化・機械化目標が達成されず、そのうえ、品質問題が多発しているのはなぜ？

・生産本部トップのマイクロマネジメント・スタイルが工場長、部長の思考停止を生み、その結果、問題解決スキルが著しく低下している――このような生産本部の構造を見える化する

・生産本部トップのリーダーシップ変容を依頼する

・生産本部トップと工場長の新しい「報連相」対話モデルを構築する

・ファーストステップとして、過去に起こった問題ケースを取り上げ、この対話モデルに則った場合の生産本部トップと工場長の対話を再現する。それぞれに、どこでどのような会話が成されれば良いのかを明確化する

・今後の問題発生時には、常にこの対話モデルに則った対話を行うことをルールとし、工場長と部長間の対話でも導入する

○チームＤ：情報共有・情報連携に時間がかかり、全事業部員が忙しすぎるのはなぜ？

・「情報発信する」「自分の意見を言う」を実施した時に起こる、発信者側のデメリット（受け取ってもらえず、詰められる、責められる、という気持ちにさせる対話習慣など）――この構造を見える化する

・この構造を全マネージャに説明し、共有する

・これからの新しいコミュニケーションスタイル（E事業部流コーチング・コミュニケーション）導入を提案する
・ファーストステップとして、チームDメンバーが外部のコーチング講座を受講し、自らが新しいコミュニケーションスタイルを獲得する。さらには、その考え方・やり方の伝道師として社内講師になる道筋をつくる

3つのディスカッションで変わったもの

この組織には、ある強い習慣が形づくられていました。それは**「問題が起きたら即座に『どのように解決するか』（HOW）に飛びつく」**というものです。**この思考癖のせいで、問題の真因にアプローチをすることができずにいたのです。**

こういった状況を踏まえて、3つのディスカッション手順を設計しました。**問題の真因へアプローチしていくためには「自分の思考に、ズレはないか？」「自分にはどんな見えていない部分があるか？」と向き合うことが必要です。**具体的な向き合い方はステップ④〜⑥で見ていきます。

お読みいただければ推察がつくかと思いますが、このステップは、楽なものではありません。しかし、このように整備された手順をたどって思考、議論することで、組織の中に

ある根本原因と向き合い、深層（感情面の問題）を捉えたうえでの解決策を浮かび上がらせることができました。

ここで深層構造に向き合うことができないと、解決策は必然的に表面的なものに留まり、これまでの変革のように結果を伴わないものに帰結するリスクが高いのです。

ステップ④ 時間軸を広げる：自社の歴史を紐解く

なぜ時間軸を広げて考える必要があるのか

私たちの認知の癖として「今、ここ」に留まろうとする傾向があります。**こうした認知の枠を広げるために、時間軸・空間軸を広げる必要があるのです。**

この点について、詳しくは3章や6章でも解説しましたが、D社E事業部で取り組んだのは376ページ以下の2つの施策です。

なお、D社E事業部では、これまでも組織変革に取り組んだことがあったというのは、既に述べた通りです。そこで行っていたのは、主に、参加しているメンバー（経営チーム、経営チームが指名したメンバー）が持つ経験・知識・ノウハウ、あるいは外部コンサルタントが持つ経験や知識・ノウハウをリソースとした変革でした。

しかし、**それでは限界があったからこそ、今回の取り組みが行われている**わけです。そのため、今回は、時間軸・空間軸を広げて考えるアプローチを採用しました。**過去の歴史の積み重ねを通してつくられた強みや弱み、組織文化、暗黙の習慣などまでをスコープに入れた変革を目指したのです。**

①50年の社史を読み解く

施策の1つ目は**「50年分の社史を読み解く」こと**です。

取り組んだのはステップ③で「戦略がないのはなぜ？」を選んだAチームのメンバーでした。

他社の事例では、プロジェクトメンバー全体に対して、ワークショップ形式をとって、自分たちの組織の歴史を紐解き、そこから変革のタネを見つけることに取り組んでもらっています。しかし、今回は、全体の設計上、チーム単位で取り組んでもらうことになりました。

歴史の中に変革のタネが眠っていることは、既に3章で解説した通りです。

今回も同様に、Aチームのメンバーたちは、社史を紐解きながら、様々な出来事を発見していきます。

具体的には、次の3つの検討を行っていきました。

・手順① メンバーの個人作業

チームメンバーがそれぞれ「50年史」を読み込み「事業の分岐点となったポイント」「その時に意思決定されたこと」「その時の出来事と今の事業のつながり」を書き出す

・手順② チーム・ミーティング

その後、チーム・ミーティングを行い、感想や気づきをシェアすると共に、それぞれが書き出した内容を集約し、全員の考えから見えてきたことを明確にしていく

・手順③ ファシリテーターとのミーティング

ファシリテーターが「課題図書で学んだことと掛け合わせると何が見えてくるか？」「最初に共有した悪循環の構造（今）と見比べて見ると何が言えるか？」を問い、様々な視点から議論を重ねていく

その結果、次のようなことが見えてきました。

○50年の社史から見えてきた事柄

・過去の事業経営においてなされた様々な意思決定
・事業のターニングポイントとなった戦略的意思決定・実行
・過去のプロセスから俯瞰することで見えてくる「今」と「これから」の戦略
・今の経営チームがミドル以下に理解できるレベルで説明してくれていないことは何か

②「過去15年の新製品開発の歴史」の棚卸し

もう1つの施策は**「過去15年の新製品開発の歴史」の棚卸し**です。こちらは、ステップ③で「次の事業の柱になり得る新製品が過去10年間、生まれないのはなぜ?」のテーマに取り組んでいたBチームに探究してもらいました。

具体的には、元事業本部長や元開発部門の責任者、元営業部門の責任者、他部門に異動した以前の開発部長、現在の開発部長などをゲストに迎えて、過去15年の新製品開発の歴史について、ヒアリングし、まとめていったのです。

その結果、次のようなことが見えてきました。

○過去15年の新製品開発の歴史から見えてきた事柄

・過去15年の中にも有望な製品があった

・製品化に成功しても事業化がうまくいかなった事例があった
・他事業部門でも同様の事例がある
・その原因に拙速なトップダウン文化が影響している
・開発のステージゲートの初期段階から石橋叩きが始まっていた
・そもそも開発のステージゲートが古い
・開発テーマに着手すると可能性がなくなってもやめる決断を誰もしてこなかった

ステップ③（371ページ）で紹介したアウトプットの要点は、この施策を通じて得られたものが中心となっています。

いかがでしょうか。

過去の経営・社員たちが綿々と培ってきた歴史の中には、様々な財産があるのです。その中身は**「正の財産」**もあれば**「負の財産」**もあります。しかし、**どちらも、組織を変革させるうえで確かな方向性を与えてくれる**ものです。

ステップ⑤
空間軸を広げる：関係者の本音を聴き出す

仮説の検証としてのアンケート・インタビュー

人は「今、ここ」に留まろうとする生き物です。脳のメカニズムがそのようにできているのに加え、何より日常業務に追われ、限られたメンバーと仕事し、さらにはトップダウン文化の中で上司の意向を確認することが習慣化したメンバーたちです。視野が狭くなるのは、ある意味では仕方のないことだと言えるでしょう。

だからこそ、**強制的にでも視野を広げていく施策**が必要となります。そこで効果的なのが、**関係者の本音を聴き出すアンケートやインタビュー**です。

とはいえ、やみくもに聴いていては時間がかかりすぎてしまいます。

そのため、**問題の背後にある構造・思想についての仮説を立て、それを検証していく目的のもとで、インタビューやアンケートを行っていくこと**が重要です。

そのため、このプロジェクトでも、ステップ③④で自分たちなりの仮説を立てたうえで取り組んでもらっています。

アンケート・インタビューの項目例

このプロジェクトで実際に行ったインタビュー・アンケートの項目の一部を紹介します。

なお「インタビューとアンケート、どちらの手段をとると良いか」は悩むところが多いですが、今回は時間効率と効果性のバランスの中で**「時間はかかるが直接聞いたほうが良い」と判断した場合はインタビューを、「多くの情報を聞いたほうが良い」もしくは「時間効率を優先したい」と判断した場合はアンケートを採用**しました。

○「顧客」に対するインタビュー

- **対象**：自社と関係性の高い顧客の意志決定上のキーパーソン
- **質問内容**：

「競合A社と比べたD社（自社）の強み、良いところは？ D社に発注する理由は？」

「競合A社がD社より優れているところ、頼もしいところは？」

「D社に改善してほしいところは？」

「D社に『もったいない』と思うところは？」

○「上司」に対するインタビュー

・対象：生産本部トップ
・質問内容：

「あなたが権限委譲してくれないために、許可を得るための手続きが煩雑で仕事が多い、という声が多いのですが、権限委譲できない理由は何ですか？」

「部長陣があなたに怒られることが多く、委縮しているように見えるのですが、何が改善されれば怒る機会が減りますか？」

○「営業部」に対するアンケート

・対象：社歴3年以上の全営業部メンバー
・質問内容：

「新しい顧客ニーズを聴けた時に、上司に言えないことはありますか？」

「あるとすれば、それはなぜですか？」

「新しい顧客ニーズを聴けた時に、開発部に言えないことはありますか？」

「あるとすれば、それはなぜですか？」

○「研究部」に対するアンケート

・対象：社歴3年以上の全研究部メンバー

・質問内容：

「顧客や営業から相談された際に、上司や同僚に話さないことはありますか？」

「あるとすれば、それはなぜですか？」

「もっと力を注ぐべき開発テーマはありますか？」

「あるとすれば、それができない理由は何ですか？」

「中止したほうが良いと考える開発テーマはありますか？」

「あるとすれば、やめられない理由は何ですか？」

「事業本部長と開発部門トップと研究所長の関係性はどう見えていますか？」

「関係性を改善するために提言したいことはありますか？」

○「生産本部」に対するアンケート

・対象：社歴3年以上の全生産本部メンバー

・質問内容：

「品質問題解決のために、営業や開発に協力して欲しいことはありますか？」

「あるとすれば、それは何ですか？」

「権限委譲をして欲しいことはありますか？」

「現在、どの権限を引き受けることができていますか？」

「生産本部トップと工場長の関係はどのように見えていますか？」

「工場長と開発部長の関係性はどのように見えていますか？」

「関係性を改善するために提言したいことはありますか？」

○「離職者」に対するインタビュー

・対象：プロジェクトメンバーとの関係性があり、本音で話してもらえる人

・質問内容：

「D社は何を改善すべきですか？」

「今の職場と比較して、D社の良いところ、悪いところはそれぞれどこですか？」

アンケート・インタビューで「本音」を引き出せるか

いかがでしょうか。なかなか生々しい項目に驚いた方もいらっしゃるのではないかと思います。この項目についての本音が聴けると、とても有益な情報が得られるのは確かです。

しかし、これを面と向かって聴くのは勇気が要ることです。そして、何より勇気を出して聴いたところで、本当のことを話してもらえるでしょうか。

D社のプロジェクトにおいても、同様の不安がメンバーにもありました。

実際に「離職者」に対してインタビューをする際、メールでのやり取りだけで済ませようとしていた……なんてこともありました。そんなメンバーに対して、別のメンバーから「いやいや、会って話さないと言いにくいでしょ。あなたと○○さんの関係性ならば、会えば話してくれるはずだよ」というフィードバックが出ることも。

結果として、食事に行って話をしたら本音を聴けた——という出来事がありました。

その他、アンケートとインタビューそれぞれについて、本音を引き出す工夫を以下にまとめます。

○アンケートで本音を引き出す工夫

・**アンケートの目的（ＷＨＹ）、背景**を丁寧に説明する
・**回答してくれた情報をどのように活用するか**を丁寧に説明する
・**匿名性を担保する**ことを約束する
・（できれば）対象者に、会議の場などで直接、これらのことについて情熱を持って伝える（主催者本人の意志、熱量を伝える工夫をする）

○インタビューの場合

（アンケートの工夫に加えて）インタビューイーの話を聴く前に次の点を自己開示する

・自分の中にも問題意識や不平・不満があること
・それにつながった具体的なエピソード　等

「周縁」の目を活かしたヒアリングから、組織の真の姿が見えてくる

これまでの組織変革は、主にプロジェクトメンバーが自分たちの知恵、経験を持ち寄って行われるものでした。その議論は、物理的にも内容的にも「会議室」の中に留まったものに終始していたのでしょう。

しかし、ここでの施策のように、**プロジェクトメンバーでも認識できていなかった視点・問題意識にまでアプローチすることで、問題をつくり出している深層的な構造についての理解を深めることができた**のではないでしょうか。

なお、D社のプロジェクトでは、営業サポート職の女性スタッフや製造現場の班長たちの視点に、大いに助けられました。二人は、経営の中枢から見ると「周縁」の立場で仕事をしています。しかし、**周縁にいるからこそ、見えていた景色がある**のです。

経営チームに近いメンバーだけでは、ここまで踏み込んだ議論や調査（アンケート、インタビュー）は、不可能だったのではないでしょうか。

ステップ⑥ 空間軸：他社をベンチマークする

「解決策」の視野を広げる

問題の深層構造を捉えていないと、変革は表面的なものに終わってしまいます。しかし、たとえ**問題の構造を捉えられていたとしても、解決方法が適切なものでないと（たとえば表面的なものだったりすると）、やはり変革は中途半端な形で立ち消えてしまいます。**

特に、私たちの認知の特性を考えると、よほどの努力をしなければ「今、ここ」、つまり今、自分たちが知っている方法からしか、問題解決のアプローチ方法を考えようとしないのが一般的ではないでしょうか。

だからこそ**「解決策」を考える段階においても、視野を広げるアプローチが必要**となるのです。

本プロジェクトでは、ステップ③④⑤を通じて、テーマを絞り、問題の原因となる構造や思想にまで踏み込んだ検討を重ねてきました。ステップ⑥は、**これまでに得られた仮説をもとに、解決策を検討していく段階**です。

解決策を検討するにあたっては、新たな知見・知識が必要となります。

そこで、他社の先行事例や研究成果等を参考に、問題解決のヒントを得ていく施策をとりました。つまり「今、ここ」から飛び出して、他社をベンチマークする形で、発想の枠を広げようとしたのです。

視野を広げるための情報提供

D社のプロジェクトにおいては、これまでに検討してきたテーマや構造・思想の仮説を参考に、次のような研究材料を提供しました。

○主な課題図書、資料

- 『ストーリーとしての競争戦略』（楠木 健著、東洋経済新報社）
- 『なぜ社員10人でも分かり合えないのか？』（日経トップリーダー編、日経BP）
- DVD「プロフェッショナル 仕事の流儀：〝信じる力〟が人を動かす／リゾート再生請負人 星野佳路の仕事」

・DVD「プロフェッショナル 仕事の流儀：背伸びが、人を育てる／校長　荒瀬克己の仕事」　等

○主な情報提供

・リクルート、ソフトバンクの新事業創出のしくみ／外部セミナーの紹介
・ケーススタディ：AGC両利きの経営／スタンフォード・ビジネス・スクールのケース（経営チームに提供したケースと同じもの）　等

とはいえ、メンバーたちは、多忙を極める業務状況の中でプロジェクトを進めています。この状態でさらに負荷をかけていくことには、不安がありました。

「忙しい中で、これ以上のインプットが可能なのか？」「紹介した外部セミナーを受けてくるのか？」、これが本音です。

実際のところ、当初、課題図書を読んだのは7割程、紹介した外部セミナーに参加したのは5割程でした。

その後のプロジェクトチームの会議では、インプットした情報をもとに「自社に置き換えてどう活かすか」についての議論を重ねていきます。すると、当然、議論は事前に課題に取り組んだメンバーたちによって進められることになります。

しかしその後、意外なことが起きました。課題図書を読んでこなかったメンバーたちが

慌てて読み始めたのです。

また、外部セミナーに参加したメンバーは、そこで感じたことを会議の中でシェアしてくれました。

「外に出てみると、こんなにたくさんのことが学べるのだと気づいた」
「外で学んだことで、自分が成長できる実感が持てた」

そんな感想を聞いたことが影響しているのでしょう。まだ参加できていなかったメンバーたちから「次は行ってみます」「似たセミナーがないか探してみます」という発言が起こり始めました。

このようにメンバーの相互作用も相まって、解決方法についての知識、知見、ノウハウが蓄積されていきます。その結果、自組織の現状に対するより本質的なアプローチを考えられるようになっていきました。

参考：どこでコンフリクトが起こっているのか——9つのギャップを見立てる

ステップ④〜⑥においては、時間軸・空間軸を広げるアプローチをとってきました。では、**そもそも、何のために時間軸・空間軸を広げる必要があったのでしょうか。**

その1つの目的として挙げられるのが、**組織内外のどこでコンフリクトが起こっているかを見極める**ことです。

コンフリクトは「対立」「分断」という意味を持ちます。しかし、組織変革の文脈では、この言葉をもう少し広い意味で捉えます。

なぜならば、たとえ「対立」や「分断」には見えていないとしても、組織には多くの**「葛藤」**や**「ズレ」**が発生しています。これらは**「ギャップ」**と捉えてもいいかもしれません。

このプロジェクトにおいて、私たちは、メンバーに次の図を紹介しました。

そして**「どのギャップを検証するための施策なのか」**を明確にすることをくり返し伝えてきました。たとえば、インタビューやアンケートは図中の①②③（あるいは④⑤）のギャップを取り扱うもの、外部の知恵や知見を取り入れることは⑧の、歴史を棚卸しするのは⑨のギャップを取り扱うものです。

図8-5　どこでコンフリクトが起こっているのか？
～ギャップを見立てる～（再掲）

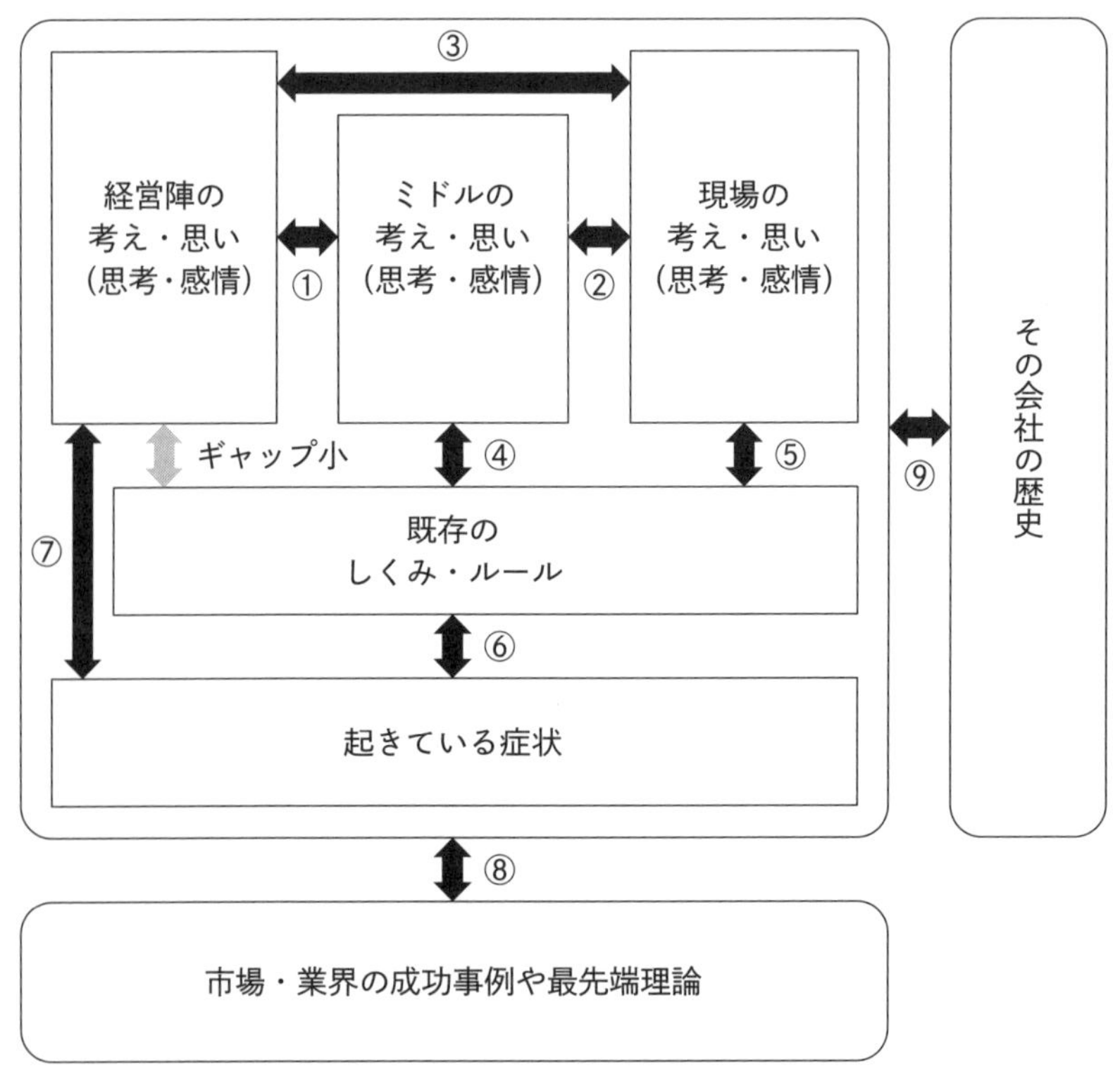

ステップ⑦経営陣とミドルのガチ対話の場をつくる

「ガチ対話」で経営陣とミドルをつなぐ

このプロジェクトのスタートは、E事業部のメンバーに対するアンケートでした。その結果、経営チームとミドル以下に明らかな分断があったことは既に述べた通りですが、**この分断を越えて組織が一枚岩になるためには、何ができるのでしょうか。**

ここまでは主に「ミドルの経営者化」に取り組んできました。ミドルの内発的動機を引き出しながら、ミドルが主体的に経営課題に取り組むための支援を行ってきたのです。ですが、これを実現し、組織全体に波及させていくためには、**ミドルと経営チームの関係性**に取り組む必要があります。

ミドルが、ここまでのステップを通じて考えてきた変革の施策について経営チームに提案し、許可を得た範囲でそれを実行する……という方法も考えられますが、それでは「トップダウン」型の状況に変化はありません。それでは、本質的に組織が変わったことにはならないでしょう。

そのため、この段階で**経営チームとミドルによる「ガチ対話」**を実施していきます。ガチ対話を通じて、ミドルと経営チームのあいだにある対立を、変革の原動力としていくためです。

さらには、ここでのガチ対話がうまくいけば、変革の方向性やアプローチをバージョンアップしていくこともできるでしょう。

「ガチ対話」をどのように設計するか

2章や5章で示した通り「自己防衛のためのガチ対話」ではなく**「大切な思いを開示し合うガチ対話」（図8-6）が起こらない限り、これまでと状況は変わりません。**

では、どのようにすれば、それを実現することができるでしょうか。

ポイントの1つは、**ミドルが考えた「変革」の施策を、どのような形で経営チームに共**

有していくかです。たとえば、結論だけを報告するのではなく（最終報告）、検討プロセスの中で両者が対話を重ね、それぞれの大切な思いを共有することができれば理想的です。

では「最終報告」だけではなく「中間報告会」を何度か設定すればいいのでしょうか？対立や分断、上下のランク差のある組織では、残念ながらそれだけではうまくいきません。

これまで経営チームとミドルが同席した会議は、どのようなものだったでしょうか。詳しくは語られていませんが、**そこでうまく対話ができていなかったからこそ、経営チームとミドルのあいだに分断が生まれていた**のです。つまり、**両者は、うまく対話をする方法をまだ知らない**のです。

人材開発・組織開発の研究者である立教大学の中原淳教授は、その著書『サーベイ・フィードバック入門』（PHP研究所）の中で、「組織を変えることには『負の感情』がつきまとうことが多い」「組織を変えるのは心理戦」「フィードバックと対話が重要」であり、さらには**「『ガチ対話：サーベイによって明らかになったことに向き合い対話すること』が必要だ」**と述べています。

なお、これは余談になりますが、自力でガチ対話を起こそうと尽力したある企業の人事

図8-6　2種類のガチ対話（再掲）

「頭に血が上っている」状態
＝自己防衛のためのガチ対話

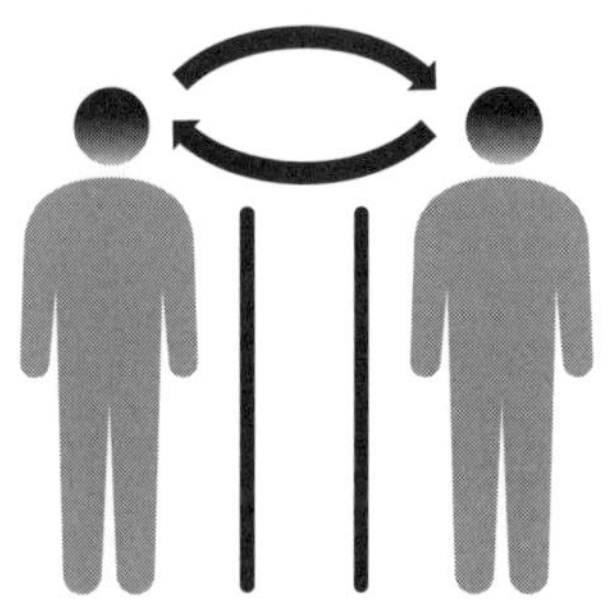

自分の弱みは楯で守って
決してさらけ出さず、
理屈で相手を攻撃

「腹を割って話している」状態
＝大切な思いを開示し合うガチ対話

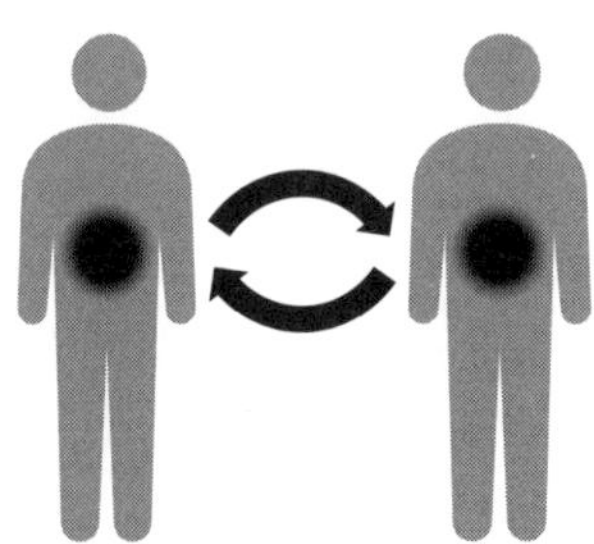

自分の弱みに対して
ノーガードで
本音をぶつけ合う

部長は「あんなガチ対話はもう嫌だ……」と話していました。おそらく、図8-6の上で示した「自己防衛のためのガチ対話」が起こってしまったのでしょう。**「大切な思いを開示し合うガチ対話」を起こしていくには、工夫が必要**なのです。

D社E事業部のように**分断のある組織において、「分断」を越えて、組織を変えるための「ガチ対話」をいかに起こすのか**——変革の現場において、対話の場をどのように設計するかについて、工夫が求められる部分です。

本プロジェクトでは、3つのフェーズに分けてガチ対話を設計しました(図8-7)。

○3つのフェーズの「ガチ対話」

第1フェーズ:クッションを入れた間接対話

第2フェーズ:チーム代表者と経営チームとファシリテーターによる三者対話

第3フェーズ:経営チームとミドルの直接対話

図8-7　「ガチ対話」の3つのフェーズ

第1フェーズ：クッションを入れた間接対話

第2フェーズ：チーム代表者と経営チームと
ファシリテーターの三者対話

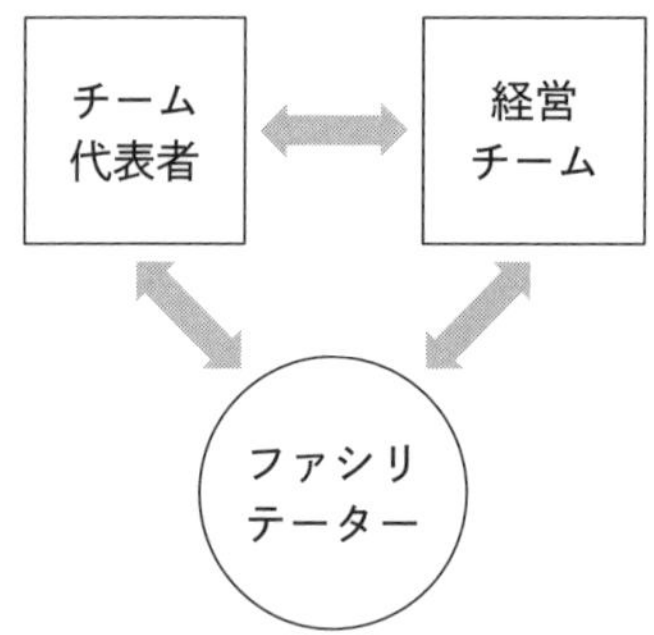

第3フェーズ：経営チームとミドルの直接対話

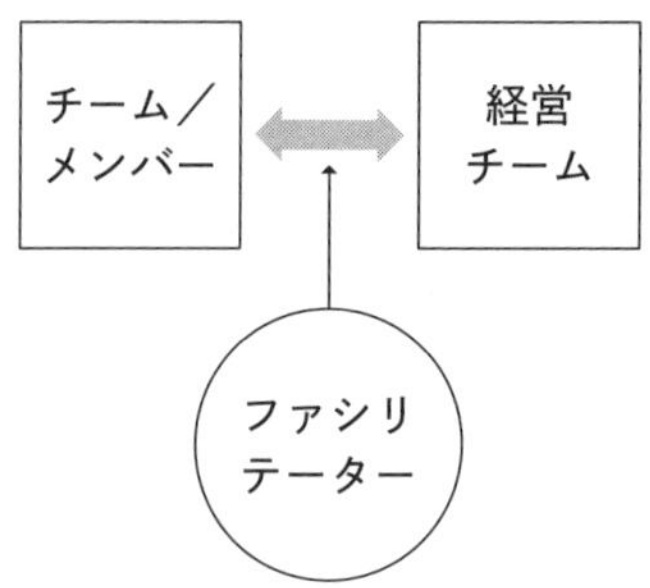

フェーズ1：クッションを入れた間接対話

第1フェーズでは、私たちが**「通訳」**と**「メンター」**の役割を担い、対話を進めました。具体的には、ミドルたちには「経営チームに伝えるポイント」をアドバイスした中間報告資料を作成してもらいます。

ここでアドバイスした「経営チームに伝えるポイント」は、たとえば次のようなものです。

- **結論から伝える**
- **WHY・WHAT・HOWを分けて伝える**
- **伝いたい内容をロジカルに組み立てる**
- **その中に自分たちの意思と感情（大切な思い）を盛り込む**　等

そして何より重要なことがあります。

- **経営チームに忖度しないこと**

建設的な議論を進めてきても「報告」となった瞬間に忖度が起きてしまうことは、よくあることだからです。

さらには「経営者のスピード感を知らずに提案・報告すると何が起こるのか？」についても事前に検討してもらいます。

スピードを大事にする（しすぎる）経営チームは**「何を言っているのかよくわからない」と感じた途端に、キーワードを自分で抽出し、自分の思考・経験に照らし合わせながら、自分なりの文脈・ロジックを組み立て始めます。**そして、その「自分なりの文脈・ロジック」を結論と見なしてしまいます。そして、話を最後まで聞こうとしないまま強いフィードバックを行っていくのです。

フィードバックを受けた側としては「伝えたかったことはそうではないのですが……」と内心は思うことでしょう。しかし、**ランクの差を考えれば、それをその場で言い出すのはかなり難しいこと。**そのため、フィードバックに対する「ＹＥＳ」を持ち帰るしかなくなり、**結果として「本当はそういうことが言いたかったわけじゃないのに……」という葛藤が残ります。**それが積み重なった結果、ミドル以下と経営チームのあいだの分断がより大きくなっていくのです。

プロジェクトメンバーたちには、組織内に働いている「分断のメカニズム」を事前に伝えたうえで、中間報告の準備を進めてもらいます。

そして、**経営チームへの中間報告は、ファシリテーター側が行いました。**

なぜならば、**経営チームも、ミドルたち**（**部下たち**）**との「ガチ対話」の仕方がうまくないため**です。

そこで、まずは私たち第三者の通訳付きの報告として、ミドルたちの作成した中間報告の資料に、検討プロセスの中にあった意思や熱意、思い、感情などを加えて伝えます。経営チームには、それを、冷静に（スイッチが入らないように）聴いてもらいます。

そのうえで、経営チームには**「ダメ出し」ではなく「依頼と期待」という表現で経営者だからこそ見える視点を追加してもらい、自分たちの大切な思いを込めたフィードバックをもらいました。**

そして、それを私たちがミドルたちに伝え、**「経営チームがポジティブな印象を抱いていること」「期待していること」**、そのうえで**「さらにお願いしたいこと」**を、受け取ってもらいます。

ここで、ガチ対話のやり方がうまくない経営チームとミドルたちが直接の対話を行うと**双方にいつもの「スイッチ」が入ってしまう**ことでしょう。

そのスイッチとは、次のものです。

経営チーム：最後まで聴かずに自分で組み立てた文脈とロジックで結論づける
ミドル：萎縮してうまく反論できずにYESだけを持ち帰る

このように、**関係性の文化**（いつもの習慣）**に侵される危険性が高いので、ファシリテーターがあいだに入るというクッションを挟む**のです。

また、ここで**双方に「経営チームへの伝え方」と「ミドルたちへのフィードバックの仕方」を学んでもらいます。**この段階を挟んだうえで、次のフェーズへと移行します。

フェーズ2：チーム代表者と経営チームとファシリテーターによる三者対話

フェーズ2では、チームの中で対話スキルの高いメンバーが、直接、経営チームに報告します。そして、私たちはファシリテーターとして、それぞれにフェーズ1でお伝えした対話方法を思い出してもらいながら、必要な場面では双方の通訳（それぞれの大切な思いを咀嚼して伝える）サポートを行います。

このようにして、双方のガチ対話力を高めたうえで、経営チームとメンバー全員の直接対話のフェーズ3へと移行していきます。

フェーズ3：経営チームとミドルの直接対話

いよいよフェーズ3、直接のガチ対話です。

この時、私たちは、司会進行役のみを担うことを心がけ、**「以前のスイッチ」が入りそうな場面のみ介入**していきます。

このようにして、**少しずつ双方の「ガチ対話力」をサポートしていきます。**

その結果、この組織では、何が起きたのでしょうか。

フェーズ1、フェーズ2を積み重ねてきたことで、ある程度の手応えは得ていました。しかし、これまでの経営チームは「できていることを見る」よりも「できていないことを見る」が習慣になっています。「ミドルの未熟さに、我慢できるかどうか……」という点は、フェーズ3のガチ対話の場面まで、不安がありました。

実は、前半の各チームのアウトプットは質が低いもので、経営チームの中には「叱責の言葉を飲み込むことで精一杯……」という方もいました。

しかし、中盤になり、徐々にアウトプットの質は向上していきます。メンバーたちの熱量や覚悟が、経営チームに伝わり始めたのでしょう。経営チームのフィードバックも、健全なものになり始めました。

図8-8　経営陣とミドルのガチ対話の手順（事例まとめ）

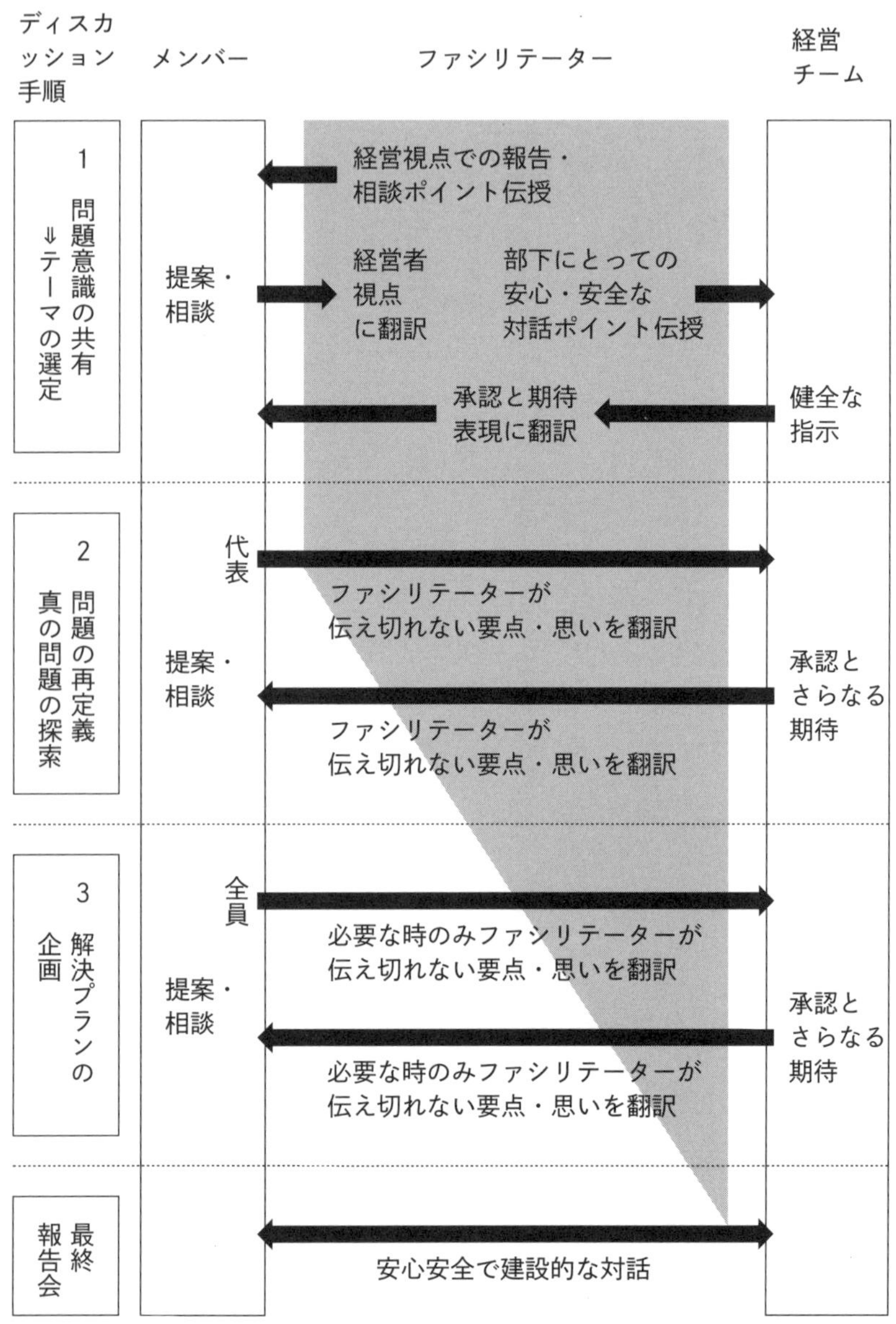

検討プロセスを見ている私たちの視点から言えば、**チームの熱量と覚悟に比例し、思考の質が上がり、そして最終的にアウトプットの質も高まっていった**――と見ることができます。

いずれにせよ、最後には経営チームが笑顔でフィードバックできるようになっていきました。

これまでのトップとミドルとの対話は、常にトップがミドルの「できていないこと」のみに焦点をあて、指導する・ダメ出ししてやり直させる形で進められていました。しかし、ここでは、**ミドルを萎縮させたり、「あきらめ思考」を持たせたりしない対話の方法**を伝え、それを体得してもらいました。

それによって、**いつもの関係性、習慣化した対話から脱した「本音の対話」**を実現することができたのです。このような**「本音の対話」を通じて、経営チームとミドルのそれぞれの視点を統合した事業課題解決策が立ち上がっていった**のです。

余談ですが経営チームの一人が、こんな感想を聞かせてくれました。

「自分の我慢で部下やチームを成長させることができるのですね。こんな経験をしたのははじめてです」

「対話」の質を上げるには

近年、1on1やコーチングに取り組む組織が増えてきました。実際に、対話や傾聴、フィードバックの手法を学ぶ経営層やマネジメント層も増えています。

対話のスタンスが当たり前に根づいている組織であれば、ここでの事例のようなフェーズを踏む必要はないかもしれません。

しかしながら、**1on1でできることがN on N（チーム on チーム）になるとできない**というのは、よくあることです。

チーム同士の対話は、組織文化の影響をより大きく受けるためです。そのため、実際にグループ間、チーム間の「ガチ対話」を行う時は、念入りに準備を進めることをおすすめします。

特に、社内だけでガチ対話を行う際は、分断関係の当事者でない「中間者」がファシリテートすることをおすすめします。ファシリテーターが、組織の中である程度のポジションについている方で、さらにコーチングなどのコミュニケーション・スキルを学んだ人であれば最適です。

ステップ⑧
上司との対立から萎縮したミドルへのコーチング

個人間の葛藤・対立が組織に与える影響

こうしてミドルたちによるプロジェクトは進み、経営チームへの提言を行いながら、両者のガチ対話を行ってきたわけですが、同時並行的に、別の施策を進めていました。

それは**「対人葛藤コーチング」**です。

ステップ③〜⑥を通してBチームが「次の事業の柱になり得る新製品が過去10年間、生まれないのはなぜ?」というテーマを検討する中で、ボトルネックの主要因が明らかになってきました。

それが**「開発部出身の事業本部長と研究所長の関係性」**です。

両者の関係性を発端として、次のような状況が常態化していました。

事業本部長が研究所長の上司である開発本部トップを飛び越えて、研究所長への指示を出す→研究所長が事業本部長に萎縮する→無自覚な対立が起こる→組織全体に悪影響を及ぼす……。

なお、研究所長は、このプロジェクトには立候補しておらず、参加していません。

このような問題が浮かび上がったところで取り組んだのは、**事業本部長との対立から萎縮してしまった研究所長へのコーチング**です。

ミドルに対する支援

研究所長には、まずリーダーシップアセスメントを受けてもらいました。さらに、その結果について、プロジェクトにおいて各チームが取り組んだ議論のうち、事業本部長と開発本部トップと研究所長との関係性に関する内容と共に、プロのコーチからフィードバックしました。

アセスメントを通じて浮き彫りになった自分自身の課題に加えて、**事業本部長との関係性に焦点を当てたコーチングを受けてもらったのです。**

コーチングを受けてもらうにあたって、懸念がありました。それは、研究所長がコーチングを通じて「プレッシャーの強い事業本部長と向き合い、プッシュバックしながら、自部門をリードできるようになれるのだろうか？」という点です。

実際のところ、事業本部長は、自分自身が無意識のうちに部下にプレッシャーを与え、部下の言動を縛っていることを理解し、あらためていこうとしていたところでした。しかし、特に自分自身が得意な分野（開発分野）では、いつも以上にプレッシャーが強くなってしまう傾向がありました。そのため、自覚はあるものの、2回に1回は叱責してしまう……そんな状態が続いていたのです。

一方、研究所長は、厳しい父親から叱責され続けたり、学生時代に所属していた野球部で怖い先輩がいたりしたことなど、過去の関係性の中で「上に怒られないようにする」「上の指示通りにやる」といった信念が培われていました。そのため、プレッシャーが強い相手を目の前にしたら、何も言わずに相手に従う——というのが、なかば習慣となっていたのです。

そのため、コーチングでは、幼少期の父親との関係性においてつくり出された「感情のスイッチ」を探究の入り口としました。具体的には、どんな場面で無意識のスイッチが入り、どんな言動を発するのか。それが周囲にどのようなインパクトを残しているのかを、探索していきます。

こうして**無意識・無自覚だったものを、少しずつ意識化・自覚化しながら、事業本部長との関係性や自分自身がリーダーとして周囲に与えている影響と向き合っていきました。**

上司に対する支援

今回の問題は、関係性が生み出しているものです。

そのため、部下である研究所長だけではなく、その上司にあたる事業本部長、開発本部トップに対する支援にも取り組んでいきました。

二者にも、同様にリーダーシップアセスメントを受けてもらい、アセスメント結果と共に、研究所長との関係性についてもフィードバックを行いました。

こうしたフィードバックで自身のリーダーシップの特徴（強みと課題）を受け取ってもらった後に、事業本部長、開発本部トップ、研究所長、コーチによる四者面談の場をセッティングしました。コーチが関係性に切り込み、事業本部長・開発本部トップのそれぞれに変容課題を伝えました。具体的には、研究所長が事業本部長、開発本部トップに対し、自身の強みと弱み、強みを伸ばし、課題を克服するために取り組んだこと、その成果と今後

図8-9　対人葛藤コーチング

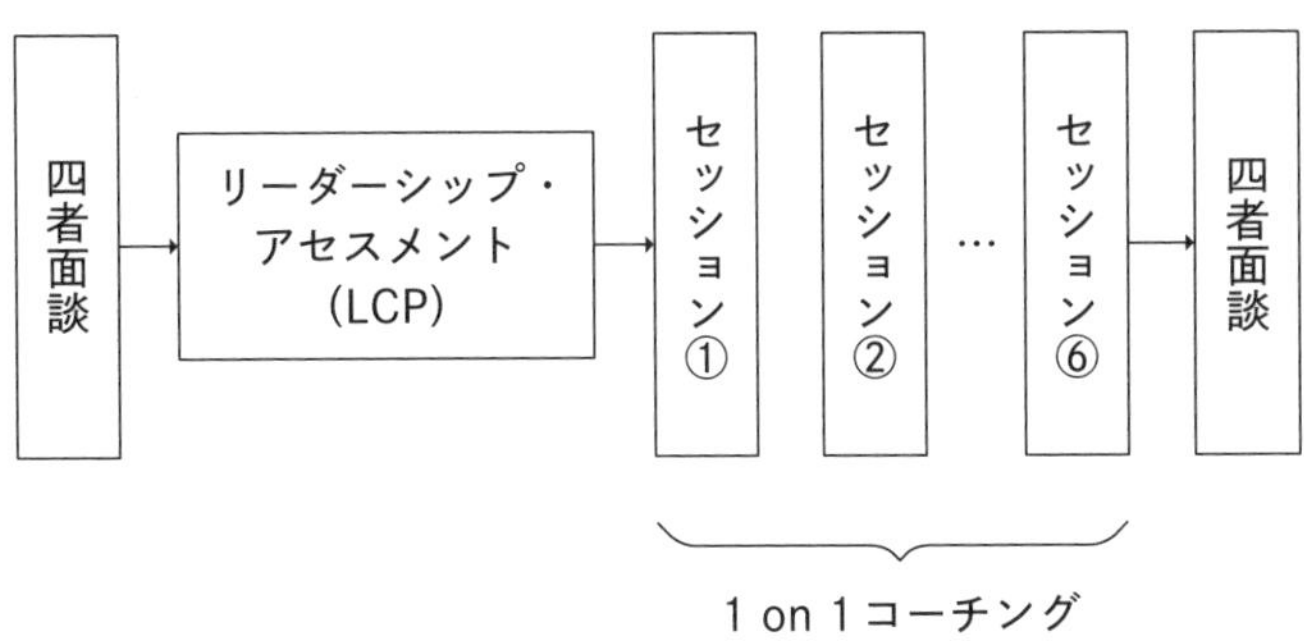

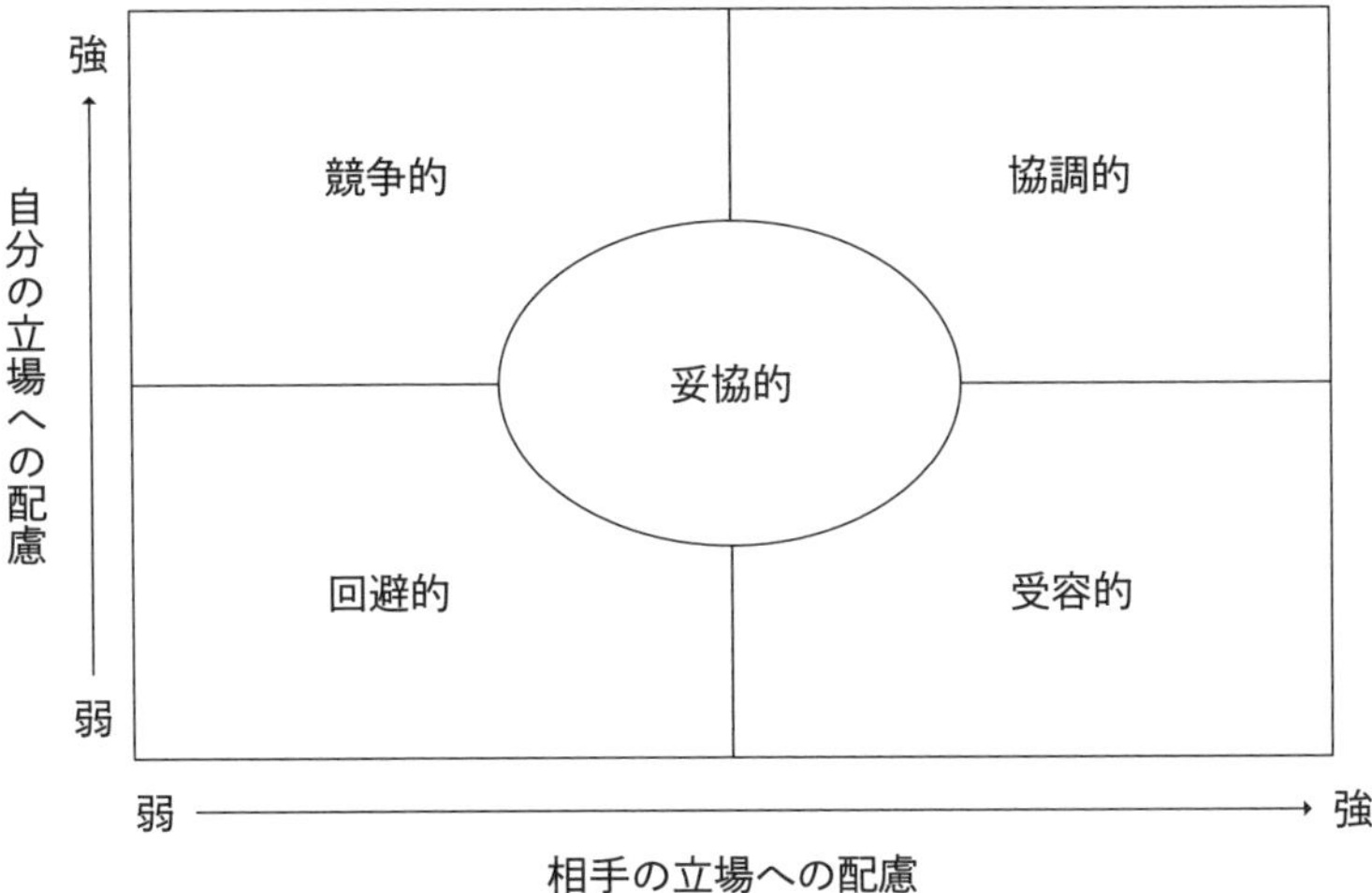

トーマス・キルマンのコンフリクト・マネジメント・モデル

右上ゾーンが理想なのは自明だが、多くの対人葛藤はそれ以外の場所が帰結点となる→対人葛藤解決コーチングの出番の課題を報告したのです。

報告の中には、研究所長の幼少期や学生時代の関係性に関する内容も含まれます。二人の上司は「研究所長の言動がどのようなメカニズムで発動されたのか」を知り、コーチから事業本部長へ「研究所長のメカニズムを発動させていた可能性はありますか？」と問いかけ、事業本部長自身の気づきを促しました。

なお、ここでは、あらかじめ**アセスメントを通じて、自分自身の特徴を理解していたことが奏功**しました。**事前のインプットがあったことで、無自覚なランクの高さとパワーによって、自分自身が研究所長を萎縮されてしまったことへの気づきが生まれたのです。**

この会話を聞いていた開発本部トップには、コーチから次のように問いかけました。

コーチ　「二人の関係性の中で、あなたが今のポジションでやるべきことは何ですか？」
コーチ　「二人の関係性の改善に向けてやれることは何ですか？」

開発本部トップは、この問いかけに対して、緊迫した場面で引いてしまう（離れる、逃げる）傾向にある自身を見直し、研究所長の悩みや問題解決に積極的にかかわっていくことを約束しました。

葛藤の当事者を支援に巻き込むには？

実務における重要なポイントとして、葛藤の当事者をどのように巻き込むのかという点が挙げられます。

今回のケースではクリティカルな問題を起こしていたのは事業本部長です。しかし実際は「研究所長のリーダーシップ開発」をテーマに、私たちが、事業本部長に相談し、研究所長のコーチングを実行に移すことができました。しかし、経験上、**意思決定する方（費用を出すスポンサー）自身が、自らの変容のためにコーチングを受けるケースは、極めて稀**だと言えます。

実際のところ、組織の中で何かしらの問題が起きている時、その主要因はトップ自身にあるケースは多いものです。しかし、コンサルタント会社のような外部の人間が、トップに対して**「問題はあなた自身にあるので、あなたが変わってください。だから、組織の問題より先に、あなたがコーチングを受ける必要があります」と直接的に指摘したとしたら、どのような反応が返ってくるでしょうか。**

その指摘をそのまま受け入れる方は、多くありません（もちろん、苦言を受け入れて、自分自身の態度・言動を見つめ直す方もいますが）。

多くの場合は「私は大丈夫なので、部下の支援をしてください」といったように、部下

や組織の問題に変換されてしまうのです。

しかし、トップに問題がある状況は変わりません。こういった状況の中で、トップに直接的な支援を受けてもらうには、どのような働きかけが必要でしょうか。

私たちが推奨するのは、次のようなアプローチです。

まず、支援の目的を表向きは「部下の変容」とします（実際に、部下側の変容も必要です）。そして、トップに次のように依頼します。

支援者　「部下の変容を促すためにリーダーシップアセスメントも受けていただきますが、リーダーシップの共通言語を知ってもらうために、あなたも受けてください」

そして、実際にトップと部下の両者にアセスメントを受けてもらい、それぞれにフィードバックをした後で、関係者全員による面談を実施します（本プロジェクトでは四者面談でしたが、三者面談のケースが多いです）。

このような方法をとることで、無理のない形で、トップに自分自身の課題を認識してもらい、必要な支援が提供できるようになる確率を高められます。

組織は、どのように変わったのか

3つの要素におけるビフォー・アフター

これらの取り組みを通じて、D社E事業部にどのような変化があったのか、その概要をまとめます。

ここでも「組織が変われない3つの理由」として本書で紹介してきた、組織変革における3つのクリティカルな要素を軸に、その変化をまとめていきます。

要素① 組織内にある対立・葛藤

・**経営チームとミドルの関係の質**が変化した

・「現場が見えていない経営チームには問題症状の根本原因に手を打てない」という事実にミドルが気づき、経営チームと対話する手法・ポイントを学んだ。その結果、**ミ**

ドルは経営チームに対して、恐れずに本音をぶつけるようになった

・**経営チームは、自分たちが無自覚のうちにプレッシャーを与え、それが変革を妨げていたことに気づいた。**ミドルからの痛いフィードバック・本音を受け止め、建設的にミドルと対話できるようになった

要素② 認知・発想の枠を広げる

・ミドルが自社の歴史の研究を通じて、過去の経営者の意思決定が創った組織の強み・弱みを理解した。また、過去の経営者たちの意思決定を疑似体験することで、**自分たち独自のリソースを活用した変革プラン**を議論できるようになった

・社内外へのインタビューやアンケートを行ったり、他社の事例や専門的な知識・ノウハウを学んだりしたことで、**自分たちが無意識のうちに行っていた思考が、いかに限定的なものだったかを自覚**した

・「外」へと意識が開いたことで、内向き指向の傾向が弱まり、**外との協業を視野に入れられるようになっていった**

要素③ 内発的動機を育む

・経営チームが、ミドルと共に創発的に戦略を考え、実行していくためには、**育成が重要である**ことに気づいた

・その結果、これまでのような**トップダウン的なかかわりではなく、育成的なかかわり**ができるようになった

・実際に**「任せる」「託す」**ができるようになっていった

・**「ミドルの経営者化」**が起こり始めた

・ミドルたちに**変革の主体者としての覚悟**が醸成された

・ミドルたちの思考の質が深まると共に、**視野が広く、視座が高く**なった

・ミドルたちは、表面的な問題解決ではなく、**問題の構造や背景にある思想、組織階層のギャップを考えられるようになった**

・ミドルたちは、ＨＯＷに飛びつく思考習慣を脱し、常に**ＷＨＹ**や**ＷＨＡＴ**を考えるようになっていった

・ミドルたちは、部下との対話の中で、**ＷＨＹ、ＷＨＡＴについて対話する習慣**が身についた

具体的な成果、アウトカム

その他、D社E事業部に発生した具体的な成果、アウトカムの概要をまとめます。

①ミドルからの提案による

・事業戦略仮説
・顧客軸で戦略ブラッシュアップする新しい業務プロセス・コミュニケーションプロセス（会議体改革）

これらが提案され、実行に移されることになります。

これらはとても実効性の高いもので、実現シナリオが明確な「新中期経営計画」がアウトプットされることになりました。

②ミドルからの提案による

・新しい製品開発プロセス
・マーケティング、営業、研究の新体制・リソース配分
・阻害要因を解決するコミュニケーション・プロセス

これらが提案され、実践・検証が始まっていきました。

③ミドルからの提案による生産本部における上司と部下の「報連相対話モデル」

実際に導入され、それがきっかけとなり、品質問題、顧客からのクレームが減少しました。

④ミドルからの提案による1 on 1制度の見直し

経営チームも含めた全マネージャに1 on 1コーチング実践型研修を導入し、その後、部下に対するアンケートを実施し、1 on 1実施率と満足度調査を継続的に行っています。

その他**「エンゲージメント・サーベイ」のスコアが約10ポイント改善**する、**離職増に歯止めがかかり、5年前の水準まで回復する**といった成果・アウトカムもありました。

組織の健全度に合わせたソリューションを実行する

「健全度」という視点

本章の最後に、組織にアプローチする際に役立つ1つの視点を紹介します。それは「組織の健全度」です。**組織の健全度に合わせたソリューションを実行することが非常に大切**なのです。

組織の健全度は「構造的要因（戦略転換度、コンフリクト度）」と「リーダーシップの質」によって見立てます。そして、その状況によって、取り組むべきソリューションは異なります（図8−10）。

本章で紹介してきた事例は、右下のエリアであったため「戦略的組織開発」が必要でした。

図8-10　組織の健全度とソリューション

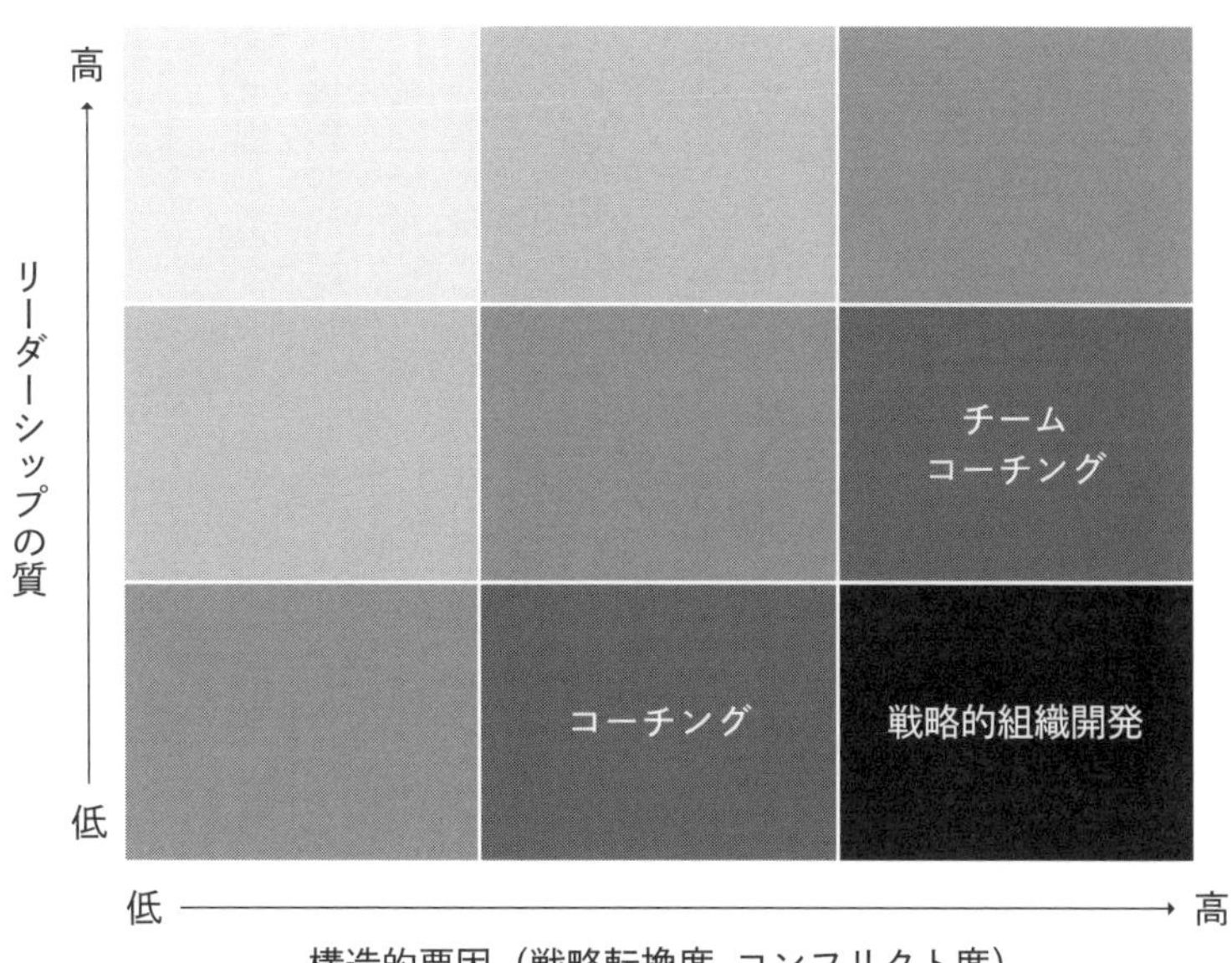

しかし、いつでもこの手法が有益なわけではありません。

問題の構造的要因が低く、リーダーシップの質が低い場合は、**個人のリーダーシップ開発・強化**によって解決できることも多いでしょう。

また、**問題の構造的要因が高く、リーダーシップの質に大きな問題がない場合**は、リーダーとコア・メンバー協働で問題にあたっていくのを支援する**「チームコーチング」**が適切であるケースが多くなります。

組織の「中」から問題に取り組むには

加えて、右下のゾーンにいる組織であっても、本質的な問題を抱えている経営チームに対して、直接アプローチがとれない場合があります。

ここまで紹介した事例を、ある企業のミドルに話した時、こんな声が返ってきました。

「うちの会社のトップたちは、こういう変革には興味を示してくれないので、難しいです」

この言葉からは、変わらない組織への情けなさや、「組織を変える」ことへのあきらめの気持ちが聞こえてきます。

確かに、本章では「組織への影響力が大きいトップの姿勢・思考、そういったトップたちがつくり出した組織文化は、小さな変革活動を飲み込んでしまう」と解説しました。これは真実です。

しかし、**トップや組織文化が制約になる条件下においても、組織変革に取り組むことはできる**はずです。最初は一人の取り組みだとしても、組織の変容が小さな波紋を生み出し、少しずつ組織全体に波及していった例を、私たちはたくさん見てきました。

また、組織全体への影響・成果が小さかったとしても、あきらめることなく組織変革に取り組んでいくと、あなたのリーダーシップは育まれ、大きな財産が残ります。その財産は、ゆくゆく組織を動かす原動力になり得ますし、個人の人生においても、転職、副業、起業、社会活動などに幅広く活かせるものにもなるはずです。

幸いにして、エンゲージメント・サーベイに取り組む企業が増えてきています。組織の健全度が見える化される機会が増えてきました。

このような機会をきっかけとして、**変革の意志を持つ人たち同士がつながり、たとえ小さくても「意志のある場所からの組織変革」を始めることは、可能ではないでしょうか。**

トップが動かない……と嘆く前に、まずは足元からの組織変革に取り組むことをおすすめします。

巻末資料：プロセスワーク（プロセス指向心理学）とは

本書で紹介した組織変革の考え方、手法は、
プロセスワーク（プロセス指向心理学）を応用したものです。
具体的な理論・施策は、本文をお読みいただくことで、
十分に理解し、実践できるよう配慮したつもりですが、
さらなる学習や応用を目指す方のために、
前提理論となるプロセスワーク（プロセス指向心理学）の概要をまとめます。

プロセスワーク（プロセス指向心理学）のルーツ

プロセスワークはアーノルド・ミンデルが創設した心理学です。ミンデルは、マサチューセッツ工科大学およびチューリッヒ工科大学にて物理学を学び、後にチューリッヒにあるユング研究所でユング派分析家の資格を取得しました。その後、身体論、システム論、老荘思想、シャーマニズムなど多様な思想を統合してプロセスワークという考え方が構築されました。プロセスワークをビジネスで活用するという視点において重要と思われる3

つの特徴を以下で解説します。

①個人と集団の変容を扱う心理学
②関係性（対人葛藤）を扱う心理学
③深層心理の知恵を顕在化させる心理学

①個人と集団の変容を扱う心理学

プロセスワークは「なぜ変われないのか？」「どうすれば変容が起きるのか」に関する新しいモデルです。

従来の心理学においても行動変容は重要なテーマでした。たとえば、行動変容は「無関心期」→「関心期」→「準備期」→「実行期」→「維持期」の5つのステージを通るといったモデルが提唱されてきたりしました。

一方で、実際に行動変容を促進することは容易ではありません。なぜなら、「なぜ変われないのか？」「どうすれば変容が起きるのか」を深く探る研究が不足していたからです。

プロセスワークではそれを5つの要素で紐解きます（図PW-1）。

図PW−1　個人と集団の変容（図7-1再掲）

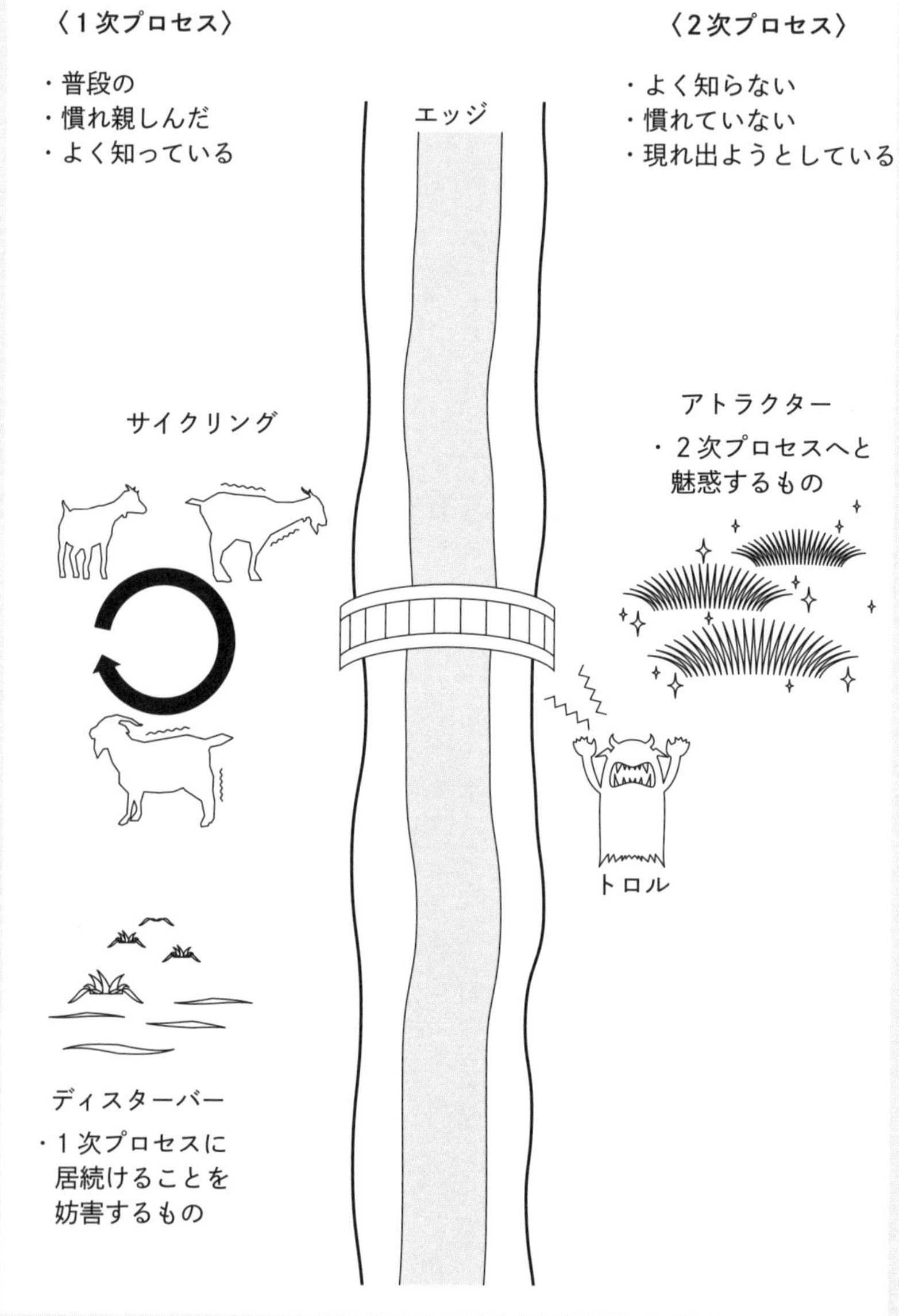

〈1次プロセス〉

・普段の
・慣れ親しんだ
・よく知っている

エッジ

〈2次プロセス〉

・よく知らない
・慣れていない
・現れ出ようとしている

サイクリング

アトラクター

・2次プロセスへと魅惑するもの

トロル

ディスターバー

・1次プロセスに居続けることを妨害するもの

ここ数年普及した（つまり変容が起きた）、オンラインでの会議を例に解説しましょう。

1次プロセス：変容の前の「普段の」「慣れ親しんだ」「よく知っている」状態

今回扱う例で言うと、1次プロセスは、対面での会議を指します。「慣れ親しんだ」どころか、会議を行うには対面でしかできないとまで思い込んでいたはずです。

2次プロセス：変容が起きようとしている先にある「よく知らない」「慣れていない」「現れ出ようとしている」状態

今回扱う例で言うと、2次プロセスは、オンラインでの会議です。「慣れていない」どころか、技術的にはあり得るかもしれないけど、実際には「そんなのは無理だ」と思い込んでいた人が多かったはずです。でも一部の若手からは「オンラインのほうがメリットが大きい」といった指摘があり、今思うとそれが現れ出ようとしていたシグナルだと気づくかもしれません。

エッジ：上記の2つの状態のあいだにある変容を阻む目に見えない壁

エッジは、次のようなものから形成されます。

・経験またはスキル／ノウハウの不足
・習慣の力：過去の経験への依存

・怖れ：失敗することへの怖れや大勢の中で目立ってしまうこと等
・信念：何かを進める時の正しい（と本人が思い込んでいる）やり方
・価値観：〇〇すべき／△△してはいけない
・過去の否定的な体験：トラウマとなるような人生の経験または早期の失敗体験

今回の例では上記のエッジを構成する要素が多くあてはまります。「深い意見交換や合意形成には対面で会わないといけない」といった信念があったり、会議とは対面で行うものだという習慣の力も働いていたりしていました。また、Zoomは2013年の1月からサービスが開始されたものの、多くの人にとっては経験や利用するためのノウハウが不足していたのも事実です。

ディスターバー：変容を促進する2つの働きのうちの1つであり、個人や集団が慣れ親しんだ状態（1次プロセス）に留まることを妨害するもの

これはもうおわかりかと思います。対面での会議を妨害する強烈な力として新型コロナウィルス感染症の流行が起きました。変容を阻む壁であるエッジは十分に大きかったのですが、それを粉々に砕くぐらい「1次プロセスに留まることを妨害するもの」が現れたのです。なにしろ「対面で集まって感染したら死ぬかもしれない」という状況でしたから。

アトラクター：変容を促進する2つの働きのうちの1つであり、個人や集団が「現れ出ようとしている状態」に移行することを背中押しするもの

今回の例で言うと、「なんだ。オンラインでやってみたら以外と成立するじゃないか」との感想が出てきた後に、以下のような具体的メリットが次々と明らかになり、オンライン会議の定着を後押ししました。

・移動時間と移動コストが不要
・会場費が不要
・会議の録画が容易
・録画による議事録の文字起こしも容易

ちなみに、変容に関するこれら5つの要素は、ビジネスにおいても見事にあてはまります。リーダーの変容、チームや組織の変容、そして企業全体の変容において、プロセスワークの考え方・アプローチ法が有効に働きます。

②関係性（対人葛藤）を扱う心理学

プロセスワークは、関係性の悪化と解決の背後にある普遍的な原理を与えてくれます。

プロセスワークにおいて前述の1次プロセスと2次プロセスを見るために、「ロール」という概念を理解することは重要です。プロセスワークで言う「ロール」とは、日本語で言う「力関係」と「役割」についての複合的な概念です。プロセスワークで「ロール」という言葉を用いる時、この2つの概念のいずれかについて言及していますが、「力関係」と「役割」どちらに言及しているかは文脈で判断していく必要があります。

プロセスワークでは、現状どのようなロールが存在するか、機能が十分でないロールはあるか、今後どのようなロールを補えばいいか、といった分析を行うことができます。

前提としてお伝えしておきたいのは、プロセスワークの「ロールは機能に属するものであり、人に属するものではない」「一個人は役割よりも大きい、ロールは個人よりも大きい」という考え方です。特に2つ目は一見矛盾したことを言っているように聞こえます。しかし、たとえば、既婚で子どものいる男性会社員は、「会社員、夫、父」、さらに何の肩書きもない「私」という複数の役割を持っている、という意味で一個人は役割よりも大きい存在です。また、職場で顧客に対してサービスを提供するのは誰か一人の役割ではなく、複数の人が共同でサービス提供にあたっているという意味ではロールは個人より大きいものです。

i）主流派、非主流派：力関係の「ロール」

まず1つ目の、力関係を表すロールについて説明します。プロセスワークの考え方では、組織には「主流派」と「非主流派」という2つのロールが存在するとされています。

主流派はある文脈において「ランク」を持っている人物を意味します。ビジネス文脈で考えると「ランク」とは人事権、年長者、経験年数の多さなど、その場で何らかの権威、権力として機能する力を指します。現状の日本の社会においては、是正しようという動きはあるものの、まだまだ女性と比べて男性のほうがランクが高く扱われる機会が多いでしょう。ヒエラルキー型の職場で言えば、たとえば社長・役員・部長や課長など、役職につき、仕事上の権限を持っている人物は主流派となります。

非主流派は、反対にランクが低いと扱われる人物を指します。その場合、若手メンバー、転職者、女性などが非主流派にあたります。

この主流派と非主流派というロールは存在しますが、相互のロールでちゃんと意見交換、情報交換がなされていて、そこに分断や葛藤・ズレがなければ問題はありません。しかし、主流派は概して非主流派に意見を押しつける傾向があり、意見を受け入れられなかった非主流派はゴーストロールに転じやすいのです。ゴーストロールの例は自分の意見を取り入れない職場への不満、怒りや恨みの気持ちを持ったり、意見することへの怖れやあきらめから引っ込み思案になったり、SNSやサイトに職場の悪口を書き込んだり、飲み会で悪口を言ったりなどの現象が発生します。これらを放置しておくと、転職者の続出やストレスを溜め込んでメンタル問題を抱える人が増えることになります。

注意していただきたいのが、主流派、非主流派というロールが存在すること自体が悪いことではない、ということです。

たとえば、新型コロナウイルス感染症（COVID-19）が蔓延し始めた当初、国や社長（ランクを持つ主流派）が外出禁止や抑制を指示し混乱を抑えることは健全なトップダウンです。組織・集団の主流派がベクトルを示し、非主流派が共感できる取り組みを行い、同じ価値観・方向性を目指して活動することは、企業組織だけでなく、様々なスポーツチームなどにおいても行われていることです。

この考え方が与える視座は、組織や集団の中で主流派、非主流派の垣根をなくし立場をフラットにしていくのではなく、主流派がどう有益にランクを使うか、非主流派を尊重し協働していくかが重要であるということです。非主流派も働きかけ続けることが求められますが、そのためには働きかける気持ちが持続するようなロールのバランスが重要となります。

非主流派が外に出せなくなったゴーストロールを放置すると、症状として外に出てきます。企業の場合は、売上・利益の継続的なダウン、転職者の増加、メンタル問題を抱える人の増加などの症状が、その一例となります。

有効な処方箋は、症状を通してゴーストの存在に気づき、ゴーストの声を聞くスペースをつくり、聞く。まずはゴーストの声を聞いた主流派が変化することで、ゴーストそのものが変化する。その結果として非主流派が声に出せなかった問題とその原因となっている本音（困りごと、悩み）が外側のスペースに出され、問題解決への健全な取り組みが始まります（図PW-2）。

ii）ランクとパワー：「力関係」のロール

主流派が持つランクとパワーについて、解説します。

前述においては、主流派のランクをわかりやすく社長、役員、部長、課長といったヒエラルキー型企業組織での役職として説明しました。これは、「外側から与えられる」「社会

図PW−2　主流派-非主流派モデル

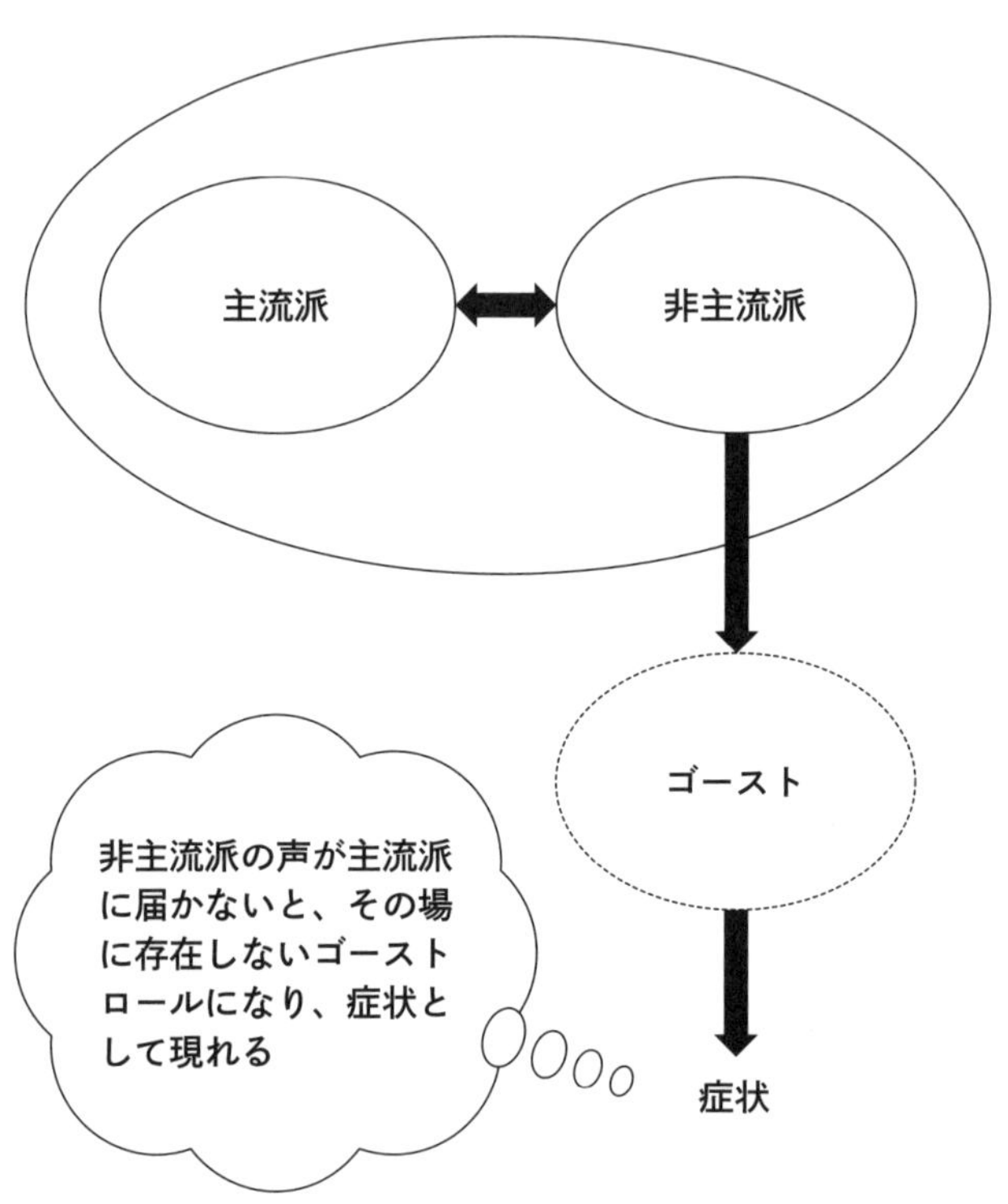

処方箋

1．「症状」を通して、ゴーストに気づく
2．ゴーストの声を聞くスペースをつくる
3．聞いてもらう
4．主流派が変化する
5．ゴーストも変化する

的なランク」の1つです。

「社会的ランク」とは、社会的地位、財産、学歴、社歴、年齢、性別や役職、知識、経験、資格等、社会文化的に価値があるとされている属性のことです。私たちコンサルタントがお客さまに対して持ち得るランクは、専門知識や他社事例の経験と実績といったものをベースに社会文化的に価値あるポジションを与えられている・獲得しているからこそのものであり、「社会的ランク」の一例です。

「外側から与えられる」ランクの2つ目は「文脈的ランク」で、その時々の文脈に応じて付与されるランクです。たとえば、GAFAMでマネジメントに携わった後に転職してきたマネジャーは、その専門分野においては社長や他の経営陣よりも高いランクとパワー(この場合、発言権や意思決定への影響力等)を持ちます。

一方でランクには、「内側で獲得するランク」もあり、その1つが「心理的なランク」です。内面的なものや主体性等のことで、心の内にパワーを感じられ、個人として思考や感情が安定していて、時に他者を圧倒する場合さえあります。たとえば、「自分はここにいて良い」「私は正しい」と感じられ、自信があり、精神的に安定している場合に、その組織・集団や場においてランクとパワーを持ちます。

「内側で獲得するランク」の2つ目は「スピリチュアル・ランク」です。自分の人生や仕事に深い使命や目的を感じられていて、安心感や充実感を持ち、自分より大きな存在（たとえば「神」）や使命、天職等につながっている感覚がある人が持つランクです。このような人は、既存の枠組みから外れることを怖れず、時に死の覚悟さえできていることがあります。

このようなランクとパワーを持つ人は、概して自分のランクの高さを自覚しにくいものです。自分のランクの高さは心地が良い状態で、それが当たり前でもあり、中毒性さえあります。

一方でランクの低い人は、ランクが高い人に対する自分のランクの低さを自覚しやすく、他者のランクの高さがよく見えるものです。

このような構造から前述の主流派・非主流派の関係性が出来上がります。

図PW−3　ランクとパワー

外側から与えられるランク

■社会的なランク
社会的地位・財産、学歴、社歴、年齢、性別や役職、知識、情報、経験、資格等、社会文化的に価値ある属性

■文脈的なランク
時々の文脈に応じて付与されるランク
→ 例：今この場面・話の流れにおける強み、
周囲の支持が得られやすい、場をよく知っている

内側で獲得するランク

■心理的なランク
内面的なものや主体性。心の内にパワーを感じられ、個人として思考や感情が安定している。時に、他者を圧倒する
→ 例：「自分はここにいて良い、正しい」と感じられる。
自信がある。精神的な安定

■スピリチュアル・ランク
深い使命や目的を感じられている。安心感や充実感。自分より大きな存在、「神」や使命、天職等につながっている感覚がある
→ 例：既存の枠組みから外れることを怖れない、
死を覚悟できている

ランクが高い	ランクが低い
●ランクの高さを自覚しにくい ●心地が良い状態 ＊当たり前、中毒性あり	●ランクの低さを自覚しやすい ●他者のランクの高さがよく見える

iii）外的役割／内的役割：役割の「ロール」

続いて、２つ目の「役割」としての「ロール」について紹介します。

関係性における「役割」には「外的役割」と「内的役割」の二種類があります。「外的役割」は一見してわかる役割のことで、職務記述書に示される職務分担や組織図に示される役職や担当などを指します。「内的役割」は、どこかに明記されているものではない、組織の中で関係的に、感情的にどのような役割を果たしているかを表し、たとえば「発起人」「嫌われ者」「邪魔する者」「仲裁者」等のことです。

このように「役割」としての「ロール」は、機能であり、人に属するものではありません。より適切な人が果たします。個人ではなくシステム（組織・集団）に属する機能のことです。

定義するとすれば、「外的役割」は、システムにおける中心的な機能、あるいは、公式機能の維持を目的とした機能です。

「内的役割」は、関係性における感情的な動きと、内面の保全を担うための機能であり、その背後に、個人の重要な価値観が隠れています（発起人や仲裁者等は価値観に基づき自ら担うケースが多いでしょう）。また多くの場合、システムの中で対立する２つのニーズの両局面を表現します（たとえば、遠ざかる人と近づく人等）。

図PW−4　外的役割／内的役割

役割（ロール）の概念

機能であり、人に属するものではない。より適切な人が果たす。
個人ではなくシステムに属する機能

外的役割＝公式の役割

●システムにおける中心的な機能。あるいは、公式機能の維持を目的とした機能。組織における職務記述書や組織図

内的役割＝非公式の役割

●関係性における感情的な動きと、内面の保全を担う機能。
その背後に、個人の重要な価値観が隠れている
→ 例：発起人、嫌われ者、邪魔もの、仲裁者

●多くの場合、システムの中で
対立する２つのニーズの両局面を表現する
→ 例：遠ざかる人と近づく人

これら2つの「役割」がうまく機能していない時には、「役割」を変える必要性が出てきます。基本的に、「役割」と人物が同一化された時に問題が生じますが、下記の4つも「役割」を変える必要性のあるケースです。

1.「役割」への嫌悪感

一人が長期間にわたって同じ「役割」を果し続けたために、心底その「役割」が嫌になった状態。

例1：子どものいる女性の会社員が、援助者がいない中で課長職と育児機能を同時に果たさねばならず、ストレスが溜まってメンタルに影響が出る

例2：組織のために社員にあえて厳しい態度を取り続けている課長が、理解者がおらず、その「役割」をとることにだんだん疲れてくる

2.「役割」の混乱

果たすべき「役割」が不明確になった時に起こる。「役割」は会社のステージによっても変わっていく。

例：ベンチャー企業がだんだんと大きな組織へ成長↓いったん完成↓新たな成長へ、と企業のステージが切り替わるたびに「役割」の混乱が起こる

3. 新しい「役割」の必要性

家族や組織が変化、発達していく中で、今まで存在しなかった新しい「役割」が必要になる状態。

例：ベンチャー企業で「ツーカー」の関係と雰囲気で仕事がまわっていたが、だんだん組織が大きくなり官僚的なシステムを追加しなければいけなくなった

4. 満足には果たされていない「役割」

本来「役割」を果たすべき人がその仕事を十分に行っていない時に起こる。

例：部長が組織の方向性や業務手順を満足に考えられない

この他に、「役割」の喪失により「役割」を見直す必要性が生じてくることも考えられます。たとえば、職場の潤滑油的存在が定年退職でいなくなったことでチームが一気にギスギスし始め、今後どのように円滑に仕事を行っていくのがよいか考える必要が出てきた、等です。

組織の外部、内部の状況の変化に応じてたびたび混乱し、ストレスがかかることがあるので、「役割」を変える必要性があるかどうかは折に触れ見直す必要があります。

「外的役割」については、人事部作成のコンピテンシーリストがあったとしても、たいていリスト通り満足に果たせる人はほとんどいないほど、組織が定義するコンピテンシーは

立派なものです。チームとして必要な機能をどう分担していくかを話し合い、「役割」をチームとして果たすことができていることが、ありたい状態です。何が足りていて何が足りていないのか、足りていない部分はメンバーの力を借りてどう分担すればいいのか、足りていても不満はないかを把握し、必要な打ち手を考える診断をすると良いでしょう。

プロセスワークの考え方に3つの現実レベル（合理的現実、ドリームランド・感情・情念レベル、エッセンス）があります（後述）。この考え方と「外的役割」「内的役割」を合わせた例が、図PW-5（3つの現実レベルとロール）です。

図の上段は「外的役割」を表し、中段は「内的役割」を表します。「リーダー」は課長等の役職者、リーダーの意見に（本音はどうかわからないが表向きには）賛同している人間は「フォロワー」、部長等リーダーを見守る立場は「守護者」と位置づけられます。「犠牲者」は、リーダー・フォロワー・守護者に抑圧や虐待を受ける人間であり、犠牲者になりやすいのは活きのいい人材、新しい知恵を持った人材等の組織の中で異分子となる人間で、若い人、女性、外国人、転職者等が考えられます。

この「抑圧者」と「犠牲者」がどんな機能を果たすのが良いかという視点で考えると「主流派＝抑圧者」、「非主流派＝自由の戦士」と考えることもできます。「抑圧者」であった「主流派」が、「自由の戦士」の意見を取り入れていったほうが組織の成長には望まし

図PW−5　3つの現実レベルとロール

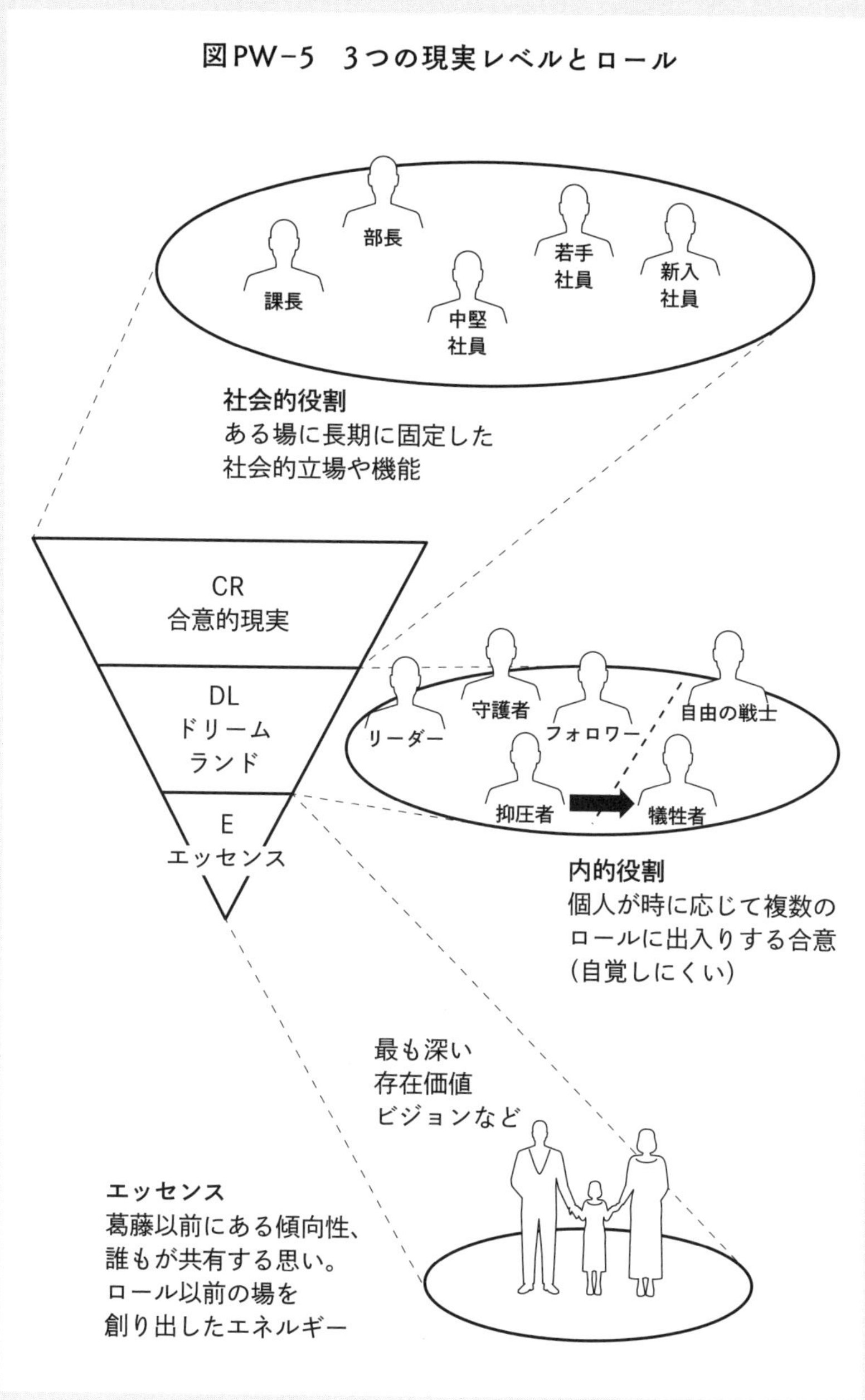

いのです。

しかしながら、現状維持のために「主流派」が「抑圧者」として振る舞ってしまうというケースは往々にしてあるでしょう。だからこそ、組織の中で「抑圧者」「犠牲者」の構図が発生していないかを見立てることは重要です。

フェーズ理論

フェーズ理論では、四季が移り変わるように、関係性も4つのフェーズで移り変わっていくと考えます（図PW-6）。

◆フェーズ1

平和で葛藤のない状態。「皆で楽しもう！　幸せだよね！」「問題なんてないよね！」といった気分の状態です。この段階で既に次のフェーズ（葛藤・対立）への萌芽が起き始めているのですが、当人たちは全く気づいていないか、もしくは気づかないように無意識に努めています。

◆フェーズ2

葛藤と対立の状態。争いが起きる、もしくは「冷戦状態」となります。社会的なパワー

図PW-6　フェーズ理論

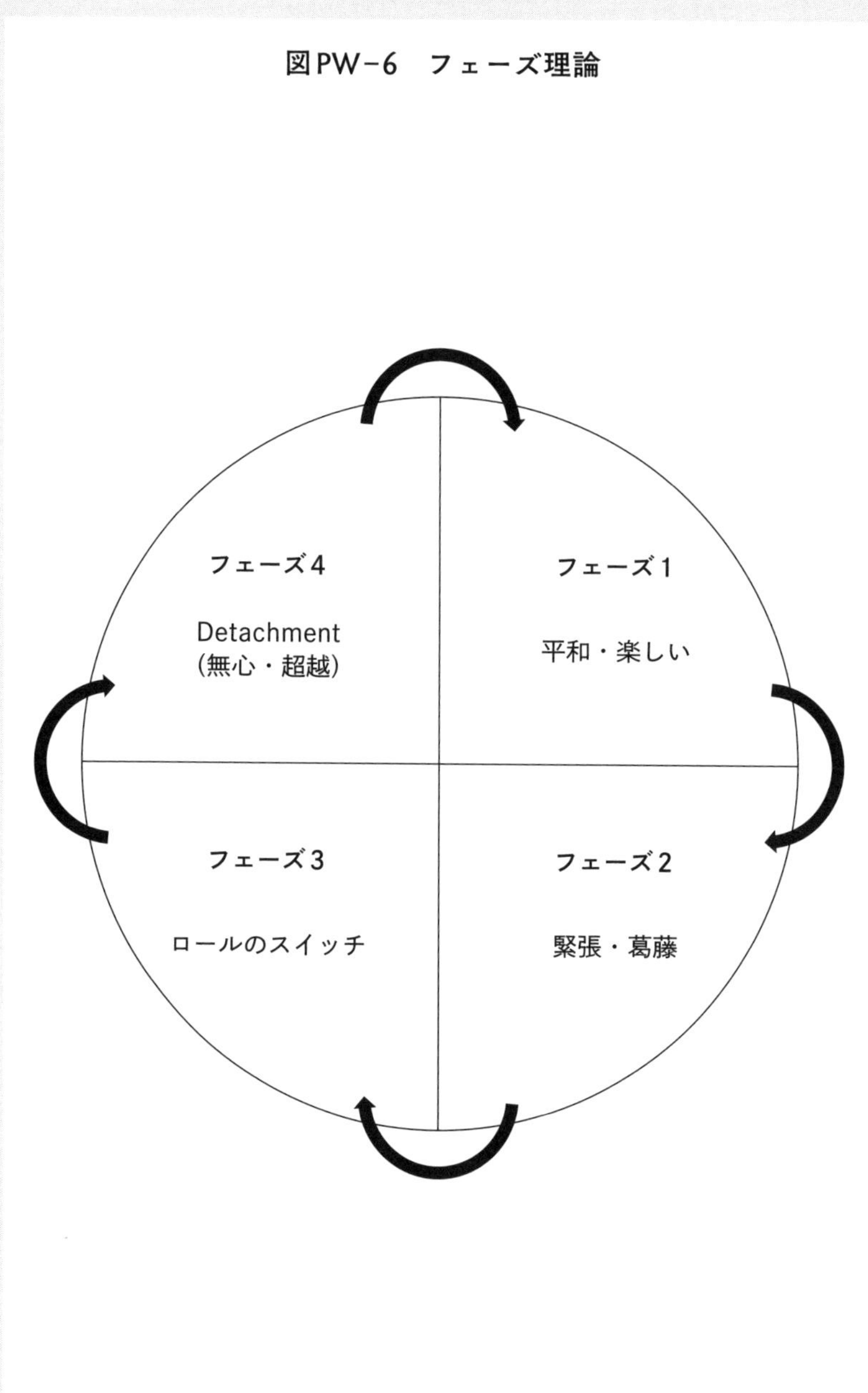
フェーズ4
Detachment
(無心・超越)
フェーズ1
平和・楽しい
フェーズ3
ロールのスイッチ
フェーズ2
緊張・葛藤

の違いが対立の引き金となったり、異なる立場の力の対立が生じる場合もあります（例：国：社会ランクVS自由を求める活動家：心理的ランク）。多くの場合、自身のランクに無自覚な態度がこのフェーズの原因となっています。このフェーズは「悪いもの」ではありません。むしろ対立に自覚的になるからこそ、新たな解に近づき次のフェーズに移るきっかけとなります。自分自身への気づきを起こしたり、社会問題に目覚めるために必須とも言えるでしょう。

◆フェーズ3

ここではロールのスイッチが起きます。相手側の「大切な思い」を理解できたり、深いレベルで共感できたりします。結果としてフェーズ2で高まった緊張は解け、理解と共にリラックスできるようになるのもこの段階です。その場にいない人のロール（ゴーストロール）が、このフェーズで重要となり、対立を解決するカギとなる場合も多いです。

◆フェーズ4

Detachment（手放し・無心・超越・空）の状態です。無限の宇宙が自分を動かしていることが感じられます。心がより開かれ、人生についての受容が深まり、最も深いレベルの自分自身（プロセスマインド）を体験します。自分が努力して動くというよりも、あたかも自分やチームが何かに動かされているかのようなフロー状態に入ります。

フェーズ4も永続することはないので、通常はフェーズは1へと移り変わります。

③ 深層心理の知恵を顕在化させる心理学

プロセスワークは、データやロジックだけでは解決しない問題を扱う知恵、テクノロジーです。

著者たちが過去に在籍したコンサルティング会社ではファクト（事実）を重視しており、さらにそれが数字の形をしたデータであることにこだわりがありました。それをもとに綿密に論理を組み立てて、どうすれば良いかの解決策を編み出していたのです。読者の皆さんも同じことをしているのではないでしょうか。

しかし、時にはこのやり方では解決策の決め手が見つからないまま苦しんでおられるかもしれません。

プロセスワークには、データやロジックだけでは解決しない問題を扱う知恵があります。深層心理から来る知恵を顕在化させるテクノロジーという側面もあるのです（図PW-7）。

プロセスワークでは現実を3つのレベルに分けて捉えます。まず私たちが一般的に「現実」と呼んでいるもののことを「合意的現実（コンセンサス・リアリティ：CR）」と呼びます。

これは意識状態でいうと顕在意識に近いものです。この現実に留まって、データとファクトをもとに論理をめぐらせても解決しない問題が増えていることは上述しました。なぜ問題が解決しないのか。それは事実を見る解釈や論理展開の正しさに、自分でも知らないうちに枠をはめてしまっているからです。その枠は潜在意識や無意識がはめたものですから、自分では気づきません。そして潜在意識に潜らないかぎり、それを取り外すことはできません。

プロセスワークでは、潜在意識に相当するような現実を、「ドリームランド（DL）」と呼び、さらに深いレベルにあるものを「エッセンス（E）」と呼んでいます。

そして、そこに入るための入り口を「ドリームドア」と呼びます。ドリームドアには様々なものがありますが、わかりやすい例で言うとポーズや動作といった体を使うワークがその1つです。本文に「営業の役割をポーズや動作で表してみる」といったワークが紹介されていましたが、これは潜在意識や無意識のレベルで営業という活動を深くとらえるための入り口（ドリームドア）だったのです。

深層心理の知恵は、本人も思いもよらない気づきとなってやってきます。そのヒントを持ったまま顕在意識（合意的現実CR）に浮上し、それを実行可能な対策へと現実化することで、今まで解決に苦しんできた問題への光がさしてくることでしょう。

図PW-7　深層心理から来る知恵を顕在化させる

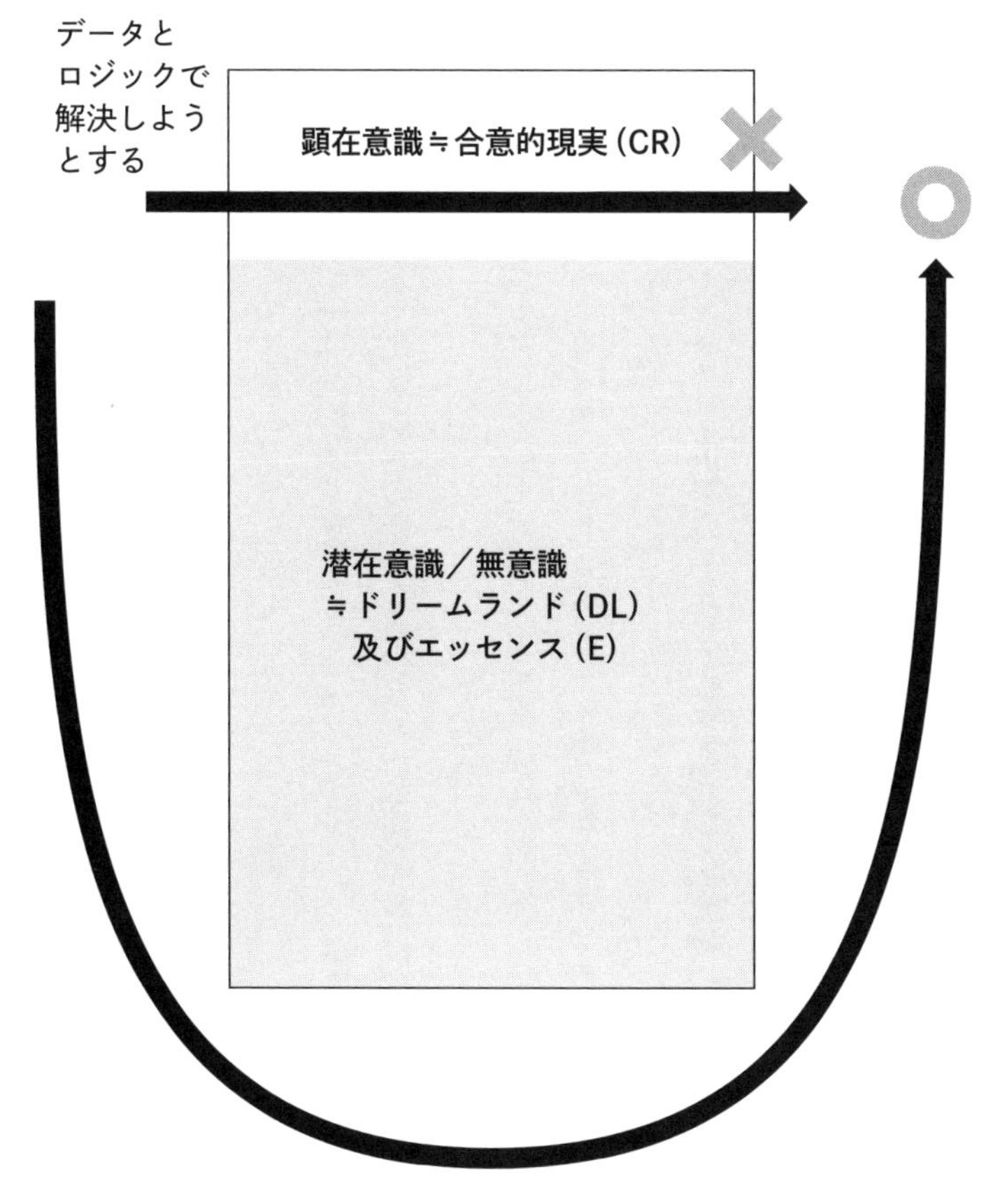

一度潜在意識／無意識の世界に潜って
解決策のヒントを得、顕在意識に戻って
それを具体化させる

おわりに

組織が業績というアウトプットを出すために、戦略を構築し、必要な組織構造・機能（部門や役職）を設計し、戦略を実行させるという「見える」が故に焦点を当てやすい領域への探求と試行は進み、今も進化し続けています。

一方で、そのアンチテーゼとして、「見えにくい」組織文化、関係性、組織や個人の中にある感情といった領域への探求と試行が「組織開発（ＯＤ）」として日本に導入されてきました。

このテーゼとアンチテーゼの二項対立の統合を試みたのが「戦略的組織開発」であり、それを１つの「カタチ」にしたものが本書『組織が変われない３つの理由』です。

私は、バブル経済絶頂期の１９９０年に大学を卒業、社会に出て、ビジネスパーソンとしての人生を日本の失われた30年と共に、コンサルタントとして歩んできました。日本が、日本の組織が大きな構造の波に飲み込まれながら、それでも「業績を出さなければ！」、そのために「変わらなければ！」「変わりたい！」と必死にもがいている姿を多くの企業で見、多くの人たちと共に挑戦してきました。

また、私自身はこの挑戦の中、34歳の時に、大きな構造とコンサルタントとしてのプレッシャーと自身の未熟さからメンタル問題を起こし、半年間の休職を余儀なくされました。私たちは真面目に一生懸命に、「変わろう」「変わりたい」という思いを持って働いている。そして苦しんでいる。人は本来、働くことから喜びと充実感を得る生き物のはずなのに、なぜ人は変われないのか？　なぜ組織は変われないのか？　これが、これまでの私の人生の問いでした。

「戦略的組織開発」「組織が変われない3つの理由」が、私自身の問いへの答えであり、私たち（西田と山碕）が日本に、組織に、そこで働く人々に働きかけたい問いでもあります。

私たちは今、グローバル資本主義の要請から、より高い結果を出すこと、より良くステークホルダーに還元することを求められ、さらにはSDGs、ウェルビーイングといった社会からの要請に応えることを求められています。この2つの要請に応えながら、ＶＵＣＡという変化の激しい時代・環境に適応し続けなければなりません。

組織のトップやマネージャは、資本主義の要請に応えるために、結果を出す、ミッションを遂行する、組織をリードする、教える等を実行しながら、社会の要請に応えるために、個人の価値観を重視し、メンバーの成長やキャリア開発を支援し、引き出すことを求められています。そのうえ、答えのない時代・環境の中、現場のセンサーを活かし、メンバーと協働し、チームを束ねることをも求められています。

私の使命は、このような多重の責務に向き合い続けている方々が、この責務に応え続け、そこから働く喜びと充実感をつくり出すことを支援することです。この本がその一助になることを信じ、願い、お届けしました。

また、もしコンサルタントやコーチといった方々がこの本を手に取ってくださっているのならば、「組織が変わること」「人が変わること」への支援を共に歩めればありがたいです。

最後になりましたが、私に「問い」を与え、そこへの気づきと学びをいただいた、これまでの多くのクライアント企業、そこで働き共にプロジェクトを推進してくださった皆さま、ありがとうございました。全ての方へ、この感謝の念を直接届けることは叶わないと思いますが、この場をお借りして感謝申し上げます。

私たちの考え・思いに、粘り強く多くの問いを出し、本というカタチに導いてくださった柏原里美さん、そのファシリテーション力と編集力には感動さえ覚えました。そして、出版までのプロセスを管理し、デザインし、クローザーの役割を担ってくださった新関拓さん。編集お二人と共にこの本を世に出せたことに、感謝申し上げます。ありがとうございます。

そして、バランスト・グロース・コンサルティングの仲間へ。コンサルティング会社を卒業し新たに世界をつくろうとしていた私を「戦略的組織開発」の世界へ誘なってくれた松田栄一、日本でのプロセスワークの第一人者としてビジネスで活かすことを先導してくれた松村憲、執筆経験のない私に出版への挑戦の背中を押してくれた西田徹、四人で経営する中で起こる対立を力に変えていくことに、生々しい体験学習として共創してくれたことに、感謝です。ありがとう。

２０２３年12月
山崎 学

索 引

著者

西田 徹（にしだ とおる）

バランスト・グロース・コンサルティング株式会社　取締役

1988年という日本における組織開発の黎明期からリクルートにて360度リーダーシップサーベイなどの営業と商品開発に従事。その後ボストン コンサルティング グループにて大手情報システム企業の人事制度構築、大手化粧品会社の商品開発プロセス改革などに関わる。2017年より現職。著名消費財メーカーの研究所活性化、著名飲料メーカーのサクセッションプランでのエグゼクティブ・コーチング、巨大グローバル企業での韓国・上海・台湾におけるシニアリーダー育成研修（英語）、著名アパレルメーカーのMVV作成など、多数の組織開発プロジェクトの実績を持つ。

山碕 学（やまさき まなぶ）

バランスト・グロース・コンサルティング株式会社　取締役

1990年バブル経済絶頂期にベンチャー系コンサルティングファームに入社後、一貫してコンサルティング業務に従事。中堅企業の物流改革に携わった後、大手企業の経営者を支援する事業変革に取り組む。2019年より現職。その間、38社・60事業部門・経営者52人の事業変革・組織開発を支援。2016年よりコーチングにも従事し、25社42人の経営者および次期経営者へのエグゼクティブ・コーチングを提供。また、大手自動車部品メーカー全マネージャー（事業部長～係長）1,200人への1on1コーチング・スキル獲得を支援。その成果をベースに公開講座「1on1コーチ養成講座」を企画・開発・運営。経済産業省にて本1on1コーチ養成プログラム採用。

監修者

松村 憲（まつむら けん）

バランスト・グロース・コンサルティング株式会社　取締役

1979年生。大阪大学大学院博士前期課程修了。専門は臨床心理学、ユング心理学、プロセスワーク。プロセスワークの創始者ミンデルや創設メンバーに師事し、米国プロセスワーク研究所にて認定プロセスワーカーの資格を取得。以降、日本での後継育成に加え、ビジネス組織におけるエグゼクティブコーチング、チームコーチング、組織開発コンサルティングにプロセスワークを応用・実践している。2017年より現職。多数の企業の経営層へのコーチングの他、大手企業の経営層に伴走する組織開発チームに専門家としても参画している。『対立を歓迎するリーダーシップ』JMAMなど出版にも携わる。

バランスト・グロース・コンサルティング株式会社

「Connect Different for emerging future──単に葛藤がない世界を作るのではなく、夢があるから葛藤がある。譲れないものがあるから対立が起きる。その本物の葛藤を創造の喜びに繋げたい」をパーパスに、プロセスワークなどの知恵を生かした組織開発を行っている。

組織が変われない３つの理由

2023 年 12 月 30 日　初版第 1 刷発行

著　者——西田徹／山碕学

発行者——張 士洛
発行所——日本能率協会マネジメントセンター
〒103-6009　東京都中央区日本橋 2-7-1 東京日本橋タワー
TEL 03(6362)4339(編集)／03(6362)4558(販売)
FAX 03(3272)8127(販売・編集)
https://www.jmam.co.jp/

装　　丁——山之口正和＋齋藤友貴（OKIKATA）
編集協力——柏原里美
本文DTP——平塚兼右（PiDEZA Inc.）
図版作成——加藤雄一、平塚兼右（PiDEZA Inc.）
印刷・製本——三松堂株式会社

ISBN 978-4-8005-9162-3 C2034
落丁・乱丁はおとりかえします。
PRINTED IN JAPAN